INITIATION
À SAINT VINCENT DE PAUL

ANDRÉ DODIN

INITIATION À SAINT VINCENT DE PAUL

Épiphanie
Initiations

LES ÉDITIONS DU CERF
PARIS
1993

Liste des sigles utilisés

Abelly	Louis ABELLY, *La Vie du vénérable serviteur de Dieu, Messire Vincent de Paul*, Paris, Florentin Lambert, 1664.
E	*Entretiens spirituels de saint Vincent de Paul à ses missionnaires*, Éd. A. DODIN, Paris, Éd. du Seuil, 1960 (1re éd.) ; 1965 (2e éd.).
SV	Saint VINCENT DE PAUL, *Correspondance, entretiens, documents*, éd. P. COSTE, Paris, Gabalda, 1920-1925, t. I à XIV, complétés par un tome XV, éd. A. DODIN, Paris, 1970.

(29, boulevard Latour-Maubourg
75340 Paris Cedex 07)

ISBN 2-204-04849-6
ISSN 0750-1862

Rome, le 10 mars 1992.

Cher Père Dodin,

Il y a peu de temps, vous nous avez offert la joie de pouvoir approcher Monsieur Vincent à travers les remarques de son secrétaire, Louis Robineau.

C'est un grand plaisir de trouver maintenant un certain nombre de vos études vincentiennes, rassemblées par vos amis, à l'occasion de votre soixantième année de vie dans la famille de S. Vincent.

Il faudrait sans doute la continuité de présence d'un Fr. Robineau pour témoigner de tout votre minutieux travail pour découvrir toujours mieux Monsieur Vincent et y apporter les remarques opportunes. Par votre labeur obscur, perspicace et persévérant, vous témoignez d'un attachement sans faille à celui qui éclaire et engage chaque jour votre vie. Vous manifestez aussi un zèle merveilleux, allié à une compétence reconnue depuis bien des années, pour faire connaître et aimer S. Vincent, dans son itinéraire d'homme de son temps, d'apôtre passionné de Jésus-Christ et de serviteur prudent et audacieux de l'Église à travers ses multiples réalisations et toutes les collaborations qu'il a pu susciter, en son temps et aujourd'hui encore.

À l'occasion de votre jubilé vincentien et de vos

quatre-vingts ans, je vous adresse, cher Père Dodin, mes très chaleureuses félicitations et mes très vifs remerciements au nom de la Congrégation. Je souhaite que les bénéficiaires de vos études soient toujours plus nombreux. Ils y trouveront un stimulant pour aimer S. Vincent et s'engager à sa suite, au service du Seigneur et de l'Église dans ses besoins toujours urgents et multiples en la personne des pauvres.

En l'amour de Notre-Seigneur, je suis votre tout dévoué,

RICHARD McCULLEN
Supérieur général de la Congrégation
de la Mission et des Filles de la Charité.

1

SPIRITUALITÉ DE SAINT VINCENT DE PAUL

Il n'eût pas aimé ce mot un peu dur et technique de « spiritualité ». Il ne l'a point utilisé car il était étranger à son monde et aussi... à son temps. Toutefois, M. Vincent parlait souvent de l'esprit, non au sens des précieuses toujours ridicules, mais dans un sens complexe évocateur d'une réalité psychologique et religieuse singulièrement vivante. L'esprit est à la fois ressort et mouvement, intention et expression. Il ne se laisse pas fixer et nul ne peut l'emprisonner. Sans cesse, il s'invente et se révèle à travers de nouvelles formes. Il ne vit qu'en se transformant pour demeurer lui-même. Mystérieusement, il s'enfante et se délivre afin de survivre.

Ce simple mot « esprit » permettait à M. Vincent d'atteindre sans peine et de désigner sans équivoque des réalités impalpables et fuyantes. Il faisait jouer dans la lumière ces invisibles fugitives et nul ne pouvait plus les oublier. Pour lui et pour ceux qui l'écoutent, l'esprit, c'est parfois l'esprit de Dieu qui souffle, là où il veut, en créateur ou en destructeur. L'*esprit*, celui du Fils de Dieu, c'est la charité parfaite, une attitude essentielle d'adoration, un anéantissement d'amour miséricordieux. L'*esprit* de la mission c'est à la fois un effort et un idéal qui évoque et transpose la divine mission de Jésus. Par lui, le bon missionnaire reprend et épure ses intentions, il s'explique à lui-même, retrouve son âme, capte et utilise ses énergies surnaturalisées. L'*esprit* du monde est une réalité sombre et meurtrière comme une vague d'enfer. Elle amalgame dans son tourbillon l'orgueil qui rend fou, la sensualité abêtissante, la curiosité, cette peste qui dessèche et calcine comme le feu circulant dans les veines. Mais, si l'on veut comprendre les Transalpins, il faut tenir compte de la pente de leur âme, de leur tournure d'esprit : « l'esprit italien craint la fatigue ». Ne faut-il pas parler d'*esprit* pour désigner l'attitude et la conduite à tenir avec les dyscoles, les fâcheux, les aigris, les inquiets ? Ces esprits réclament un esprit de douceur. Enfin, pour ne pas s'étonner des variations humaines, des nervosités subites, il faut bien sûr se souvenir que la petite nature recèle des « esprits animaux ». Sournoisement, ils l'agitent et la travaillent. On le voit, M. Vincent n'était pas embarrassé devant le mouvement des choses qui se dérobent, devant l'invisible ou l'immatériel, devant la spiritualité.

Question de mot et préférences mises à part, avouons que M. Vincent manque de bienveillance lorsque nous l'interrogeons sur son « esprit ». Pudeur instinctive peut-être ! Humilité et sens du ridicule, sans aucun doute. N'empêche que nous lui aurions su gré de se définir en quelques mots, de dessiner sa courbe intérieure et de nous livrer l'esprit, la quintessence de son enseignement. Tous ceux qui, au cours de l'année du tricentenaire, ont médité d'atteindre le secret repli de cette âme ont rapidement souffert de leur audace en mesurant la scabreuse vanité de leur entreprise. Nul doute que les images traditionnelles flottent comme des oripeaux sur cette grande existence. Mais comment la saisir ou plus modestement la décrire et l'expliquer ? Ce philanthrope ne se laisse pas dépecer avec les incisives de la méthode scientifique de Taine. *Race, milieu, moment*, ces causes génératrices ne nous renseignent que sur la complexité de sa situation historique. L'âme échappe aux dissections. Nous sommes sûrs qu'elle n'est pas tout entière dans cette biographie soignée qui nous relate soigneusement la création des œuvres magnifiques et les enchaînements douloureux d'une énergie assujettie aux humbles tâches quotidiennes. Elle n'est pas en entier dans une expérience combattante où la grâce affronte et humilie la nature désireuse de répondre aux exigences d'un Dieu toujours insatisfait. L'esprit, il est vrai, ne s'absente pas de la doctrine religieuse présentée. Mais n'est-il pas ridicule et arbitraire de réduire cet esprit aux dimensions d'un enseignement partiel et fragmentaire ? Nous n'ignorons pas que M. Vincent n'a voulu mettre un point final et livrer à l'impression qu'un tout petit livret : celui des règles de la mission. En fixant — et par quel décret — l'esprit tantôt dans la vie, tantôt dans l'expérience, parfois dans la doctrine, on cède à la tentation de séparer pour mieux étreindre, à l'illusion d'immobiliser pour observer. Les embaumements ne conservent que les morts.

Les lamentables résultats de ces incisions maladroites ne sont que trop visibles. Réduite aux actions, l'existence de Vincent s'amincit à l'épaisseur d'une fresque. Le narré historique des œuvres devient nomenclature ou statistique. On peut tenter de rendre l'histoire vivante en l'illustrant. Trop souvent ces images et ces raccourcis empruntés à notre univers mécanique et colorié apparaissent comme des chromos trop poussés ou des mimes enfantins.

L'étude du cas psychologique de M. Vincent séduit les amateurs d'âmes. L'équipée du cadet de Gascogne achevant sa carrière dans la compagnie grisâtre des saints charitables est une métamorphose originale et imprévue. L'attention est payante. Quelle joie de briser la statue pour retrouver l'homme ! Quel malicieux contentement de faire voler en éclats ce saint de vitrail qui assoupissait la prière bourgeoise ! Dommage cependant que ces esquisses psychologiques oublient l'humble terre qui fut bouleversée. Les événements peuvent être évangile et prophétie. Ils transpercent les existences ou gracieusement les protègent.

Et puis, qui dira l'aide apportée par une doctrine éclairant les sinueuses démarches de la grâce ?

La surprise et la déconvenue des théologiens analysant le message de M. Vincent ne furent pas moins douloureuses. Il fallut bien faire les comptes. Nous ne possédons qu'un dixième de l'enseignement vincentien et cet enseignement fut toujours occasionnel. Les exposés objectifs ne sont que des résumés d'allocution et ils reflètent la pensée d'un auteur qui, sans se moquer de la théologie, confessait à tout instant son ignorance et sa rusticité. L'analyse spectrale de ces paroles éteintes ne permettait pas même de soupçonner le magnétisme oratoire du Père Vincent. L'examen fut bref : le candidat Vincent savait ses leçons ; il n'avait aucune originalité.

L'échec que M. Vincent inflige aux différentes disciplines trop pressées peut déconcerter les esprits simplificateurs ou primaires. Il est si facile d'encapsuler un homme dans une définition, de cadrer son existence dans le temps, de libeller sa fiche psychologique et ses notes caractérielles, que nous en sommes un peu déçus. D'ordinaire, les morts se prêtent avec plus de complaisance aux manipulations et aux dissections. Mais n'est-ce pas parce que M. Vincent ne peut être imaginé, retrouvé, aimé aussi que comme un vivant, qu'il résiste ainsi à l'autopsie scientifique ou pieuse ? Sereinement et pour notre plus grand bien, il nous convie à l'approcher avec plus de respect et d'attention. En nous obligeant à maintenir en lui toute son existence, toute son intensité, toute sa lumière, c'est déjà son esprit qu'il nous dévoile. Discrètement, il déboute la tentation de réduire une existence à un schéma matériel, une psychologie à un équilibre de tendances, une doctrine à un emboîtement de définitions et de principes.

L'esprit d'un vivant est la synthèse d'une existence, d'une âme orientée, d'une doctrine cohérente. Ce que nous retrouvons au terme de cet effort de regroupement, c'est plus qu'un portrait, un dynamisme et un concept, c'est un regard, une source, un jaillissement de vie.

LA SPIRITUALITÉ D'UNE HISTOIRE

En l'année du tricentenaire les explorateurs — peut-on les qualifier autrement ? — qui ont essayé de dresser la nomenclature et de décrire les œuvres vincentiennes, ont prudemment en cours de travail réduit le champ de leur prospection. Ne valait-il pas mieux éclairer correctement un district ou un canton de ce vaste royaume ? Les *flashes* historiques ont d'ailleurs facilement contenté la curiosité suscitée par ce personnage familier revenant brusquement au premier plan de l'actualité. Les adjectifs généreux ne manquèrent pas pour combler les vides laissés dans les perspectives.

Immanquablement, ce fut l'aspect prestigieux de

cette existence qui retint l'attention. Elle se lève et prend son vol à partir des sables horizontaux des Landes. Après quinze années d'immobilité et de projets, un jeune Depaul né en 1581 tournoie pendant treize ans à la recherche d'une honnête retirade. Ses lieux de séjours ne lui fournissent qu'une pause et un tremplin pour s'élancer ailleurs. L'infortune l'empêche de s'installer et la fortune semble toujours l'appeler ailleurs. Ainsi l'aperçoit-on à Toulouse, à Rome, à Bordeaux, à Marseille, sur les bords de la Méditerranée barbaresque et magicienne. Le voici encore à Aigues-Mortes, en Avignon, à Rome. Ce cavalier gascon brûle ses relais, il rêve éperdument sur cet horizon de bonheur qui fuit à son avance. En septembre 1608, il pénètre dans Paris par la porte d'Italie. Ce « comptoir des merveilles » le retient. Discrètement la Providence lui a préparé des éducateurs et des maîtres. Le Père de Bérulle s'intéresse à lui. Il découvre en Mme de Gondi une admiratrice et aussi une bienfaitrice compréhensive. André Duval, docteur de Sorbonne et maître royal, l'estime et plus encore le soutient. Pendant plusieurs années — de 1624 à 1628 —, Jean Du Vergier de Hauranne, abbé de Saint-Cyran, fera bourse commune avec M. Vincent. De précieux appuis permettent à sa carrière de se définir en s'exerçant. Une ère de confiance s'ouvre pour lui en l'année 1618. Il rencontre Mgr François de Sales et celui-ci n'hésitera pas à lui confier en 1622, non seulement la Visitation parisienne, mais encore l'âme vibrante et douloureuse de sainte Chantal.

Il faut dire qu'à cette date le champ d'action de M. Vincent est déjà considérable. Son ministère presque inexistant pendant douze ans (1600-1612) s'est enrichi pendant dix ans d'expériences diverses et très fructueuses. En 1612, il a exercé les fonctions curiales dans la petite paroisse de Clichy-la-Garenne. En septembre 1613, il a pris dans la famille des Gondi un service de précepteur qu'il avait jadis exercé à Dax et à Buzet. En 1617, il a inauguré une longue carrière de missionnaire paroissial. En 1618, après avoir restauré la paroisse sommeilleuse de Châtillon-des-Dombes, il est revenu à Paris, il a voulu assister les forçats. Dès 1619, il sera promu aumônier général des galères. Aussi, quand en 1625, après avoir complété l'œuvre des missions par les fondations de charité, il prendra avec quelque hésitation la tête d'un peloton de missionnaires, Mme de Gondi pourra faire confiance à son expérience et à sa remarquable ingéniosité.

L'année 1628 marque un tournant dans son existence et une nouvelle orientation de ses œuvres. De concert avec l'évêque de Beauvais, Mgr Pottier, il commence l'œuvre des ordinands.

Nous savons qu'en 1630 il a déjà la confiance du cardinal de La Rochefoucauld qui n'hésite pas à lui confier le cas quelque peu épineux des illuminés de Picardie. En 1632, il pénètre à Saint-Lazare et il transforme ce vieux prieuré en un carrefour de charité.

L'année suivante (1633) est doublement marquée par l'organisation des conférences du Mardi qui groupent les prêtres dans le ministère, et par la fondation de la compagnie des Filles de la Charité que Louise de Marillac gouvernera au nom de M. Vincent. Louise de Marillac, veuve d'Antoine Legras, c'était cette petite femme maladive et anxieuse que M. Vincent avait prise en charge en 1625. Quatre années plus tard, il avait pu l'envoyer comme inspectrice des Charités du Beauvaisis, de Champagne et d'Île-de-France.

Dès 1635, Vincent crée un centre missionnaire à Toul. Il apprend ainsi la vague de misères qui déferle sur la Lorraine. Aussi, après avoir envoyé dix missionnaires aux armées lors de l'invasion de Corbie (1636), il organise maintenant les secours pour la Lorraine (1639). L'année précédente, il n'avait pas hésité à s'occuper des enfants abandonnés.

Deux années s'écoulent, nous sommes en 1641, et voici que la Mission ouvre un séminaire à Paris. Des organisations missionnaires et sacerdotales sont mises en place en Italie. À la mort de Louis XIII, Vincent prend place au Conseil de conscience et il élargit encore le champ de ses activités. Les missionnaires partent pour Tunis, Alger, les Hébrides, Madagascar, la Pologne. En tous ces lieux, Vincent est présent pour souffrir avec ceux qui souffrent, pour éclairer, réconforter, révéler l'indicible bonté de Dieu. Il songe aux missions de Chine, mais cette préoccupation ne l'empêche pas de poursuivre l'évangélisation des pauvres, d'entreprendre l'œuvre combien délicate de la réforme des ordres religieux et du renouvellement de l'épiscopat. Honorant la Providence divine qui ne laisse pas périr un ciron, M. Vincent veille en même temps sur les réfugiés, les victimes de la guerre : la Champagne, la Picardie, l'Île-de-France le regardent comme leur sauveur.

En 1655, ce vieux paysan aux chairs labourées de fatigues tire vigoureusement sa guenille comme une monture harassée. Il accuse sa paresse et, cependant, pour tous ses contemporains, il honore souverainement l'omniprésence divine, portant incessamment son effort, son conseil et son cœur à tous les points névralgiques de la réforme catholique. Sans le proclamer, il change le visage de l'Église. Dans la lumière surnaturelle où il évolue, il apparaît bientôt comme une incarnation inopinée de la Providence divine. Au matin du 27 septembre 1660, il fait ses adieux à l'humanité. Il s'efface pour s'installer plus discrètement en vigie au chevet de la souffrance. C'est là que les amis de l'homme et les fils de Dieu l'ont toujours rencontré.

À partir de ce lieu où il se recueille en un laborieux repos, il est possible de mesurer l'extension et la durée de son effort, et aussi l'énergie presque surhumaine qu'il a déployée. C'est là le premier trait, la première marque de son esprit. En tout M. Vincent — existence, ressort psychologique, affirmation doctrinale, organisation de l'action — c'est une puissance vitale exceptionnelle qui apparaît. Sereinement la grâce l'épouse pour accomplir fortement, mais en toute suavité, les gestes de Dieu.

L'EXPÉRIENCE RELIGIEUSE

L'historien qui dénombre les activités, établit la topographie des institutions, situe sans peine les tournants et les étapes de la carrière visible. Toutefois, le caractère inopiné de certaines émergences, la maîtrise avec laquelle des œuvres telles que les Charités sont organisées et diffusées, trahissent des transformations intérieures que la chronologie n'arrive pas à cerner. Les articulations et les mécanismes de la nature graciée, l'acquiescement ou le refus aux prévenances divines échappent aux mensurations extérieures. Elles sont de l'ordre de la qualité et de la charité. Nous les comprenons par référence aux phénomènes d'opacité ou de transparence.

Dans le cas de M. Vincent, l'avènement intérieur d'une grâce nouvelle se traduit extérieurement d'une double façon. Sa vision des choses et des personnes se transforme : il voit plus profondément et plus rapidement au-delà des apparences sensibles ; de plus, son champ de conscience s'élargit, l'accueil de ce qui lui est étranger devient plus fréquent et plus profond.

Il y eut sans doute dans la vie de M. Vincent une irruption particulièrement décisive de la grâce. On hésite cependant à parler de conversion. Ce terme désigne habituellement un mouvement brusque et définitif par ses intentions. L'âme semble changer de route. Elle renonce à certaines valeurs, rebrousse chemin, dirait-on. Elle brûle ce qu'elle avait adoré et elle adore ce qu'elle avait voulu brûler. Bien des indices nous invitent à situer une « recréation » intérieure de M. Depaul entre les années 1613-1616. Elle ne s'effectua pas au cours d'une nuit d'orage ou au moyen d'une vision fulgurante. Chez M. Vincent, la grâce marche habituellement au pas de la nature. Elle mime son style et utilise ses procédés d'avance. Nous savons que sa nuit intérieure s'éclaira, qu'il goûta une paix profonde au moment où il se résolut définitivement à consacrer toute sa vie au service des pauvres. Cet acte suprême ne fut ni imprévu ni improvisé. Vincent s'était haussé jusqu'à ce sommet par des actes, des visites de pauvres, de modiques donations de son temps, de ses soins, de lui-même. Son âme était demeurée aimantée par la grâce. Discrètement Dieu l'atteignit en son cœur. Il l'exerçait par un noviciat où il l'entraînait à prendre sur lui quelque chose et spécialement une peine, une humiliation des autres.

Il subit d'abord durant six mois une épreuve purifiante en supportant courageusement une calomnie. Le juge de Sore, qui avait accueilli Vincent à son arrivée à Paris, l'accusa de lui avoir dérobé ses écus... et naturellement le traita comme un voleur qu'on expulse et qu'on poursuit en tous lieux. Cette humiliation publique, jointe aux plaies d'argent qui rongeaient l'existence du jeune cadet de Gascogne, exerça le novice à subir et à pâtir. Elle lui apprit douloureusement tout ce qui sépare l'apparence de la réalité. Discrètement elle le fit entrer dans la communauté des pauvres qui savent en appeler à Dieu au-delà de toutes les sentences ou appréciations des hommes.

L'exercice ou l'épreuve étaient à peine terminés — le juge détrompé avait fait ses excuses et demandé pardon — que Dieu préparait déjà à M. Vincent une « performance » plus délicate et plus intérieure. Il poussa vers M. Depaul, devenu aumônier de la reine Marguerite de Valois, un théologal tenté contre la foi et miné jusqu'au désespoir. Vincent essaie de soulager cette souffrance ambulante. Il s'efforce de compatir, de partager un peu la peine. À bout de paroles et de conseils, il s'offre à Dieu pour prendre sur lui toutes les tentations du malheureux. A-t-il surestimé ses forces ? Savait-il dans quel désert il allait entrer ? Qu'importe ! À chaque jour suffit sa peine. Pour tout acte et spécialement pour toute charité, Dieu apporte aussi sa grâce. Vincent, accablé, se traîne devant Dieu qui semble le fuir. Sa seule consolation est de voir et de savoir que son offrande a délivré une âme : son client reommençait à vivre. Une conviction s'installe dans l'âme de Vincent et douloureusement la modèle. La bonté n'est pas une effusion de paroles. Plus qu'un acte transitoire, c'est une manière d'être. Elle seule calme, console et fortifie, car elle est transfusion de vie. En se donnant aux autres, c'est la vie d'amour du Christ que l'on attire et installe dans les profondeurs de son être.

Ces convictions acquises et vérifiées par une profession de service de Dieu dans les pauvres permettront à M. Vincent de capter les invitations que Dieu lui transmet à travers deux événements qui auraient pu traverser sa vie sans l'enrichir.

Le premier est l'assistance d'un moribond à Gannes, près Folleville, en Picardie. Vincent voit au chevet de ce malheureux que les âmes se perdent faute de faire de bonnes confessions et aussi de pouvoir s'appuyer sur les vérités élémentaires de la foi. Le second est l'assistance des pauvres malades. En cette même année 1617, il apprend non qu'il y a des pauvres — il en avait vu par milliers —, mais que lui, Vincent et toute la paroisse dont il est le curé, en sont comptables devant Dieu. Il faut non seulement les secourir, mais organiser toute la paroisse pour la charité et ainsi la faire vivre de la charité. On ne possède que ce que l'on donne, on n'acquiert que ce que l'on veut donner. Ces deux révélations de l'année 1617 serviront de pivot à toutes les grandes œuvres et amorceront toutes les créations.

C'est en s'appuyant sur l'expérience de Gannes que s'organiseront les missions, les œuvres des ordinands, la triple réforme du clergé, des religieux et religieuses, celle de l'épiscopat. Progressivement, l'horizon intérieur de Vincent se déploiera. L'interaction de tous les membres et de tous les ministères du Corps mystique deviendra pour lui une évidence. À l'horizon borné de l'« honnête retirade » des premiers jours s'est substituée la vision d'une réalité vivante : l'Église.

À partir de l'expérience de Châtillon c'est, dirait-on, le corps même de la charité et de l'Église que Vincent découvre. Bientôt, les Charités, les Dames, les Filles de la Charité, les secours aux enfants trouvés, aux réfugiés, aux sinistrés notifieront extérieurement la progression et l'extension de cette prise de conscience. Actuellement encore, elle reste pour notre monde occidental, stimulante et accusatrice. Que répète-t-elle ? Nul ne peut se désintéresser de la misère. Le plus misérable est celui qui ne sent pas la plaie que cause en lui la détresse d'un membre souffrant de Jésus. Dans l'humanité et dans l'Église, tout être vit des autres et dans les autres. Aucun acte n'est solitaire, aucun cheminement n'est individuel. Cette âme de son âme transpercera l'être de Vincent et parlera dans sa vie plus que ses paroles et que ses actes.

En cours de route, des images, des applications, des prolongements imprévus viendront étoffer la conviction première : les thèmes apparaîtront alors révolutionnaires... comme l'Évangile. Qui sépare les âmes, sépare de Dieu. La détraction blesse le cœur de Dieu avant d'atteindre celui du prochain. Dieu ne souffre pas d'union à lui si on tolère la désunion avec ses membres. Qui s'unit au prochain, s'unit à Dieu. Il ne suffit pas que j'aime Dieu... si mon prochain ne l'aime.

Selon une autre dimension, la conviction progresse et se vérifie par l'expérience. Il faut joindre le corps à l'âme. Il faut soigner le corps pour atteindre l'âme. Nul ne peut se contenter d'être bon, charitable, mortifié, humble en esprit : il se gaverait de paroles et d'imaginations. L'amour affectif n'est pas seulement stérile, il est coupable s'il refuse de mûrir en actes. Tirant même à l'extrême les conséquences de ses principes, Vincent de Paul présente l'humilité, la mortification comme des exigences de la vie communautaire.

LA DOCTRINE SPIRITUELLE DE M. VINCENT

Il n'avançait que des choses communes mais, nous dit-on, il les portait haut et quant à la pratique et quant à l'expression (témoignage du frère Bertrand Ducournau, son secrétaire). À moins d'être bien pressé, personne ne croira que seuls le ton et l'action oratoire donnaient un tour original à l'enseignement de M. Vincent. « Ce qui portait haut » différenciait sa parole de celle d'un quelconque prédicant, c'était son expérience intérieure. Ce discret rappel de la grammaire et particulièrement de la syntaxe des accords profonds n'est pas tellement inopportun. L'âme vibre dans la parole. Souple et fluide, l'esprit travaille tout l'être. Il agit sans que le corps entre en action. « Quand vous ne diriez mot, si vous êtes bien occupés de Dieu, vous toucherez les cœurs par votre simple présence. » (Abelly*, II, 231.)

* Voir la liste des sigles utilisés, p. 6.

Pareilles affirmations et bien d'autres qui louent étrangement la passivité modèrent discrètement nos regrets. Bien des curieux ont virevolté sans oser attaquer le bloc fortifié des treize volumes de lettres, conférences, documents. Préservation providentielle peut-être ! Il eût été si facile d'étaler l'enseignement de Vincent de Paul sur trois ou quatre schémas scolaires. Densité, nuances, sens des extrêmes simultanés, en somme toute l'originalité de cette âme profonde eût été allègrement expurgée.

À vrai dire, ces paroles et ces écrits ne se laissent pas facilement débiter en propositions simples et symétriques. Très proches de son esprit, soudés aux circonstances qu'ils reflètent, ils découragent un long effort d'équarrissage. Celui-ci apparaît très vite bien primaire et fort maléfique. Pour déchiffrer, pour entendre la voix, il faut être au-dedans. La clef de cette invulnérable cité existe, elle est même sur la porte. Seulement il faut la tourner et ouvrir de l'intérieur.

Cette précaution et cet itinéraire d'abordage s'inscrivent à l'inverse du cheminement habituel du lecteur. Celui-ci va habituellement de l'œuvre à l'homme qu'il s'efforce de ressusciter. Pareille entreprise multiplie les erreurs, et synthétise les contresens. Tous les écrits que nous possédons sont occasionnels : ils isolent un fragment de la pensée de Vincent. Si claire que soit une lettre, si compréhensible que nous apparaisse une conférence, nous n'apercevons qu'un signe, qu'une ébauche, un trait et un aspect de l'esprit. Ce brouillon qui débrouille la pensée de l'auteur, brouille celle du lecteur. Comme tous les signes, ceux-ci évoquent et ne dévoilent pas. Ils suggèrent et ils rappellent. Humble et patiente sérénité ! Sainte-Beuve demandait de vivre avec un auteur pour lui laisser le temps de se graver en soi. Meilleur conseil ne pouvait nous être adressé.

Une première familiarité avec l'œuvre de M. Vincent nous fait rapidement constater une grande variété d'expression. Plus qu'au genre littéraire, lettre ou conférence, elle tient aux destinataires et aux auditeurs. Toujours direct et vivant, M. Depaul s'exprime, dirait-on, sur des registres et avec des jeux différents. Parle-t-il aux missionnaires, aux Filles de la Charité, écrit-il à la Mère de la Trinité ou à S^e^ Jeanne de Chantal, c'est à l'auditeur et aux consultants qu'il emprunte sa manière de parler. Ceux-ci sont responsables, non seulement du ton, mais très précisément de l'expression particulière de la pensée et, dirait-on, de l'habillement de la doctrine. Le rapprochement des thèmes spirituels qui sont communs aux missionnaires et aux Filles de la Charité dévoile cette singulière puissance d'adaptation. Prudente, modeste, toujours sincère, cette conversion au prochain devient un mimétisme. Dans l'expression orale, elle n'hésite pas à utiliser le mime.

Dans l'œuvre que nous possédons, on distingue facilement trois registres d'expression, qui représentent trois niveaux de pensée : l'enseignement des missionnaires, la catéchèse des Filles de la Charité, les réponses écrites aux consultants de différentes catégories.

Nous pouvons considérer la doctrine donnée aux missionnaires comme la pensée fondamentale de M. Vincent. Les deux autres catégories d'écrits transposent, imagent, prolongent et nuancent ce qui était donné d'une façon plus dépouillée aux prêtres de la Mission.

Les premiers efforts effectués par Abelly et les premiers missionnaires pour caractériser l'esprit de M. Vincent aboutissent dès 1664 — quatre années après sa mort — à préciser qu'il s'attachait spécialement à imiter Notre-Seigneur et, secondement, à conformer sa volonté à celle de Dieu. Brèves mais précieuses indications. Une lecture même superficielle des grandes pages de M. Vincent nous fait pressentir en effet deux préoccupations fondamentales : vivre dans le Christ et par lui, afin de le prolonger ; organiser le plus sûrement possible la vie et l'action surnaturelles.

LA VIE DANS LE CHRIST

Vision de Foi.

Vincent n'est pas un spéculatif ni même un intellectuel se promenant avec grâce dans le monde des concepts. Ses exposés doctrinaux ne sont ni des constructions soigneusement équilibrées, ni des synthèses rationnelles. Sans mépriser la raison, ce « bon Père » se défie des tricheries de la « petite nature ». Vaine est la doctrine qui ne se tourne pas à aimer, dira quelques années plus tard un bon disciple de Vincent, Jacques Bénigne Bossuet, évêque de Meaux. Vincent lui aussi surveille la curiosité, cette « peste de la vie spirituelle ». Inutile de s'épuiser en raisonnement : il faut aimer et surtout agir, se donner à Dieu pour se donner aux autres.

Un mouvement emporte son verbe. Le ressort de cette vitalité, remarquons-le, n'est ni dans son tempérament qui aurait pu se monnayer en divertissements, ni dans une volonté de vivre et de s'épanouir. Le pôle qui attire et qui oriente est invisible et magnétique. C'est de lui qu'il faut partir pour rencontrer M. Vincent en quête, en soin, en recherche du royaume de Dieu. Quelques instants de lecture et d'observation peuvent d'ailleurs suffire à détecter les sources où il s'abreuve. Écoutons-le ! « Il faut commencer par la foi. » « Il n'y a que les vérités éternelles qui soient capables de nous remplir le cœur et de nous conduire avec assurance. Les lumières de la foi sont toujours accompagnées d'une certaine onction toute céleste qui se répand secrètement dans les cœurs des auditeurs. » « Je prie Notre-Seigneur qu'il vous fasse la grâce de regarder ces choses-là comme elles sont en Dieu, et non comme elles paraissent hors de lui. Parce que autrement nous pourrions nous tromper et agir autrement qu'il ne veut. »

Alors que Pascal déclarait : « les choses visibles sont images des invisibles », Vincent s'appuie sur une réalité à la fois complexe, vivante, personnelle : « Notre-Seigneur est la règle de la Mission. »

Le Christ Jésus.

Le mystère de Jésus dont on s'approche avec humilité et qui apparaît aux yeux de la foi est une règle modelante et éclairante.

Le principe de l'*Imitation* de Jésus est inscrit au cœur même de l'Incarnation, dans la chair vive de Jésus. « Oui, ô Sagesse éternelle, vous avez voulu éprouver et prendre sur votre innocente personne toutes nos pauvretés. Vous savez qu'il a fait cela pour sanctifier toutes les afflictions auxquelles nous sommes sujets et pour être le prototype, l'original et le prototype de tous les états et conditions des hommes... » « Toutes les actions qu'il a faites étaient autant de vertus convenables à un Dieu qui s'était fait homme pour être l'exemple des autres hommes. [...] Il n'est pas seulement *Deus virtutum*, mais il est venu pratiquer toutes les vertus. [...] Ses actions et inactions étaient autant de vertus. »

La vision de l'invisible interprète le visible mais d'une façon déconcertante. « Je ne dois pas considérer un pauvre paysan ou une pauvre femme selon l'extérieur, ni selon ce qui paraît de la portée de leur esprit, d'autant que bien souvent, ils n'ont pas presque la figure, ni l'esprit de personnes raisonnables, tant ils sont grossiers et terrestres. Mais tournez la médaille et vous verrez par les lumières de la foi que le Fils de Dieu qui a voulu être pauvre, nous est représenté par ces pauvres. [...] Ô Dieu qu'il fait beau voir les pauvres, si nous les considérons en Dieu et dans l'estime que Jésus-Christ en a faite ! » Le Christ est le chiffre, le chiffre lumineux et transformant qui permet de voir et de comprendre tout autrement la réalité visible.

La physionomie de ce Christ révélateur qui se dessine progressivement et acquiert devant nous une consistance et une densité inoubliables, c'est un Christ paysan, doux, simple, aimable. Son premier et son dernier mot est l'humilité, mais une humilité pleine de tendresse, se livrant dans la souffrance et dans la mort pour mendier les cœurs des pauvres humains qui follement se dérobent.

Dans sa vie intérieure la plus profonde, le Christ est religion et charité. Vincent nous présente une théologie et une psychologie du Verbe incarné qu'il a découvertes dans S. Jean lu en compagnie du Père de Bérulle.

Ce qui caractérise le Fils de Dieu, c'est l'estime et l'amour du Père. Au Père, Jésus faisait hommage de toutes les choses qui étaient en sa personne sacrée. Il lui attribuait tout. Il ne voulait pas dire que sa doctrine était sa doctrine. Il reconnaissait que le Père était l'auteur et le seul principe de tout le bien qui était en lui. — L'amour du Fils de Dieu se manifeste de deux façons par l'anéantissement de l'Incarnation et de la mort rédemptrice, par toutes les activités de la vie terrestre, humiliations, travail, souffrance, oraisons, opérations intérieures et extérieures. De cet amour procèdent l'opposition au monde, le mépris des biens, des plaisirs, des honneurs.

Nous retrouvons ici les traces de l'influence bérullienne, mais la doctrine du fondateur de l'oratoire est développée dans un autre climat spirituel.

Aspect sacerdotal.

S'adressant aux prêtres de la Mission, M. Vincent les convie à contempler la religion du « Verbe incarné » qui portait toutes ses pensées au salut des hommes (voir Abelly, III, 90). Le Christ ne demeure pas inactif. Il continue à exercer son sacerdoce par les prêtres. « Il se sert de nous si nous nous donnons à Lui » (*SV*, XI, 74). « Par nous, il continue du haut du ciel ce qu'il a lui-même fait sur la terre en sa vie » (*SV*, XII, 80-85). Le prêtre est donc l'instrument du sacerdoce éternel de Jésus ; plus encore chaque chrétien uni au Christ est le continuateur de sa mission. Vincent de Paul s'appuie pour l'affirmer sur la participation à la vie du Christ par le baptême. « Nous vivons en Jésus-Christ par la mort de Jésus-Christ, et nous devons mourir en Jésus-Christ par la vie de Jésus-Christ. [...] Notre vie doit être cachée en Jésus-Christ et pleine de Jésus-Christ. [...] Pour mourir comme Jésus-Christ, il faut vivre comme Jésus-Christ » (*SV*, I, 295).

Mais, les Filles de la Charité doivent elles aussi dans leur condition et selon leur vocation faire ce que Notre-Seigneur a fait, poursuivre son œuvre d'amour (*SV*, VII, 382 ; VIII, 162 ; IX, 14-15 ; 19-22 ; 61-63 ; 252 ; 583 ; X, 115 ; 122, 124 ; 126, 141 ; 222-223).

Le Christ en tous.

Prolongeant, élargissant pour ainsi dire sa vision du Christ mystique, M. Vincent recherche et reconnaît Jésus dans tous les états. « La seconde maxime de ce fidèle serviteur de Dieu, nous affirme Abelly, était de regarder toujours Notre-Seigneur Jésus-Christ dans les autres, pour exciter plus efficacement son cœur à leur rendre tous les devoirs de charité. Il regardait ce divin Sauveur comme pontife et chef de l'Église dans Notre saint-père le pape, comme évêque et prince des pasteurs dans les évêques, docteur dans les docteurs, prêtre dans les prêtres, religieux dans les religieux, souverain et puissant dans les rois, noble dans les gentilshommes, juge et très sage politique dans les magistrats, gouverneurs et autres officiers » (Abelly, I, 83). Nous retrouvons l'attitude et les dispositions religieuses de Pascal : « Je considère Jésus-Christ en toutes les personnes et en nous-mêmes ; Jésus-Christ comme père en son Père, Jésus-Christ comme frère en ses frères, Jésus-Christ comme pauvre en les pauvres, Jésus-Christ comme riche en les riches, Jésus-Christ comme docteur et prêtre en les prêtres, Jésus-Christ comme souverain en les princes, etc. Car il est par sa gloire tout ce qu'il y a de grand, étant Dieu, et est par sa vie mortelle tout ce qu'il y a de chétif et d'abject. Pour cela, il a pris cette malheureuse condition, pour pouvoir être en toutes les personnes, et modèle de toutes conditions[1]*. »

Principe de l'action.

Cette vision du Christ et de son œuvre proclame du même coup un principe qui régit toute l'activité morale, de l'agir et du faire, la politique et la mystique. L'achèvement de la mission de Jésus ne se fait qu'avec les moyens que le Christ lui-même a mis en œuvre. La nature de l'entreprise réclame les mêmes mains, le même cœur, la même âme. Il faut donc, en vertu du principe d'association, imiter le Christ, revêtir son esprit. Bien qu'en plusieurs passages de ses œuvres, Vincent de Paul fasse allusion à la causalité physique des « états » du Fils de Dieu, cependant, il ne parle d'une façon habituelle que de la simple imitation de Jésus : « Le Christ est modèle de toutes les vertus et plus spécialement des vertus missionnaires. »

Tout l'effort d'ascèse gravite autour de cette physionomie de Notre-Seigneur : « Rien ne me plaît qu'en

* Les notes de ce chapitre sont en p. 46.

Jésus-Christ », disait-il. Pour mieux imiter le Christ, il le copiait, le mimait, reprenait les expressions mêmes du Fils de Dieu.

Les bases dogmatiques de la spiritualité de S. Vincent de Paul nous apparaissent donc nettement christo-centriques. Toutes les vérités de la foi sont polarisées par un Christ missionnaire, doux et humble.

ORGANISATION DE LA VIE INTÉRIEURE

« Il faut la vie intérieure, il faut tendre là ; si on y manque, on manque à tout » (*SV*, XI, 131). « Tenons pour une maxime indubitable qu'à proportion que nous travaillerons à la perfection de notre intérieur, nous nous rendrons plus capables de produire du fruit envers le prochain » (Abelly, III, 342). « Il faut que nous travaillions à faire régner Dieu souverainement en nous, et puis dans les autres. Et mon mal est que j'ai plus de soin de le faire régner dans les autres que dans moi » (*SV*, II, 97).

Ces préoccupations décrivent le climat de l'ascèse. La préoccupation de Dieu et l'amour du prochain en soutiennent l'effort. Elles en précisent les intentions.

La doctrine paulinienne.

« Pour continuer la mission de Jésus-Christ, il faut se revêtir de son esprit » (*SV*, XII, 107). Cet esprit et ce revêtement, Vincent les décrit en s'inspirant de la doctrine paulinienne de la vie et de la mort mystérieuse du chrétien.

L'homme ne devient chrétien, fils adoptif de Dieu et frère du Christ, qu'au moment où la mort et la résurrection de Jésus sont mystiquement réalisées en lui par le baptême (Ga 3, 26-27 ; Rm 6, 3-4 ; Col 2, 12). Il est alors identifié mystérieusement à Jésus, consacré au Saint-Esprit, uni à tous les autres membres de la famille surnaturelle. Revêtu du Christ comme d'une forme vitale, il est soudé à la vie morale de Jésus et mis sous la conduite de l'Esprit Saint qui dirigera son âme ainsi qu'il le faisait pour le Verbe incarné.

Le baptême initie d'ailleurs par son symbolisme à une nouvelle vie morale dont il donne les conditions et dessine le développement. *L'immersion* dans l'eau représentant la mort et l'ensevelissement préfigure la rupture morale avec le péché et inscrit dans l'âme un programme de renoncement. L'*émersion*, symbole de résurrection et de vie, manifeste l'accession à une vie nouvelle, transcendante, qui défie la mort corporelle.

Cette vie nouvelle réclame de l'homme libre une adhésion de tout l'être. Il faut réaliser, vérifier dans le temps l'adoption divine et s'unir à Dieu en se vidant de soi-même (Rm 6, 12). Mystiquement revêtu du Christ au baptême, le chrétien doit par un travail de purification et d'amour s'en revêtir encore davantage en se dépouillant du vieil homme (Ga 3, 27 ; Rm 13, 14 ; Ep 4, 22).

La doctrine vincentienne.

Vincent de Paul saisit dans la doctrine paulinienne le double aspect statique et dynamique de la vie chrétienne. Il creuse, élargit, monnaie cette doctrine. Par ce « ressourcement » son enseignement prend une valeur toute particulière. Il établit ainsi la théologie et la mystique de la Mission non sur une théologie du sacerdoce, mais sur un approfondissement de la doctrine de l'identification au Christ par le baptême. L'œuvre du Christ, son prolongement historique par les prêtres et par les baptisés demande non seulement l'état de grâce, il requiert la volonté d'imiter le Christ et d'opérer sous la motion de l'esprit de Dieu.

« La part de Dieu et la part de l'homme ».

Ce travail, cette longue et patiente entreprise qu'est le revêtement du Christ ne se poursuit pas à la stoïcienne. La sainteté n'est pas une conquête solitaire. Dieu et l'homme sont solidaires. Sur des plans, selon des influx différents, ils travaillent ensemble.

Par le baptême, le Christ imprime son caractère et donne pour ainsi dire « la sève de son esprit » et de sa grâce. « Il donne pouvoir d'opérer des actions divines. Grâce habituelle, caractère baptismal, caractère sacerdotal sont mis habituellement par Vincent en connexion avec l'activité d'une grâce excitante de Dieu vivant dans l'homme. » « Quand on dit que le Saint-

Esprit opère en quelqu'un, cela s'entend que cet esprit résidant en cette personne lui donne les mêmes inclinations et dispositions que Jésus-Christ avait sur la terre, et elles le font agir de même, je ne dis pas d'une égale perfection, mais selon la mesure des dons de ce divin esprit » (*SV*, XI, 243-244 ; I, 295).

De son côté, l'homme doit agir. « Il est donc dit que l'on cherche le royaume de Dieu. Que l'on cherche, ce n'est qu'un mot, mais il me semble qu'il dit bien des choses : il veut dire de nous mettre en sorte que d'aspirer toujours à ce qui nous est recommandé, de travailler incessamment pour le royaume de Dieu et non pas demeurer en un état lâche et arrêté, faire attention à son intérieur pour le bien régler, mais non à l'extérieur pour s'y amuser. Cherchez, cherchez, cela dit *soin*, cela dit *action*. [...] Cherchons, Messieurs, à nous rendre intérieurs, à faire que Jésus-Christ règne en nous ; cherchons, ne demeurons pas en un état de langueur et de dissipation, en un état séculier et profane, qui fait qu'on s'occupe des objets que les sens montrent sans considérer le Créateur qui les a faits ; sans faire oraison pour se dépêtrer des biens de la terre et sans chercher le souverain bien » (*SV*, XII, 131-132). Un mot revient souvent sur les lèvres de M. Vincent : « Il faut se donner à Dieu. »

Dès qu'une « vérité », une vertu, une action du Fils de Dieu, une entreprise de charité se présentent à l'esprit, il faut s'efforcer de la bien comprendre, d'en remplir son intelligence, d'exciter ses affections. C'est par admiration que l'homme sort de lui-même, s'attache à un bien supérieur. En admirant, en élevant son esprit pour reconnaître la « vérité » telle qu'elle est en Dieu, l'âme se détache de soi, commence à se vider d'elle-même, à s'unir à Dieu.

Ce mouvement vers Dieu est secondé par des actes et une attitude d'humilité. L'inventaire, et l'aveu du néant des forces humaines, pousse à demander à Dieu la grâce de passer à l'action, d'agir non en partant de soi-même, mais en partant de Jésus. C'est « en Lui et par Lui » qu'il faut opérer.

La grâce excitante, les mouvements du Saint-Esprit secondent ici discrètement l'effort humain en donnant un goût intérieur, un divin attrait pour le bien surnaturel. Travail complexe de coopération qui conjugue une constante initiative et une très humble docilité.

Programme.

L'Esprit de Jésus incline à s'opposer aux trois concupiscences que les trois vertus évangéliques de pauvreté, chasteté, obéissance, consacrées par les vœux, essaient de réduire à l'impuissance.

Psychologiquement, la lutte doit être menée contre la petite nature, ses intentions tricheuses, sa mentalité, son esprit. D'où la lutte contre « l'esprit propre » par la simplicité, la pureté d'intention, l'humilité ; et contre la volonté propre par l'obéissance, l'indifférence, la pratique de ne rien demander et de ne rien refuser.

Saint Vincent insiste d'une façon extraordinaire sur la nécessité de la vertu d'humilité. Lui-même en a porté la pratique à un degré qui a surpris ses contemporains (Abelly, I, 75-77). Il en voit les prolongements et l'expression dans des détails à première vue négligeables. C'est ainsi qu'il demandera, en certains cas, de moins bien faire pour ne pas se complaire dans une action, de « retenir » les plus belles pensées, de cultiver l'humilité de corps, etc. C'est qu'il est persuadé que l'humilité est la source directe de toutes les vertus, qu'elle est à l'origine immédiate de tous les biens (*SV*, IX, 674 ; XII, 363). Par la pratique des fréquentes humiliations il s'offrait aux inspirations et, pour ainsi dire, sensibilisait ses membres à l'action de la grâce.

De même que le Christ est au centre de sa perspective dogmatique, l'humilité est l'effort préféré de son ascèse.

SANCTIFICATION ET GOUVERNEMENT DE L'ACTION APOSTOLIQUE

Le missionnaire n'est pas un être immobile, hypnotisé par la contemplation de Dieu et du Christ. « Chartreux à la maison », sa vocation est aussi d'agir et de se donner au-dehors. Le ministère sacerdotal et l'activité charitable absorbent la majeure partie de son temps. Dès lors une question primordiale se pose à lui. Comment ne pas se perdre dans l'action ? Comment conduire ses activités pour les rendre à la fois saintes devant Dieu et surnaturellement efficaces en ce monde ? M. Vincent répond en proposant de coaliser toutes les forces, d'assujettir toutes les variétés de la poussée vitale à la poursuite d'un seul but : rechercher et réaliser le royaume de Dieu.

Sens de l'action.

L'action soutenue par l'Esprit de Dieu sera la vraie et sans doute la seule preuve de l'amour. Elle doit être le terme normal des pensées, affections, imaginations qui traversent l'oraison (*SV*, XI, 40). S'il en est autrement, on peut être assuré que tous ces sentiments ne sont que des illusions. « *Totum opus nostrum in operatione consistit.* » Vincent pousse même très loin sa défiance à l'égard de tout ce qui n'est qu'intérieur. « Celui qui fait peu d'état des mortifications extérieures, disant que les intérieures sont beaucoup plus parfaites, fait assez connaître qu'il n'est point mortifié ni intérieurement, ni extérieurement » (*SV*, XI, 71). L'action, preuve infaillible de vérité, sera en même temps une expression vivante et concrète du dogme.

Comment surnaturaliser son action, la rendre méritoire au point que le Christ puisse l'assumer moralement ? Il suffit de suivre la loi qui régissait l'activité du Christ et de n'accomplir, comme Lui, qu'une seule volonté en toutes ses occupations. L'action matérielle n'a pas de valeur en elle-même. Ce qui compte et ce qui demeure, c'est le dessein divin qu'elle sert à accomplir. « Il faut sanctifier les occupations en y cherchant Dieu et les faire pour l'y trouver plutôt que pour les voir faites » (*SV*, XII, 132). L'imitation du Christ n'est pas copie matérielle, un mimétisme ; elle vise à retrouver ses intentions, son âme, le mouvement profond qui le portait vers le prochain et vers le Père. L'identification psychologique complète, en un certain sens, l'identification mystique par la grâce.

De même que Vincent de Paul prolonge et transpose la considération de Dieu en imitation de Jésus, il réduit et fait aboutir cette imitation à une intime communion à la volonté divine.

Discernement de la volonté de Dieu.

Toutefois comme s'il craignait de voir cette règle de la volonté divine se plier à toutes les exigences de la petite nature tricheuse, Vincent de Paul modifie et aménage la doctrine de son maître Benoît de Canfeld. Il a lu le célèbre ouvrage du capucin anglais, *La Règle de perfection réduite du seul point de la volonté de Dieu*, ouvrage composé avant 1593, mais qui ne fut imprimé en France et à Paris qu'en 1609. Vincent en prit fort probablement connaissance dans une édition semblable à celle que nous trouvons à la bibliothèque de Troyes (n° 5 539).

Il n'adopte pas toute la doctrine du maître capucin et, en particulier, il ne donne que peu de crédit aux inspirations intérieures et une adhésion réticente aux requêtes objectives de la raison naturelle. Il classe les expressions de la volonté divine sous trois critères objectifs faisant appel à trois dispositions.

Les choses commandées. — Principe d'obéissance. On s'unit à la volonté de Dieu en exécutant dûment les choses qui nous sont commandées et fuyant soigneusement celles qui nous sont défendues. Et cela, toutes les fois qu'il nous appert que tel commandement ou telle défense vient de la part de Dieu, de l'Église, de nos supérieurs, de nos règles ou constitutions.

Les choses indifférentes. — Principe de mortification. Entre les choses indifférentes qui se présentent à faire, choisissant plutôt celles qui répugnent à notre nature que celles qui la satisfont ; si ce n'est que celles qui lui plaisent soient nécessaires, car alors, il les faut préférer aux autres, les envisageant néanmoins non du côté qu'elles délectent les sens, mais seulement du côté qu'elles sont plus agréables à Dieu.

Les choses indifférentes ni agréables, ni désagréables et les choses inopinées. — Principe d'abandon à la Providence. Que si plusieurs choses indifférentes de leur nature, également agréables ou désagréables, se présentent à faire en même temps, alors, il est à propos de se porter indifféremment à ce qu'on voudra, comme venant de la divine Providence. Et pour ce qui est des choses qui nous arrivent inopinément, comme sont les afflictions ou consolations, soit corporelles soit spirituelles, c'est en les recevant toutes avec égalité d'esprit comme sortant de la main paternelle de Notre-Seigneur.

Vincent de Paul fixe ensuite le *motif* qui doit soutenir cette activité d'union à Dieu. « Faisant toutes ces choses pour le motif que c'est le bon plaisir de Dieu, et pour imiter en cela autant qu'il nous est possible Notre-Seigneur Jésus-Christ qui a toujours fait les mêmes choses et pour la même fin, ainsi qu'il le témoigne lui-même : "Je fais, dit-il, toujours les choses qui sont selon la volonté de mon Père"[2]. »

Faut-il rappeler que M. Vincent excellait dans l'exercice de cette sagesse pratique ? « C'était comme le ressort qui faisait agir toutes les facultés de son âme et tous les organes de son corps. C'était le premier mobile de tous ses exercices de piété, de toutes ses plus saintes pratiques et généralement de toutes ses actions » (Abelly, III, 32).

Heureux effets de l'union à la volonté divine.

Cette pratique de la conformité à la volonté de Dieu produit une détente psychologique, une *tranquillité d'esprit* qui surprend fort les personnes embarrassées dans les mouvements de la nature anarchique. Les missionnaires unis à la volonté de Dieu « ne tiennent qu'à Dieu et Dieu les conduit. Vous les verrez demain, cette semaine, toute l'année et toute leur vie en paix, en ardeur et tendance continuelle vers Dieu et toujours répandant dans les âmes les doux et salutaires effets des opérations de Dieu en eux » (*SV*, XII, 235).

L'âme jouit d'un *bonheur tout divin*. « Faire la volonté de Dieu, c'est commencer son paradis dès ce monde. Donnez-moi une personne, donnez-moi une fille qui fasse toute sa vie la volonté de Dieu : elle commence à faire en terre ce que les bienheureux font au ciel ; elle commence son paradis dès ce monde-ci ; car elle n'a point d'autre volonté que celle de Dieu ; et c'est là participer au bonheur des bienheureux. [...] Faites-nous la grâce, ô Seigneur, de commencer dès cette heure cette vie bienheureuse que les saints possèdent au ciel qui consiste à avoir un même vouloir et non-vouloir avec Dieu » (*SV*, IX, 645 ; 285 ; IV, 340 ; X, 280).

L'*efficience apostolique* atteint son maximum. Point n'est besoin de beaucoup agir. L'essentiel est de s'unir à Dieu d'une façon ou d'une autre, activement ou passivement. « Notre-Seigneur et les saints ont plus fait en souffrant qu'en agissant et c'est ainsi que le bienheureux évêque de Genève et, à son exemple, feu M. de Comminges se sont sanctifiés et ont été la cause de la sanctification de tant de milliers d'âmes » (*SV*, II, 4).

L'union à la volonté divine *remplit de Dieu*, revêt de l'esprit de Jésus, et celui-ci transparaît dans toutes les activités. « Vous verrez ses conduites toutes brillantes de lumière et toujours fécondes en fruits :

ce ne sont que progrès en sa personne, que force en ses paroles, que bénédiction en ses entreprises, que grâce en ses conseils et que bonne odeur en ses actions » (*SV*, XII, 235).

Dans la pratique de la volonté de Dieu, Vincent de Paul atteint la clef de voûte de sa synthèse spirituelle. Il unit en elle ses deux préoccupations : achever l'œuvre de Jésus en se revêtant de son esprit, ajuster la prudence qui guide l'action aux conduites de l'admirable Providence.

Deux signes, deux présences caractérisent très nettement et, voudrait-on croire, inoubliablement la spiritualité de M. Vincent : le Christ pauvre évangélisant les pauvres et les réalités terrestres, exigeantes et complexes, évangélisant au nom de Dieu nos vies terrestres.

Par ces deux intentions, M. Vincent nous demeure très proche d'un monde qu'il n'a voulu quitter que pour lui être plus spirituellement présent. Par son amour, son silence d'humilité, il nous rappelle qu'il n'est de vie qu'en Jésus-Christ, dans ce Christ des pauvres qui est « l'éternelle suavité des anges et des hommes ».

Notes

1. PASCAL, *Pensées* 785, éd. BRUNSCHVICG.

2. *Règles ou constitutions communes de la congrégation de la Mission*, chap. II, 3.

2

THÉOLOGIE DE LA CHARITÉ SELON SAINT VINCENT DE PAUL

Caractériser la théologie de la charité n'est pas tâche facile. Nous nous trouvons devant deux difficultés majeures barrant notre route.

Qu'est-ce exactement que la « théologie de la charité » ? La dogmatique et la morale de la troisième vertu théologale, l'explication de son enracinement dans la grâce créée, la description de ses relations avec la grâce increée, la Trinité présente dans l'humanité. Ne suffirait-il pas, dans cette perspective, de traduire et de commenter somptueusement et très élégamment la *Somme théologique*, II a - II ae, q. 23 à 45 ? Grave et très « religieuse tentation »... mais y succomber n'est pas payant.

La théologie de la charité selon S. Vincent de Paul qu'est-ce au juste ? Sans hésiter, nous pourrions répondre, c'est la théologie classique, celle de S. Thomas d'Aquin qu'il connaissait bien, celle du concile de Trente qu'il vénérait ; M. Vincent s'est défendu avec une vigueur agressive contre toutes les innovations. Il ne cessait de harceler les missionnaires et « tenait la main » à ce que tout le monde suive le gros des sages[1]*, pratique les classiques de la théologie, de la catéchèse et de la controverse : catéchisme de Canisius, « petit Bécan » (*SV*, I, 66), telles furent son attitude, sa prudence et sa politique. Nous le savons non seulement par les *Règles et constitutions* de la congrégation de la Mission qui datent de 1658, mais aussi par la tradition des « coutumiers » et par l'expression du culte. À témoin, les litanies de S. Vincent qui au milieu du XVIIIe siècle nous demandent de l'invoquer : *Sancte Vincenti, a profanis vocum novitatibus alienissime... ora pro nobis !* Nous pourrions ainsi, grâce à cette invocation, mettre un point final au débat et fournir une note « quiescente » à notre réponse. Mais M. Vincent n'a pas qu'une théologie abstraite et spéculative à nous donner. Plus qu'une théologie réductible à des énoncés ou une théologie animée, c'est une théologie vivante, une existence divinisée et divinisante. Nous pouvons, pour fixer notre réflexion, préciser d'abord que sa théologie est tout à la fois évangélique par son inspiration, dynamique et créatrice par son comportement, eschatologique par son espérance comme par sa puissance d'orientation.

* Les notes de ce chapitre sont p. 77-81.

Pour bien saisir cette complexité, notre étude se fera en trois étapes : 1. La réponse aux questions préalables : Existe-t-il une théologie de la charité ou une manière de situer la charité en théologie ? Si oui, en quoi consiste-t-elle ? De plus, M. Vincent avait-il une théologie de la charité ? N'était-il qu'un homme remarquable, un praticien et un politique de l'action efficace ? S'il avait une théologie inspirante, pouvons-nous la caractériser, en saisir l'originalité, en discerner le caractère actuel et la valeur permanente ? — 2. Quelle est la structure fondamentale de la charité évangélique dont S. Vincent de Paul se réclame ? — 3. Quelle est la théologie vincentienne, c'est-à-dire la manière dont Vincent de Paul a compris la charité évangélique et s'est efforcé de la traduire en la transposant ?

DEUX RÉPONSES À DEUX QUESTIONS PRÉALABLES

LA THÉOLOGIE DE LA CHARITÉ

Précisons tout de suite que ce n'est pas l'existence d'une ou de plusieurs théologies de la charité qui est en cause, mais tout simplement la valeur et l'efficacité concrète et surnaturelle de ces théologies qui sont envisagées.

Vous excuserez cette suspicion, cette méfiance puisque l'une et l'autre ont leurs lettres de noblesse fort anciennes et même révélées. Aux origines du christianisme la Révélation prend ses distances et met en accusation la sagesse religieuse, la gnose. Elle a peur, et à juste titre, d'être diluée, absorbée par une sagesse trop humanisante qui sublimerait l'incarnation, réduirait en paroles et en nuages, en un mot « évacuerait » la croix sanglante du Christ (voir 1 Co 1, 18).

Depuis le siècle dernier, l'ambiance créée par le cardinal Newman, l'effort de Maurice Blondel, les débats sur la philosophie chrétienne, les analyses pénétrantes du P. Sertillanges dans son Histoire sainte de la pensée philosophique (Le Christianisme et les Philosophies), tout ce labeur a éclairé le caractère irréductible de la Révélation, son aspect vital et dynamique, le rôle capital tenu par la tradition, la parole vivante et perdurable[2].

Les conclusions sont si précieuses et déterminantes que ce serait faute non seulement mortelle mais irrémissible de ne pas les rappeler. Elles nous permettront, dans la suite, de préciser l'originalité dynamique de la charité vincentienne.

I. *Le christianisme est une religion*, c'est-à-dire une relation vitale de Dieu avec l'homme. Elle se fonde, cette religion, essentiellement sur un événement historique. « Dieu s'est manifesté en Jésus de Nazareth. La foi chrétienne a son origine absolue dans une initiative de Dieu imprévisible, improbable, scandaleuse. Ce n'est pas une découverte de l'homme.

« Cet homme, cet événement unique échappe et échappera toujours à une philosophie de l'universel. Le Christ lui-même ne propose ni une philosophie, ni une sagesse, il est la sagesse transcendante et recréatrice qui instaure une vie nouvelle, un nouveau mode d'existence fondé sur un amour[3]. »

Son langage et son message n'excluent qu'une seule chose, c'est l'immobilisation dans un système clos. Le langage, l'œuvre, la personne du Christ, visent à maintenir l'être humain en ouverture et en disponibilité à l'égard d'un tout autre qui lui est plus présent que l'homme ne l'est à lui-même. Après la venue du Christ, l'homme est dans l'impossibilité de boucler sur soi-même, de s'organiser même très sagement par lui-même et pour lui-même.

II. Ce jaillissement d'amour de Dieu dans l'humanité va être soumis, hier et depuis deux mille ans, demain et jusqu'à la fin des temps à une triple tentation, tentation d'enveloppement s'efforçant d'immobiliser... pour mieux protéger et conserver : enveloppement institutionnel d'abord soucieux d'instaurer l'ordre et la justice et qui pour ce faire considère normalement les êtres comme des choses, non comme des germes en développement ; enveloppement culturel ensuite préoccupé de satisfaire les désirs, les rêves, le développement de l'homme par l'homme et de l'homme pour l'homme ; enveloppement mental enfin, soucieux de la cohérence de la pensée avec elle-même, de la cohésion et de l'adaptation au réel visible.

Bien sûr, et avec un inégal succès, les responsables

s'efforceront de maintenir le caractère évolutif et la transcendance qui donnent à la Révélation un caractère transhistorique, n'empêche que les théologiens novateurs par vocation, conservateurs par profession, seront toujours soumis à une déchirante épreuve.

III. Le risque, la tentation, le péché même inconscient en ce qui concerne plus spécialement notre propos, nous devons les maintenir en pleine lumière car ils sont permanents et insistants.

Ce sera d'abord la réduction de la charité à une vertu, même théologale. Ce sera aussi assimiler l'essence de cette vertu qui est plénitude, et don à l'ÉROS, l'amour mendiant et accapareur.

Ce sera encore reléguer, même pour la clarté, celui qui incarne l'amour au deuxième plan, voire en dernier lieu. Le Christ n'est-il pas à la dernière place dans la *III pars* de S. Thomas ?

Ce sera enfin présenter un Dieu transcendant, mais lointain et comme un interlocuteur, et arriver ainsi à faire doucement et criminellement oublier qu'il est au plus intime de moi-même vivant dans la simultanéité de son éternité et de mon existence temporelle.

IV. Pour être maintenue dans la vérité de Dieu, la charité se doit de rejeter tous les enveloppements institutionnels, culturels, philosophiques, car, pour imprégner toute la création qu'il habite, le Dieu d'amour se fait tout à tous pour être tout en tous (1 Co 15, 28).

C'est dire, qu'au sens strict, il ne peut y avoir de philosophie ou de théologie de la charité.

Tout ce que la charité de Dieu peut demander à une philosophie ou à une théologie, ce sont des services subalternes mais indispensables. J'en verrai trois.

D'abord une production secondant sa lucidité, facilitant le rejet et l'expulsion de tout ce qui compromet son existence et sa vitalité. Pour réclamer l'intelligence de la charité, il n'y a qu'à contempler et peut-être à souffrir des agissements de certains « charitables ».

Ensuite, un point d'appui plus ferme pour un élan, un mouvement, une donation. En somme donner des pierres pour passer le gué.

Enfin, une invitation, une initiation, voire un entraînement à une manière de connaître, une manière d'accéder à ce qui ne se voit pas à travers ce qui se voit.

Selon l'indication de S. Paul, nous avons été rejoints par Dieu dans notre course et, à notre tour, nous nous efforçons de saisir celui qui nous a rejoint (Ph 3, 12).

M. VINCENT ET LA CHARITÉ

Qui ne se souvient de la flèche vinaigrée lancée par le chancelier Séguier, dans le film de Maurice Cloche (texte de Jean Anouilh) : « La charité [...] c'est vous qui l'avez inventée. Autrefois ce n'était qu'une vertu, c'était parfait. Vous, vous avez vu grand...

vous avez remué ciel, terre, et vous avez si bien fait que vous l'avez collée sur les bras du gouvernement votre charité. [...] Avant vous aussi, Monsieur, il y avait les pauvres [...] mais ils n'empêchaient pas les honnêtes gens de dormir ! Maintenant, il y en a partout. Ma parole, on croirait que vous les inventez. »

Cette flèche de Jean Anouilh secoue désagréablement notre attention. Mais cette secousse est providentielle car comment ne pas nous endormir en répétant paresseusement que M. Vincent n'a pas de théologie, de doctrine originale ? que ce fut un saint exceptionnel, la plus belle incarnation de la Providence au XVIIe siècle. Mais c'était son affaire personnelle, son mystère et il a emporté son secret dans sa tombe... Nous écoutons encore le frère Bertrand Ducournau en convenir dans son rapport du 15 août 1657, M. Vincent l'accompagne en sourdine en déclarant : « Je suis un écolier de quatrième. » À la Mission, il faut suivre le « gros des sages », être uniforme, « médiocre », sans originalité...

Stimulé par les pointes acérées de Jean Anouilh, alerté par les rappels que nous venons de faire concernant les rapports entre « Révélation », « théologie », « philosophie », ayons le courage d'administrer une exégèse énergique à certains « lieux communs » qui, vus de plus près, ne sont que des amas résiduels.

I. *M. Vincent se déclare « écolier de quatrième »*. Savons-nous le comprendre ? Il indique qu'il a raccourci ses humanités comme l'immense majorité des écoliers du XVIe et du XVIIe siècle. Il dit qu'il est un ignorant. À qui le dit-il ? C'est ce que nous devons remarquer pour le comprenddre.

Dans les huit mille pages des œuvres de M. Vincent, j'ai relevé cent cinq humiliations. Quatre-vingt-quatorze ont comme point de départ ses péchés, ses abominations, ses défauts, etc., en un mot, ses déficiences morales. Onze seulement portent sur « son ignorance ou son incompétence ». Mais à qui parle-t-il ? À des évêques, à des vicaires généraux, quelquefois à des missionnaires, mais jamais aux Filles de la Charité. Ses interlocuteurs sont des personnes, disons, très proches d'elles-mêmes, fixées dans une assurance habituelle ou fonctionnelle et qui s'en serviraient pour demeurer invulnérables ou ne réclamer qu'un conseil approbateur. Pour ébranler leur sérénité, les inviter bien malgré eux à réfléchir et pour se faire obéir, M. Vincent s'humilie : « Je suis un ignorant, vous, vous savez. » L'interlocuteur est surpris et à la fin, il ne sait plus... si... il savait si bien. Ce qu'il constate d'ailleurs c'est que M. Vincent poursuit son discours et inexorablement le force à prendre son point de vue.

Et nous qui nous laissions prendre au stratagème, nous qui prenions M. Vincent au sérieux ! Avouons-le, il nous a possédés et amenés à son rivage dans les filets de son humilité[4].

II. *Les appréciations du frère Bertrand Ducournau* qui le 15 août 1657 essaie de mobiliser des sténographes pour les conférences de M. Vincent, ses appels au secours et ses appréciations doivent être compris en fonction de celui qui les a formulés.

Que dit-il ? Que M. Vincent n'avançait que des choses communes très utiles pour les commençants et les missionnaires, qu'il les disait avec une intensité remarquable !

Mais qui était-il pour que nous nous rangions à son avis ? Si nous n'y faisons pas attention, nous serions aussi naïfs et aussi peu avertis que lui-même... et il battait bien des records.

Ce brave frère né landais, à Amou en 1614, reçu à trente ans, le 26 juillet, dans la congrégation et ayant fait les vœux le 9 octobre 1646, fut à partir du 3 mai 1645 appelé à servir de secrétaire à M. Vincent surchargé par les affaires du Conseil de conscience. Le frère Bertrand Ducournau s'éteignit dans sa soixante-douzième année[5], le 3 janvier 1686. Excellent graphiste, il dessine majestueusement ses lettres et connaît parfaitement sa grammaire.

Toutefois, il est dépourvu de toute culture humaniste et théologique. Versificateur que l'aile de la poésie n'a point effleuré, il compose des vers de mirliton, ce qui ne perfectionnait pas précisément l'heureux fonctionnement de son cerveau. Son dévouement admiratif était beaucoup plus remarquable que son jugement. À propos des conférences sur les vertus de M. Vincent, il déclare : « J'étais si plein de ce que j'avais à dire de notre bienheureux Père que si je ne l'eusse écrit, je pense que peut-être j'en serais crevé[6]. » Bien sûr, pour éviter la détonation, il a mieux fait d'écrire. Nous ne pouvons donc attendre de lui qu'un écho matériel, fidèle, mais incomplet de l'enseignement vincentien. Après tout, il n'est peut-être pas malheureux qu'il ait seulement consigné matériellement la parole de son maître. Qu'aurions-nous eu s'il l'avait mise en vers... ou s'il l'avait commentée ?

III. *La tradition* après les déclarations de M. Vincent, après les assurances du frère Bertrand Ducournau, a été unanime et paisible. « Lorsqu'on médit de soi, écrivait malicieusement H. Bremond, on risque toujours d'être cru sur parole[7]. » C'est ce qui est arrivé et avec quel sérieux !

Je mettrai d'ailleurs à gage que les hommes qui respirent le sérieux, ceux qui sont solennels dans le particulier, pourront répéter les paroles de M. Vincent, ils ne parviendront pas à saisir la finesse et surtout le mouvement de la vie vincentienne. C'est pourquoi ni M. de Saint-Cyran, ni Antoine Arnauld, ni les port-royalistes n'ont pu comprendre l'originalité de l'entreprise vincentienne. Le jeune Racine conseillait sur un ton acide aux gens de Port-Royal : « On voit bien que vous vous efforcez d'être plaisant, mais ce n'est pas le moyen de l'être. Retranchez-vous donc sur le sérieux [...] il faut que chacun suive sa vocation[8]. »

C'est ainsi que grandit et s'affirma la figure de Vincent de Paul extrêmement généreux, bonasse et tellement ami des pauvres qu'il désirait demeurer dans l'ignorance des pauvres.

Mais cette image ne correspond en rien à la réalité. Nous savons que si M. Vincent n'était pas licencié en théologie comme l'écrit L. Abelly en 1664, ni docteur en théologie comme l'avance l'auteur de la *Gallia christiana* en 1720, il était cependant bachelier en théologie de Toulouse (12 octobre 1604) et licencié en droit de l'université de Paris[9].

En fait le cardinal de Richelieu dès 1634 consulte Vincent sur la validité du mariage de Gaston d'Orléans avec Marguerite de Lorraine*. Le grand Condé n'hésite pas à prendre le contre-pied des paroles d'humilité de M. Vincent**.

* Vincent de Paul est consulté sur la validité du mariage de Gaston d'Orléans avec Marguerite de Lorraine. Le 16 janvier 1634, Louis XIII fait savoir qu'il est résolu de ne consentir jamais au mariage de Monsieur avec la princesse Marguerite de Lorraine. Voir Louis VAUNOIS, *Vie de Louis XIII*, Paris, Del Duca, 1961, p. 489 ; Jean RACINE, *Abrégé de l'histoire de Port-Royal*, Paris, Boivin, s. d., 3e éd., texte établi par A. Gazier, p. 25. « L'assemblée et presque tous ces théologiens jusqu'au père de Gondren, de l'Oratoire et le Père Vincent, supérieur des missionnaires, furent d'avis de la nullité du mariage, mais quand on vint à l'abbé de Saint-Cyran, il ne cacha point qu'il croyait que le mariage ne pouvait être cassé. »

** « Le prince de Condé ayant proposé dans un entretien quelques points de controverse, auxquels Monsieur Vincent répondit sur-le-champ avec telle satisfaction de ce prince qu'il lui dit : "Hé quoi, Monsieur Vincent, vous dites à chacun et vous prêchez partout que vous êtes un ignorant, et cependant vous résolvez en deux mots l'une des plus grandes difficultés que nous ayons avec les religionnaires." Il lui proposa encore quelques autres difficultés sur le droit canonique auxquelles Monsieur Vincent ayant répondu avec pareille satisfaction de ce prince, il lui dit qu'il reconnaissait bien que c'était avec grande

M. Vincent lui-même ne bronche pas en matière doctrinale non seulement sur les questions de la grâce actuelle, mais encore en matière d'ascétique et de mystique. Voyez avec quelle autorité M. Vincent écarte ou adopte les auteurs dans ses grandes conférences. Écrivant à Jacques Tholard, le 1er février 1640, il n'hésite pas à dire : « ne vous mettez pas en peine de ce que vos confesseurs vous disent à ce sujet : ils ne sont pas assez éclairés, et n'ont point d'expérience de cela. [...] Je m'offre à répondre à Dieu pour vous » (*SV*, II, 17, 1er février 1640 ; lettre autographe).

Cela ne pouvait empêcher les historiens de la spiritualité, qui n'ont pas le temps de tout savoir et de connaître ce qu'ils enseignent, de rester dans le vague et les généralités trompeuses. Je pense à Henri Bremond, à M. Pourrat, en 1925, J. Gautier en 1953, L. Cognet[10] en 1966.

Ce qui aurait quand même pu aider à regarder de plus près cet homme, c'est que malgré son ignorance il se montre à la fois organisateur de plusieurs congrégations et surtout inspirateur de millions de personnes. Cela dure depuis trois siècles et demi... et figurez-vous, bien que je ne sois pas prophète, cela durera encore longtemps.

Une série d'affirmations de Charles Péguy, dans sa *Note sur « M. Bergson et la philosophie bergso-*

raison qu'il avait été choisi de Sa Majesté pour l'aider de son conseil en ce qui regardait les bénéfices et autres affaires ecclésiastiques » (Abelly, III, 209).

nienne » nous éclairent soudain : « Une grande philosophie n'est pas celle qui prononce des jugements définitifs, qui installe une vérité définitive. C'est celle qui introduit une inquiétude, qui ouvre un grand ébranlement[11]. »

À l'instar de Blaise Pascal de qui M. H. Gouhier disait que pendant des siècles, il avait empêché les philosophes de s'endormir... et cela continue..., M. Vincent, pauvre de tout système, empêche les théologiens et les auteurs de spiritualité de s'endormir et de vendre en cachette des anesthésiques, des narcotiques ou... de la drogue.

Nous allons voir comment...

STRUCTURE FONDAMENTALE DE LA CHARITÉ ÉVANGÉLIQUE

S'il n'y a pas au sens strict de théologie et de philosophie de la charité, cependant il est évident que certaines philosophies tel le matérialisme excluent l'exercice de la charité et que certaines théologies méconnaissent le caractère primordial de la charité, son aspect divin, et la confinent dans des fonctions subalternes. Quels que soient les efforts de ces théologies nourries de kantisme, d'aristotélisme, de marxisme ou d'existentialisme, leur pouvoir se réduira à l'éclosion d'un altruisme sentimental, humecté de cordialité, mais humide, peureux et anémique.

Quelles sont donc les structures ou les substructures philosophiques et théologiques nécessaires et qui conditionnent plus favorablement l'existence, l'expression, le développement de la charité de Jésus à travers les hommes ? Ainsi que le proclamait Bossuet à propos de l'affaire du quiétisme, nous voyons maintenant qu'il y va de toute la religion.

Pour la clarté de l'exposé et pour faire bref, je réduirai ces assises que nous retrouverons dans l'enseignement vincentien à trois pôles majeurs.

« ONTOLOGIE DE DIEU »

Il nous faut partir de S. Jean. Dieu n'est pas une abstraction, un archétype, ni un amour, c'est l'*amour même* (1 Jn 4, 8-16). L'Ancien Testament avait pu pressentir que l'amour étant le grand commandement (Dt 6, 5 ; Mt 22, 37), ce devait être la « définition » la plus exacte de Dieu (voir Ex 34, 6). Mais il ne s'agissait que d'un langage créé pour l'homme, d'une certaine catégorie d'images à transposer... avec quelques périls. En Jésus-Christ, dans le Nouveau Testament, Dieu nous a donné la preuve décisive, exempte de toute équivoque. L'événement auquel toute l'histoire du monde est suspendue, c'est une démarche d'amour. En livrant pour nous à la mort son Fils bien-aimé (Mc 1, 11), Dieu nous a prouvé qu'il était pour nous AMOUR (Rm 5, 8).

Il nous aime de l'amour dont il aime son Fils, il nous rend capables de l'aimer de l'amour dont son Fils l'aime.

Il nous fait part de l'amour qui unit le Père et le Fils et qui est leur Esprit Saint.

En résumé, Dieu ne se définit pas, c'est un mystère qui se révèle et dans lequel nous sommes pour être progressivement unis à Lui.

L'HOMME
ONTOLOGIE OU ANTHROPOLOGIE BIBLIQUE

Nous avons à le déclarer nettement : il n'est qu'une anthropologie[12], celle de la Révélation et hors de cette anthropologie, il n'y a place que pour une caricature de la charité évangélique.

Sur deux points l'anthropologie biblique diffère radicalement de l'anthropologie philosophique commune, celle d'hier présentée sous des étiquettes aristotéliciennes, celle d'aujourd'hui offerte sous pavillon marxiste ou existentialiste ; celle de demain qui ne s'appuierait que sur les données perceptibles aux sens ou à l'intelligence.

Premièrement, alors que la psychologie voit le corps et l'âme comme les deux composantes de l'homme, la Révélation nous indique que l'homme est aussi et principalement âme, en tant qu'animé par l'Esprit de vie, l'esprit signifie son ouverture à Dieu, son corps, son aspect périssable.

Deuxièmemement, alors que pour la philosophie grecque l'homme est un microcosme unissant le spirituel et le matériel, la révélation biblique ne regarde l'homme que face à Dieu dont il est l'image. « Au lieu de s'enfermer dans un monde naturel et clos, note le Père Xavier Léon-Dufour, elle ouvre la scène aux dimensions de l'histoire, d'une histoire dont le principal acteur est Dieu, Dieu qui a créé l'homme et qui, pour le racheter, est lui-même devenu homme. L'anthropologie déjà liée à une théologie devient inséparable d'une christologie... » « un homme nouveau est révélé : c'est d'abord le Christ en personne (Ép 2, 15) mais aussi tout croyant dans le Seigneur Jésus ».

Son existence n'est plus asservie par la chair (Ga 5, 16-25 ; Rm 8, 5-13). Son entendement est renouvelé (1 Co 2, 16). Il doit sans cesse mourir au vieil homme, sans cesse progresser en se laissant envahir par l'image unique du Christ (2 Co 3, 18 ; Col 3, 10).

MÉTAPHYSIQUE DE L'AMOUR

Sur ce point, il existe non seulement une différence de niveau, de pureté, mais une différence radicale et essentielle entre l'amour humain présenté par la philosophie grecque et l'amour présenté par la Révélation.

Humainement l'amour est possession, captation, en termes courants disons qu'il est chasseur et dragueur.

L'amour selon la Révélation est don inconditionnel à l'autre, il est fidélité, désintéressement. « À la Croix, écrit Charles Wiener, l'amour révèle de façon décisive son intensité et son drame. » Il fallait que Jésus souffrît (Lc 9, 22 ; 17, 25 ; 24, 7) pour que fussent révélés pleinement son obéissance au Père (Ph 2, 8) et son amour des siens (Jn 13, 1). Par la Croix, Dieu est pleinement glorifié (Jn 17, 4), l'homme Jésus (1 Tm 2, 5) et avec lui l'humanité entière méritent d'être aimés de Dieu sans réserve (Jn 10, 17 ; Ph 2, 9). Dieu et l'homme communient dans l'unité selon la prière dernière de Jésus (Jn 17, 1 s.)[13].

L'amour serti dans l'homme le pousse sans cesse à s'étendre, à s'accroître, à se purifier pour s'universaliser (Rm 5, 5). Cet amour dont rien ne peut plus nous séparer (Rm 8, 35-39) nous presse (2 Co 5, 14) et il nous prépare à la rencontre définitive au moment où nous connaîtrons comme nous sommes connus (1 Co 13, 12).

Ces trois pôles, ces trois fondements : ontologie de Dieu, anthropologie, métaphysique de l'amour, empêchent la Révélation de se scléroser en une philosophie, une théologie ou un système. Ils enjoignent à l'homme de s'associer au dynamisme créateur et recréateur, à l'avancée de Dieu en ce monde. Ils réclament que l'existence chrétienne soit épiphanie de la grâce créatrice et transformante de Dieu.

THÉOLOGIE ET CHARITÉ D'APRÈS M. VINCENT

Si M. Vincent n'a pas réduit la charité à un principe, à un état ou à une définition théologique, il n'a cependant pas exclu toute formulation. Nous pouvons même constater qu'il s'est toujours efforcé d'aller au-delà des systèmes et des mots pour prendre directement appui sur la Révélation, c'est-à-dire sur la personne vivante et subsistante de Jésus. « Jésus-Christ est la règle de la Mission » (*E*, 547). Le Christ vivant est à ses yeux le seul appui inébranlable, la seule garantie de vérité, le stimulant permanent qui force à se lancer dans une aventure novatrice.

Ce recours direct au donné révélé, à la personne et à l'enseignement de Jésus donne à l'enseignement vincentien une diversité qui n'a pas manqué de déconcerter les historiens en herbe et les apprentis sorciers. Comment accorder en effet les affirmations par lesquelles M. Vincent subordonne la piété à l'activité charitable avec ceux où il exalte la passivité, la souffrance ? « Notre-Seigneur et les saints ont plus fait en souffrant qu'en agissant » (*SV*, II, 4, 14 janvier 1640).

Pour trouver le mot de ces antinomies, Pascal nous indique une voie : « Tout auteur a un sens auquel tous les passages s'accordent [...] ou il n'y a pas de sens du tout » (éd. Brunschvicg 684, Lafuma 257). L'incompréhension et la surprise sont réservées à l'observateur superficiel que les détails fascinent au point qu'il ne perçoit plus le mouvement continu et profond de la pensée.

Nous sommes en présence d'une évolution prolongeant une intuition originelle. Celle-ci est tout à la fois aimantation de nouveaux éléments et activité d'intégration organique. Vincent utilise et vivifie son expérience première en la prolongeant.

Il est facile de remarquer la place exceptionnelle et le rôle privilégié que le mot « expérience » tient dans le vocabulaire vincentien. C'est le maître mot dans les directives et la clausule péremptoire dans les décisions[14].

La doctrine vincentienne ne se présente donc pas comme un ensemble de déductions découlant d'un principe ou une construction harmonieusement systématisée. Elle apparaît au contraire comme l'explication d'une expérience qui se vitalise en se perpétuant.

Jamais Vincent de Paul n'oubliera l'expérience « douloureuse » dont Dieu l'avait enrichi au cours des années 1613-1617. À cette époque, découvrant que le Dieu de Jésus-Christ « ne se trouve que par les voies enseignées dans l'Évangile », il avait appris ce qu'est la communion surnaturelle dans la souffrance assumée ; ce qu'est le vide vertigineux et l'horrifiante ténèbre qui étouffe une âme qu'aucune aurore ne vient éclairer ; ce qu'est la joie secrète et vivifiante qui coule dans une âme qui se donne sans condition et sans limite au Dieu qui ne se cache dans les pauvres que pour être passionnément cherché (Abelly, III, 116-119).

L'étude analytique des trois aspects de la charité vincentienne (le don, l'action, l'union) nous permettra de mieux comprendre comment chacun de ces aspects a son appui dans la Révélation, son appel dans un modèle idéal, son enracinement dans l'expérience, son expression dans un enseignement.

LE DON À DIEU

D'entrée de jeu, M. Vincent pourchasse les spectres et exorcise vigoureusement les apparences. « Toutes choses sont problématiques hors celles que la Sainte Écriture détermine » (*SV*, I, 30). Les sens peuvent nous tromper (*SV*, IX, 4) ; la raison humaine n'atteint jamais à la sagesse divine*.

Quant aux vérités communes de ce monde, aux maximes du monde, quelques-unes sont l'expression du bon sens, mais les autres ont le diable pour auteur. Notre-Seigneur les a réprouvées, elles portent toujours

* « Ce qui nous trompe pour l'ordinaire est l'apparence du bien selon la raison humaine qui n'atteint jamais ou rarement la divine. Je vous ai dit autrefois, Monsieur, que les choses de Dieu se font par elles-mêmes et que la vraie sagesse consiste à suivre la Providence pas à pas » (*SV*, II, 473 ; à Bernard Codoing, 6 août 1644).

« Oh si Dieu nous fait la grâce d'entrer dans cet usage de ne jamais juger par le raisonnement humain parce que jamais il n'atteint la vérité, jamais il n'atteint à Dieu, jamais aux raisons divines, jamais » (*E*, 595, 14 mars 1659).

à faux. Incertaines et périssables, elles n'ensemencent que des erreurs, font croître les douleurs et les peines, rendent esclaves des passions et enfants du diable[15].

Il faut donc s'appuyer sur la doctrine de Jésus-Christ qui ne trompe jamais. Solide comme un roc, cette doctrine ne trompe jamais, elle rend sage, remplit le cœur, conduit avec assurance, construit dans l'éternel[16].

Il faut donc commencer par la foi, chercher d'abord les intérêts de Dieu, regarder les « choses comme elles sont en Dieu et non comme elles paraissent hors de lui parce que autrement, nous pourrions nous tromper et agir autrement qu'il ne veut » (*SV*, VII, 388)[17].

Révélation.

Nous comprenons maintenant pourquoi M. Vincent met le mystère de la sainte Trinité au sommet et au centre de sa vision religieuse. C'est sous la protection de la sainte Trinité et dans sa lumière qu'il place la petite congrégation de la Mission. Il réaffirme que la connaissance de ce mystère est nécessaire pour le salut[18]. Mais il voit surtout dans la Trinité la générosité du Père donnant son Fils pour sauver le monde.

Modèle.

Le Christ, ce modèle à l'image de qui nous nous transformons et qui est aussi notre re-créateur intérieur, est un don permanent. Que ce soit dans l'œuvre de l'Incarnation, dans le supplice marquant le plus haut point de la Rédemption, dans l'institution d'une présence qui est sacrement et sacrifice et qui a nom « Eucharistie ». Il est également présence et don perpétué par son Esprit habitant dans chaque chrétien dès le baptême (*E*, 524, 13 décembre 1658).

L'expérience de Vincent.

La compréhension vitale et savoureuse de ce qu'est le don de soi, Vincent l'avait expérimentée au moment où il s'était donné définitivement à Dieu pour le service des pauvres. La divine lumière avait inondé son âme. « Il se trouva remis dans une douce liberté et son âme fut remplie d'une si abondante lumière qu'il a avoué en diverses occasions qu'il lui semblait voir les vérités de la foi avec une lumière toute particulière » (Abelly, III, 119).

L'enseignement vincentien va donc s'organiser selon une ligne qui pourra changer d'appellation mais qui ne variera en aucune manière. Nous n'existons qu'en nous donnant à Dieu[19].

L'ACTION

Cherchez, cherchez, cela dit soin, cela dit action...

Aimons Dieu, mes frères, aimons Dieu, mais que ce soit aux dépens de nos bras, que ce soit à la sueur de nos visages.

Si l'amour de Dieu est un feu, le zèle en est la flamme, si l'amour est un soleil, le zèle en est le rayon. Le zèle est ce qui est de plus pur dans l'amour de Dieu (*E*, 728).

Totum opus nostrum in operatione consistit (Abelly, I, 81-83).

Qu'est-ce donc exactement que cette « action » qui est l'expression la plus foncière et le signe d'authenticité de la charité ? Nous ne le savons bien qu'en nous référant à la Révélation sur laquelle M. Vincent s'appuie, au modèle qui l'attire et qui éclaire à la fois son expérience et son enseignement.

Révélation.

L'action n'est ni un déploiement de forces, ni l'ajustement du psychisme au visible, il n'y a action véritable que dans la croissance vitale émanant du créateur. Comme la créature est appelée à relayer et à transmettre cet influx divin, l'action ne peut être que l'art de seconder la croissance de Dieu dans sa création.

La Révélation fournit ici une double perspective.

D'une part, nous sommes dans le Christ et le Christ est en nous. Nous vivons en Jésus-Christ par la mort de Jésus-Christ... nous devons mourir en Jésus-Christ par la vie de Jésus-Christ, notre vie doit être cachée en Jésus-Christ et pleine de Jésus-Christ (*SV*, I, 295).

D'autre part, les actions humaines deviennent actions de Dieu puisqu'elles se font en Lui et de par LUI (*E*, 600).

La rencontre de la présence aimante et active de Jésus avec la volonté humaine de n'être qu'une expression de la volonté de Dieu, voilà ce qui instaure la véritable action, entretient la continuelle communion (*SV*, I, 233), assure l'amour indéfectible.

Le modèle, Jésus.

Le Christ présent dans le chrétien n'est pas un Christ immobile, il est aimant, actif, laborieux.

Notre-Seigneur possède abondamment toutes les vertus... elles ne sont pas en Lui et pour Lui seul, mais pour ceux qu'il emploie à ses desseins et qui ont toute leur confiance en son secours (*SV*, V, 484).

« N'arrêtez donc plus votre vue sur ce que vous êtes, mais regardez Notre-Seigneur auprès de vous et en vous, prêt à mettre la main à l'œuvre sitôt que vous aurez recours à Lui, et vous verrez que tout ira bien » (*SV*, V, 488).

Son opération se poursuit donc dans les chrétiens dont il est l'âme et la vie.

Se consommer pour Dieu, n'avoir de bien ni de forces que pour les consommer pour Dieu, c'est que Notre-Seigneur a fait lui-même qui s'est consommé pour l'amour de son Père (*SV*, XIII, 179).

L'expérience vincentienne.

Ce que la Révélation et l'image de Jésus faisaient revivre dans l'âme de M. Vincent, les convictions qu'elles gravaient encore plus profondément dans sa chair, ce n'étaient pas seulement la précarité de la parole humaine, la vanité des grandes phrases, l'hypocrisie des beaux sentiments mitonnés dans l'égoïsme, plus encore, c'est l'irréalité de tout ce qui n'est pas action de Dieu.

Il se rappelait que jusqu'à trente-deux ans, il n'avait pas eu, malgré quelques prétentions religieuses, l'impression que Dieu bénissait sa vie et la prenait en charge. En ce temps-là, il faisait ses affaires personnelles et non celles de Dieu.

Dès l'instant où il avait entrepris de se donner à Dieu, d'être à son service, de faire ses affaires, Dieu avait fait les siennes.

L'enseignement de M. Vincent.

Pendant plus de quarante ans, l'existence vincentienne va s'efforcer de muer les phrases et les sentiments en action et en engagements concrets.

Mais cette mutation, cet ex-haussement ne seront garantis que par une divine consécration. Ce que M. Vincent reprend comme les notes fondamentales de son enseignement, ce qui résonne comme les harmoniques de son existence et de son expression, c'est d'abord qu'il faut regarder Dieu ; ensuite qu'il faut mobiliser tout son être pour devenir un bon instrument de Dieu ; enfin et surtout qu'en ne faisant qu'un avec cet amour prévenant et agissant, tout sera accompli.

« Soyons bien à Dieu, Monsieur, Il sera tout à nous et avec Lui, nous aurons toutes choses » (*SV*, III, 464-465). « Quand vous ne diriez mot, si vous êtes bien occupés de Dieu, vous toucherez les cœurs par votre seule présence » (Abelly, II, 297).

Il n'est qu'une vie, il n'est qu'une action, il n'est qu'une mission, celle qui continue la mission de Jésus.

UNION

La relation verticale de transcendance étant assurée par le don à Dieu et par l'action de Dieu en l'homme, l'aspect union et cohésion va s'appuyer sur d'autres vérités révélées, retenir un autre visage du Verbe incarné, utiliser une autre expérience, organiser un autre enseignement.

Révélation.

Le dogme que M. Vincent va utiliser comme appui et faire vitalement affleurer, est celui du corps mystique du Christ. Alors que François de Sales n'en parle presque pas, que Pierre de Bérulle et J.-J. Olier se maintiennent dans des considérations abstraites, Vincent utilise fréquemment et concrètement la doctrine et l'image pauliniennes qui nous donnent accès au mystère de Dieu.

Deux aspects de cette doctrine sont particulièrement exploités. L'appartenance au corps mystique du Christ nourrit et développe surnaturellement la compassion (voir *E*, 690) ; elle m'invite non seulement à aimer Dieu, mais elle me force à donner vérité et plénitude à cet amour en aidant mon prochain à l'aimer.

En retour et en reconnaissance, dirait-on, de même que Dieu se sert de moi pour aider le prochain à l'aimer, il se servira aussi du prochain pour accéder à Dieu.

Il faut se détacher de tout ce qui n'est pas Dieu et nous unir au prochain par charité pour nous unir à Dieu même par Jésus-Christ (*E*, 544).

Le visage de Jésus.

Tout naturellement c'est le visage du Christ de miséricorde et de tendresse qui se dresse devant nous.

Ah ! que le Fils de Dieu était tendre. On l'appelle

pour voir le Lazare : il y va ; la Madeleine se lève et vient au-devant en pleurant ; les juifs la suivent qui pleurent aussi ; chacun se met à pleurer (Jn 11, 35). Que fait Notre-Seigneur ? Il pleure avec eux tant il est tendre et compatissant. C'est cette tendresse qui l'a fait venir du ciel. Il voyait les hommes privés de sa gloire (Rm 3, 23), il fut touché de leur malheur (*E*, 689).

L'expérience de Vincent de Paul.

Ce visage d'amour, de tendresse, divinisant la compassion, éclairait et rassurait M. Vincent. Un jour, pris de pitié pour un docteur tenté contre la foi, il s'était « mis en oraison pour prier sa Divine bonté qu'il lui plût délivrer ce malade de ce danger et s'offrit à Dieu en esprit de pénitence pour porter en soi-même sinon les mêmes peines, au moins tels effets de sa justice qu'il aurait agréable de lui faire souffrir » (Abelly, III, 117).

Mais il avait payé très cher cette oblation. Qu'importe : il faut payer ce que nous devons et pouvons être dans le Christ Jésus. Au terme de sa course, Vincent n'hésitera pas à affirmer :

« Quoi, être chrétien et voir son frère affligé sans pleurer avec lui ! C'est être sans charité, c'est être chrétien en peinture, c'est n'avoir point d'humanité ; c'est être pire que les bêtes » (30 mai 1959, *E*, 690).

L'enseignement de la charité.

La quintessence de l'enseignement de Vincent de Paul sur la charité nous est fournie par l'entretien du 30 mai 1659 sur la charité (*E*, 678-693). Soigneusement, Vincent étudie les sept actes dont la convergence constitue le climat de charité. Il conclut : « Il faut se faire tout à tous pour les gagner à Jésus-Christ. » Mais la manière de se faire aux autres, ce n'est pas le mime et l'art du caméléon prenant la couleur de celui qu'il approche. C'est tout simplement adopter l'art d'aimer que Notre-Seigneur a pratiqué et a enseigné. Comme nous ne comprenons Dieu et les hommes que par le cœur, nous ne pourrons les comprendre, et Dieu et les hommes, qu'en les aimant d'abord et c'est uniquement dans cet amour qu'ils pourront et nous aimer et nous comprendre.

« L'on ne croit point un homme pour être bien savant, mais pour ce que nous l'estimons bon et l'aimons... Il a fallu que Notre-Seigneur ait prévenu de son amour ceux qu'il a voulu faire croire en Lui. Faisons ce que nous voudrons, l'on ne croira jamais en nous si nous ne témoignons de l'amour et de la compassion à ceux que nous voulons qu'ils croient en nous » (1er mai 1635, *SV*, I, 295).

Prenant un peu de distance, survolant pour ainsi dire cet exposé buissonnant de la charité vincentienne, je me bornerai en conclusion à en souligner l'actualité et la permanence vitale.

Ce qui caractérise cette dynamique charitable, c'est qu'elle est plus qu'une philosophie, plus qu'une théologie ou une spiritualité anémique, c'est le jaillissement à travers la personne de Jésus de la révélation vivante, infinie et mystérieuse.

Ce Christ, ce n'est pas un spectre au-delà des étoiles. C'est à la fois le Christ éternel et transcendant, le Christ mystique répandu dans l'humanité pécheresse où son agonie se perpétue. Parce qu'il est transcendant et immanent, il nous soutient et nous réconforte ; parce que nous sommes trop nous-mêmes et pas assez Lui, il nous inquiète, nous condamne et nous stimule.

Discrètement mais vigoureusement, M. Vincent nous maintient dans ce face-à-face. Dans ses grosses mains fiévreuses et fatiguées, il retient nos mains fuyantes. Qu'il nous gêne ou qu'il nous agace, n'importe, il aura toujours raison puisque notre regard peut s'éclairer de cette éternelle lumière qui nous fait voir l'invisible.

Notes

1. « Suivre le gros des sages », voir *Règles ou constitutions communes de la congrégation de la Mission*, chap. XII, 5 et 7.

2. Maurice BLONDEL, *Lettre sur les exigences de la pensée contemporaine en matière d'apologétique*, 1896, « Histoire et

dogme », réédition, Paris, PUF, 1956. — Maurice NEDONCELLE, *Existe-t-il une philosophie chrétienne ?* Paris, Fayard, coll. « Je sais, je crois », 1956. — A. RENARD, *La Querelle sur la possibilité de la philosophie chrétienne*, Paris, 1941. — Jacques MARITAIN, *De la philosophie chrétienne*, Paris, 1933. — A.-D. SERTILLANGES, *Le Christianisme et les Philosophies*, Paris, Aubier, 1939, 1941, 2 volumes. — Y.-M.-J. CONGAR, *La Tradition et les Traditions*, t. I, *Essai historique* ; t. II, *Essai théologique*, Paris, Fayard, 1963, 2 vol. ; *La Tradition et la Vie de l'Église*, Paris, Fayard, coll. « Je sais, je crois », 1963. — H. HOLSTEIN, *La Tradition dans l'Église*, Paris, Grasset, 1960.

3. Hervé ROUSSEAU, *La Pensée chrétienne*, Paris, PUF, 1973, p. 7-8.

4. « Humiliations de M. Vincent en raison de son "ignorance" », *SV*, II, 435, 517 ; III, 578 ; IV, 165, 171, 215 ; V, 176 ; VII, 76 ; *E*, 551 ; *E*, 654 ; *E*, 713.

5. *Notices sur les prêtres, clercs, frères défunts de la congrégation de la Mission*, Paris, 1881, t. I, p. 377-451.

6. *Notices*, t. I, p. 423.

7. Henri BREMOND, *Histoire littéraire du sentiment religieux en France*, Paris, Bloud et Gay, 1935, t. III, *La Conquête mystique*, p. 244.

8. Jean RACINE, *Œuvres*, Paris, Éd. du Seuil, coll. « L'Intégrale », 1962, p. 311. Lettre à l'auteur des « hérésies imaginaires et des deux visionnaires », janvier 1666.

9. Diplôme de bachelier en théologie de l'université de Toulouse, 12 octobre 1604, voir *SV*, XIII, p. 60. Diplôme de licencié ès droit de l'université de Paris, voir COLLET, *Vie de saint Vincent de Paul*, Nancy, 1748, t. I, p. 113 ; voir *SV*, XIII, 214 (15 juillet 1627), 215 (15 septembre 1627). — Louis ABELLY le fait licencié en théologie, t. III, p. 199 ; la *Gallia christiana*, Paris, 1720, t. II, col. 1403, le déclare docteur en théologie. — Jean DUVERGIER DE HAURANNE eut parfois des paroles dures à l'égard de M. Vincent, voir Abelly III, 203. Claude LANCELOT dans ses *Mémoires*, t. II, p. 302, 243 ; voir dom CLEMEN-

CET, *Histoire générale de Port-Royal depuis la réforme de l'abbaye jusqu'à son entière destruction*, Paris, 1755-1757, p. 368, 370, 373, nous disent à quel propos M. de Saint-Cyran écrivit son traité de l'humilité : « Je crois que ce fut à l'occasion de Monsieur Vincent avec qui il eut quelques mois avant son arrestation une discussion sur l'Église, que Monsieur de Saint-Cyran fit sur les degrés de l'humilité un écrit qu'il nous communiqua presque aussi tôt, à Monsieur Le Maître et à moi. Il y parlait du danger qu'il y a à avoir plus de réputation qu'on a de fond, ce qui fait quelquefois qu'une personne se trouve engagée dans des emplois qui sont beaucoup au-dessus de ses forces. » Le *Traité de l'humilité* de SAINT-CYRAN a été publié par Jean ORCIBAL, *La Spiritualité de Saint-Cyran* avec ses écrits de piété inédits, Paris, J. Vrin, 1962, p. 391-420.

10. H. BREMOND, *Histoire littéraire*, t. III, p. 245 : « En matière proprement religieuse, il n'est que le disciple de François de Sales et plus encore de Bérulle. Ce n'est pas qu'on veuille le placer au rang des docteurs et des chefs d'école. » — Pierre POURRAT, *La Spiritualité chrétienne*, Paris, J. Gabalda, 1925, t. III, p. 575-586. — Jean GAUTIER, *La Spiritualité catholique*, Paris, Le Rameau, 1953 (ne mentionne même pas S. Vincent de Paul). — Louis COGNET, *La Spiritualité moderne*, Paris, Aubier, t. III, 1966, p. 396-399. « Il ignore délibérément les grands thèmes métaphysiques de Bérulle qui sans doute n'ont guère retenu son attention » (p. 398).

11. Charles PÉGUY, *Œuvres en prose*, Paris, Gallimard, coll. « Bibliothèque de la Pléiade », t. II, p. 1338.

12. Anthropologie : Georges PIDOUX, « L'Homme dans l'Ancien Testament », *Cahiers théologiques*, 32, Neuchâtel - Paris, Delachaux et Niestlé, 1953. — Xavier LÉON-DUFOUR, art. « Homme », dans *Vocabulaire de théologie biblique*, Paris, Éd. du Cerf, 1970, p. 539-549. — Claude WIENER, art. « Amour », *ibid.*, p. 46-55. — P. BONNARD, art. « Amour », dans *Vocabulaire biblique*, Neuchâtel-Paris, Delachaux et Niestlé, 1956, p. 14-17. — Mehl H.-KOEHNLEIN, art. « Homme », *ibid.*, Dela-

chaux et Niestlé, p. 126-128. — P. VAN IMSCHOOT, art. « Homme », dans *Dictionnaire encyclopédique de la Bible*, Brepols, Tournai, Paris, 1960, p. 832-833. — Albert GÉLIN, *L'Homme selon la Bible*, Paris, Ligel, 1968 ; *Foi vivante*, n° 75, Paris, Éd. du Cerf. — Table *DTC*, 1960, col. 2100-2106.

13. G. GILLEMAN, *Le Primat de la charité en théologie morale*, Bruxelles-Bruges-Paris, Desclée de Brouwer, 1954. — Hélène PÉTRÉ, « *Caritas* », *Étude sur le vocabulaire latin de la charité chrétienne*, Louvain, *Spicilegium Lovaniense*, 1948. — Jean GUITTON, *L'Amour humain*, Paris, Aubier, 1948 (1re éd.) ; dans *Œuvres complètes*, Paris, Desclée de Brouwer, t. II, p. 531-800 ; *L'Amour divin*, Desclée de Brouwer, 1971, t. II, p. 801-829. — Article « Charité » dans *Dictionnaire de spiritualité*, t. II, p. 507-691 (1940). — Gaston ROTUREAU, *Amour de Dieu, amour des hommes*, Paris, Desclée saint Jean, 1958.

14. Appel à l'expérience : *SV*, I, 69, 78, 116, 435 ; II, 252, 419, 281, 459 ; IX, 104 ; X, 225-226. *E*, 522, 894, 895, 904. *SV*, XIII, 620, 801.

15. Les maximes du monde, voir *SV*, IX, 442-443. Jésus-Christ leur est opposé *SV*, X, 418 ; *E*, 78. Elles donnent des peines, *SV*, V, 537. Elles sont incertaines et périssables, *SV*, VI, 418. Le Diable en est l'auteur, *E*, 732. Elles sont trompeuses, *E*, 538-540.

16. Les maximes évangéliques, voir *E*, 530. Elles détachent des trois concupiscences, *E*, 720. Jésus-Christ en est l'auteur, *E*, 719, 723. Jésus les a pratiquées, *E*, 626. Elles sont saintes et utiles, *E*, 541-542. Elles sont infaillibles, *E*, 538-539, 719. Elles sont inébranlables, *E*, 532, 533, 540, 541.

17. Voir les choses telles qu'elles sont en Dieu et en Notre-Seigneur, *SV*, VII, 388. Différentes conditions humaines, Abelly, I, 83. Les pauvres sont le lieu de la contemplation de Dieu, *SV*, IX, 5 ; *E*, 895-896 ; *SV*, X, 610. Rien ne me plaît qu'en Jésus-Christ, Abelly, I, 78.

18. Nécessité de la connaissance du mystère de la sainte Tri-

nité pour le salut, *SV*, I, 121 ; X, 336 ; *E*, 136, 347, 496-497 ; *SV*, XIII, 158.

19. Se donner à Dieu : *SV*, I, 185 ; II, 64, 123 ; III, 149, 158 ; IV, 15, 67, 117, 126, 138, 156, 233, 280, 361, 377, 596 ; V, 83, 107, 233, 326, 425, 584, 634 ; VII, 13, 38, 369 ; VIII, 252 ; IX, 13, 26, 29, 221, 588, 592 ; *E*, 37, 50, 103, 471, 550, 562, 569, 571, 574, 583, 586, 680, 687, 742, 743, 775, 776, 811, 825, 831, 855, 869, 888, 916, 944 ; *SV*, XIII, 162.

3

MONSIEUR VINCENT ET LA BIBLE

Un triple constat détermine la méthode pour mieux connaître les rapports de S. Vincent de Paul avec la Bible.

LA DIVERSION BIOGRAPHIQUE

Durant deux siècles et demi (1664-1932), la connaissance de la vie, de l'enseignement et de la doctrine du fondateur de la Mission était assurée par quatre biographies : celle de Louis Abelly en 1664, de Pierre Collet en 1748, d'Ulysse Maynard en 1860, de Pierre Coste en 1932. Ces quatre présentations étaient destinées à harmoniser l'existence du rénovateur de l'Église avec les quatre situations nouvelles : la mort de Vincent de Paul (27 septembre 1660), la canonisation et la fin ou l'apaisement des polémiques jansénistes, l'efflorescence du catholicisme social, la renaissance de la Mission après la Première Guerre mondiale. Toutes quatre étaient institutionnellement demandées, solidement garanties et aussi immobilisantes. Néanmoins, elles suffisaient à féconder l'imagination des peintres et des sculpteurs, comme celle des graveurs et des imagiers d'Épinal ou d'ailleurs. Leur puissance s'intensifia quand, en 1947, Pierre Fresnay, dans le film de Maurice Cloche, dota ces images d'une voix et d'une mobilité extraordinaires.

LA RICHESSE ÉPROUVANTE DES TEXTES

Comme l'âme et le dynamisme surnaturel de Vincent de Paul restaient voilés, il était opportun de rétablir la jonction, voire le courant entre les effigies et les paroles du personnage. L'opération fut commencée en 1920-1925 quand M. Pierre Coste édita la *Correspondance*, les *Entretiens*, les *Documents* majeurs en treize volumes enrichis d'une table et prolongés en 1970 par un quinzième volume contenant des lettres, des entretiens et la bibliographie des biographies en langue française. Cet amoncellement provoqua une révérence craintive. Il ne représentait cependant qu'un dixième de ce que M. Vincent avait écrit ou prononcé. N'empêche que ces huit mille sept cents pages réunissaient des écrits aussi différents que des contrats, des comptes rendus de situation, des conseils religieux, des règles de gouvernement et des notices nécrologiques. Cette diversité révélait simultanément l'extension, la variété et l'extrême mobilité de l'activité vincentienne. En même temps, chacun pouvait constater l'extraordinaire souplesse de cet esprit citant plus de trois mille cinq cents fois la Sainte Écriture et l'adaptant suivant les besoins de ses interlocuteurs. Écrivant ou, à partir de 1643, dictant ses lettres, M. Vincent regardait d'abord le correspondant et alléguait le texte biblique approprié. S'adressant aux Filles de la Charité (1634-1660), son style devenait plus vif et très coloré. Les préceptes devenaient plus impérieux et les personnages de l'Écriture semblaient avoir le même habillement, les mêmes réactions que ceux que les Filles de la Charité voyaient chaque jour dans la rue ou dans leur petite communauté. Parlant aux missionnaires, M. Vincent mêlait l'anecdote et la nouvelle aux enseignements évangéliques. Mais avant de prendre la parole le soir ou au cours de l'oraison le matin, il avait relu ses auteurs. Ce qui est très perceptible dans la conférence du 7 mars 1659 sur la conformité à la volonté de Dieu où nous retrouvons des phrases du capucin Benoît de Canfeld, auteur de la *Règle de perfection* (*SV*, XII, 150-165 ; *E*, 567-582). Devant ses prêtres comment n'aurait-il pas surveillé l'exactitude de ses citations scripturaires ?

UN BIBLISME TARDIF

Ce qu'une lecture critique nous révèle aussi, c'est qu'avant 1617, c'est-à-dire avant sa trente-sixième année, M. Vincent n'utilise guère la Bible et nous laisse soupçonner qu'il la connaissait peu. Ainsi, nous le voyons en 1607 parler de la « fortune » et exhumer d'une théologie très scolaire un Dieu calculateur assez brumeux. Il parle de Dieu, de la Providence, de la Vierge mais le nom de Jésus et son visage apparaissent pour la première fois dans le *Règlement* de la Charité de Châtillon, le mercredi 23 août 1617 (*SV*, XIV, 125-126, note).

L'explication de cette tardive ouverture de la Bible est très prosaïque. Sous-diacre depuis le 11 décembre 1598, M. Vincent pouvait officiellement trouver dans son bréviaire les cent cinquante psaumes attribués à David. Mais nous devons nous poser plusieurs questions inhabituelles. Quel bréviaire était alors imprimé ? Où pouvait-on le trouver et à quel prix ? Comment pouvait-il le transporter ? Nous possédons en effet (95, rue de Sèvres, Salle des reliques, Paris) les deux tomes du bréviaire qui fut trouvé dans la chambre de M. Vincent au moment de sa mort. L'aumônier de la reine Anne d'Autriche s'en empara, il le donna en 1664 à Michel Caset, prêtre de la Mission, et, après un périple qui le mena de la bibliothèque de Sens à une vente publique, il fut acheté en 1850 par la supérieure générale des Filles de la Charité, la Mère

Mazin, pour la somme de 1 500 F et remisé au 95, rue de Sèvres en 1850. Ces deux parallélépipèdes rectangles (185 × 120 mm) épais de 75 mm ont été imprimés en 1656 et pèsent chacun 1 550 g. Le maniement et le transport de ces 3 100 g ne sont pas particulièrement faciles.

Sans doute en 1625 au collège des Bons-Enfants et surtout au prieuré de Saint-Lazare où les victorins avaient réuni plusieurs milliers de volumes, M. Vincent pouvait consulter cent une bibles latines et cinquante et un interprètes de la Bible (voir bibliothèque Mazarine, ms. 4169). Mais Vincent de Paul avait-il le temps et la possibilité de consulter ces gros in-folio dans sa chambre exemplairement dénudée ?

Eût-il pu disposer et du temps et du matériel biblique que son étude aurait abouti à des résultats bien différents de ceux que nous constatons. La curiosité, cette peste qui le travaillait, ne lui aurait permis que l'acquisition d'une connaissance profane et utilitaire (*SV*, XII, 215 ; *E*, 633 ; *SV*, XI, 29 ; *E*, 892). Mais surtout, le Christ vivant dans les pauvres ne l'avait pas encore rejoint, il ne l'avait pas encore rendu capable de déchiffrer la lettre de l'Écriture. L'esprit de M. Vincent ne participait pas suffisamment à l'Esprit de Jésus. Plusieurs années furent nécessaires pour préparer cette mutation profonde et délivrer, au prix de quelles souffrances, du moi emprisonnant et confinant dans une petite sphère. Bloqué chez les Gondi dans une semi-retraite inactive, il jouissait en plus de son traitement d'aumônier de quatre bénéfices, l'abbaye de Saint-Léonard-de-Chaumes (14 mai 1610, *SV*, XIII, 8), la cure de Clichy (2 mai 1612, *SV*, XIII, 7), la cure de Gamaches (28 novembre 1614), le canonicat d'Écouis (27 mai 1615, *SV*, XIII, 22). Il apercevait progressivement que toutes ces richesses n'étaient que « fumées » et qu'elles ne l'accompagneraient pas dans l'éternité. Maladif, replié sur lui-même, imbibé de tristesse, il en était arrivé à douter de tout, de Dieu comme de lui-même (voir Abelly, 1664, 2e tirage, III, 116). Mme de Gondi lui avait même fait remarquer tout ce que son attitude avait de fâcheux et de préjudiciable (*SV*, XI, 32-33 ; *E*, 896-898). Il avait fallu que le Christ des pauvres, reclus dans un agonisant à Gannes, l'appelle, lui fît signe, vînt vers lui et donne à son regard ce singulier pouvoir de « retourner la médaille » et de voir les choses comme elles sont en Dieu (*SV*, VII, 376, 388 ; XI, 31 ; *E*, 895-896). Non seulement il percevait quelque chose de Dieu dans M. le général des galères et quelque chose de la Vierge Marie dans Mme de Gondi (*SV*, X, 386-387 ; IX, 8 ; XIII, 636), mais tous les états de l'humanité dessinaient à ses yeux les états du Fils de Dieu (Abelly, I, 83). D'un mot, M. Vincent caractérisait son état : « Rien ne me plaît qu'en Jésus-Christ » (Abelly, *ibid.*). Ce Christ venu de Gannes lui mit devant les yeux ce qu'il aurait pu soupçonner, mais qu'il avait regardé sans voir ou deviné sans le comprendre. Les pauvres, ceux qui n'ont que des bergers mercenaires, ne sachant ni les instruire, ni les garder, ni les conduire, sont en détresse de salut. Par leur misère et leur souffrance, ils montraient et faisaient sentir que le Christ était en agonie jusqu'à la fin du monde, que la Rédemption n'avait pas été réglée en un instant, dans un coin du monde, par le seul Jésus agonisant. Elle se poursuivait jusqu'à la fin du monde, jusqu'à ce que Dieu soit tout en tous (1 Co 15, 28). La *Règle de perfection* que le bon M. A. Duval lui avait mise entre ses mains probablement dès 1610 l'avait convaincu que l'unique nécessaire était d'unir le plus profond de son être à un Dieu mystérieux et transcendant. Il percevait maintenant que ce Dieu qui le faisait participer à sa toute-puissance lui demandait de l'aimer en se donnant à Lui dans les pauvres, ces tabernacles protecteurs de son très pur amour. Il faut donc aimer véritablement, c'est-à-dire « aux dépens de nos bras, [...] à la sueur de nos visages » (Abelly, I, 81). M. Vincent était gratifié d'une évidence inoubliable : Dieu se révèle à ceux qui se donnent à Lui. Il ne se livre qu'à ceux qui le cherchent et qui, dans cette quête mystérieuse et incessante, s'éternisent dans le Christ Jésus. Désormais, le regard de M. Vincent se fixera tantôt sur le visage éclairant du Christ Jésus, tantôt sur le visage des pauvres en qui le Christ réside mystiquement et veille comme un amour dans la nuit.

UNE HERMÉNEUTIQUE INVENTIVE

L'appui sur les réalités invisibles jette quelques lumières sur l'agilité déconcertante de l'herméneutique vincentienne. Catéchiste par nature et par vocation, le bon M. Vincent est préoccupé jusqu'à l'obsession de bien faire connaître aux pauvres la bonne nouvelle du Fils de Dieu (Lc 4, 18 ; Mt 5, 3). La méthode la plus adaptée et aussi la plus facile est d'ailleurs fournie par Jésus lui-même. Le Sauveur a non seulement utilisé la petite méthode (*SV*, XI, 225), il a choisi les comparaisons les plus communes. « Hélas, quelles merveilles ne pouvait-il pas enseigner au peuple ! Que de secrets n'eût-il pas pu découvrir de la Divinité et de ses admirables perfections, lui qui était la sagesse éternelle de son Père ! Cependant, vous voyez comme il parle intelligiblement et comment il se sert de comparaisons familières, d'un laboureur, d'un vigneron (Mt 13 et 21, 40), d'un champ, d'une vigne (Mt 13, 31.38.44 ; Lc 12, 16.28 ; Jn 15, 1-16), d'un grain de moutarde (Mt 13, 31). Voilà comme il faut que vous parliez, si vous voulez vous faire entendre au peuple, à qui vous annoncerez la parole de Dieu » (*SV*, XI, 347 ; *E*, 311).

Une meilleure observation nous fait découvrir que la pensée et l'expression de ce catéchiste biblique sont fondées sur une double circumincession.

La première, celle de la grâce qui part du Père, se manifeste dans le Fils, se diffuse dans l'Esprit. Cette grâce que le baptême a répandue dans les cœurs invite à s'unir à Jésus pour s'unir au Père. La seconde assure et crée son langage en partant des pauvres. Les pauvres constituent le cœur de l'Église. « En eux se conserve la vraie religion, une foi vive. Ils croient simplement sans éplucher ; soumission aux ordres, patience dans l'extrémité des misères à souffrir tant qu'il plaît à Dieu, les uns pour les guerres, les autres à travailler le long du jour à la grande ardeur du soleil. Nous vivons du patrimoine de Jésus-Christ, de la sueur des pauvres gens » (*SV*, XI, 201 ; *E*, 157). Les pauvres sont les seigneurs et les maîtres (*SV*, IX, 119, 324, 325 ; X, 681). Notre-Seigneur non seulement tient comme fait à lui-même ce qui est fait aux pauvres, mais il est dans les pauvres : *« Cum ipso sum in tribulatione »* (Ps 90, 15) parlant des pauvres. « S'il est malade, je le suis aussi ; s'il est en prison, j'y suis ; s'il a des fers aux pieds, je les ai avec lui » (*SV*, X, 680). J. B. Bossuet exposera l'origine, le sens et la garantie de l'éminente dignité des pauvres dans son sermon[1]* donné en fin d'année 1659 dans la chapelle des Filles de la Providence.

Nul ne choisit son maître, comme nul ne choisit ses pauvres, car Dieu leur a donné le surnaturel pouvoir de nous intégrer psychologiquement, par le cœur, l'esprit et la foi dans l'Église de Jésus. Sans que nous nous en doutions, ils nous associent à la Rédemption qui en eux, plus douloureusement qu'en toute autre

* Les notes de ce chapitre sont p. 113.

créature, se perpétue. Voilà pourquoi « ils viendront en foule recevoir ceux qui les ont servis. Ils leur ouvriront les portes du paradis » (*SV*, IX, 253 ; III, 393).

Au tréfonds de sa conscience, M. Vincent garde quelques convictions inébranlables qu'il formule diversement suivant les occasions. Nous pouvons en retenir trois. La première est que l'homme ne demeure jamais en même état. Cela, il l'a entendu de la bouche de Job (14, 2), le parangon des justes et il ne cessera de s'en servir (*SV*, III, 612 ; IV, 279, 352, 486 ; V, 317, 614, 634 ; VI, 555 ; IX, 666 ; XIII, 335). La deuxième, que l'Écriture formule en différents livres (1 R 2, 6 ; Dt 32, 39 ; Tb 13, 2 ; Sg 16, 13), c'est que Dieu seul donne la vie et la mort. Il mortifie et vivifie (*SV*, VI, 553 ; VIII, 216, 219, 342). La troisième est que Dieu a « voulu que toutes les choses du monde soient incertaines et périssables afin que nous cherchions en lui seul la solidité de nos desseins et de nos affaires » (*SV*, VI, 419). Les dégradations de l'humanité que Dieu a permises sont destinées à instruire notre débile conscience que Dieu seul fait bien tout ce qui se fait et qu'il lui appartient, à Lui seul, d'achever ce qu'il a lui-même commencé. Le jour même de sa mort, à une heure et demie du matin, le 27 septembre 1660, alors qu'il lui était demandé la bénédiction pour la famille, il répond : « Dieu la bénisse », en levant la main il dit : « *Qui coepit opus perficiet* » (Ph 1, 6).

S'adressant à des auditoires très différents : paroissiens et enfants de Clichy, et peut-être de Châtillon-les-Dombes, Dames de la Charité ou Filles de la Charité, prêtres ou frères de la Mission, M. Vincent simplifie, actualise son exposé. Il évoque les personnages, leur redonne vie et les fait parler. Il termine habituellement ses entretiens par une prière s'adressant directement à Jésus et à la Vierge Marie. Nous avons regroupé quatre-ving-quatre prières dans *En prière avec M. Vincent*[2]. Des êtres sont tirés d'un lointain passé, celui d'Adam, de Noé, d'Abraham, de Moïse et amenés tout vivants pour nous convaincre. Gaillardement, M. Vincent traduit 2 S 11, 2 : « Une œillade a perdu David » (*SV*, IX, 7). Il nous surprend et nous fait sourire lorsque nous l'entendons dire aux Filles de la Charité que « Notre-Seigneur, allant visiter les pauvres [...], passait devant les cabarets, on se moquait de lui, on lui donnait des nasardes, et il était affligé entendant les vilaines chansons et les paroles insolentes qui se disaient dans ces lieux » (*SV*, X, 185, 23 juillet 1656). Tout de go, il affirme que S. Pierre pleurait continuellement (*SV*, IX, 279) et que Marguerite Chétif, gênée de porter à Arras une coiffure de l'Île-de-France, devait imiter Notre-Seigneur qui ne changea pas d'habit lorsqu'il alla en Égypte (*SV*, VI, 114). La raison pour laquelle les Filles de la Charité doivent être sobres est que Notre-Seigneur, en dehors de la Pâque où il mangeait de l'agneau et d'une autre fois où il a consommé du poisson, ne mangeait que du pain (*SV*, IX, 85). Lorsque sa mémoire devient paresseuse ou défaillante, il intervertit l'ordre des mots ou attribue un texte de l'Apocalypse à S. Paul (Ap 14, 13 attribué à S. Paul écrivant aux Corinthiens, *SV*, XII, 136 ; *E*, 552). Citant le psaume 65, 1, il écrit « empruntant » le texte massorétique : « Le silence est une louange à Dieu en Sion, dit le prophète et saint Jérôme avec lui » (*SV*, V, 262, 263). Son correspondant, M. Ch. Ozenne, pouvait être surpris d'une telle traduction, mais M. B. Codoing, supérieur de la maison de Rome, aurait cherché en vain le passage du Nouveau Testament allégué par son supérieur : « Oh ! que Notre-Seigneur savait bien ce qu'il disait quand il disait que *"malum pecus inficit omne pecus"* » (*SV*, II, 381). L'assertion est tirée des *Satires* de Juvénal. Il est vrai que la sentence était devenue proverbiale et que la règle de S. Benoît demande que la brebis malade soit écartée pour qu'elle n'infecte pas tout le troupeau (chap. XXVIII, § 78). Et M. Vincent n'ignorait pas la règle bénédictine (voir *SV*, XIII, 367).

ANCIEN TESTAMENT

M. Vincent ne voit aucune rupture entre l'Ancien et le Nouveau Testament. La continuité est homogène car Dieu va de commencements en commencements par des commencements qui n'ont pas de fin. « Il n'y a pas un mot dans la Sainte Écriture dont on ne puisse tirer quelque fruit s'il est bien expliqué et médité » (*SV*, XII, 135 ; *E*, 551). Toutefois, il voit différemment l'Ancien Testament. Il regarde attentivement cette succession de personnages, et il en cite trente-cinq, qui par leur vie et leurs paroles ont préparé la venue et la révélation du Fils unique du Père. Cette succession est une procession priante cheminant dans la pénombre vers le Christ. Les psaumes attribués à David fournissent non seulement les meilleures expressions de l'adoration, de la pénitence et de l'intercession, ils donnent les règles de la bonne conduite religieuse. Vincent qui les connaît fort bien les utilise fréquemment et nous retrouvons dans les écrits vincentiens des citations de la quasi-totalité du psautier.

Mais l'attention de Vincent de Paul est retenue tout particulièrement par quatre grandes figures de l'Ancien Testament : Adam, Noé, Abraham et Moïse.

ADAM

De la vie et de la chute d'Adam, M. Vincent fait onze fois mention entre 1641 et 1659 : dix fois devant les Filles de la Charité, une fois devant les missionnaires (*SV*, IX, 47 ; X, 2, 17, 55, 80, 232, 448, 466, 695, 81 et XI, 54 ; *E*, 819). Il retient surtout sa désobéissance et les conséquences qui frappèrent tout le genre humain. « Adam a donné la mort au corps et causé celle de l'âme par le péché » (*SV*, X, 2). M. Vincent aime les précisions : « Il a mordu dans la pomme et en a mangé avec Ève. Ce faisant, il s'est soustrait à l'amour de Dieu et a perdu, pour lui et pour ses descendants, sa propre domination » (*SV*, X, 55, 448).

La Genèse indique qu'Adam mourut à neuf cent trente ans (Gn 4, 1), M. Vincent pousse plus loin l'affirmation : « Il a fait pénitence et pleuré son péché plus de neuf cents ans. » « Il est dit, poursuit-il en élargissant comme beaucoup de Pères l'ont avancé à partir du texte de la Sagesse (10, 1), que Dieu eut pitié de lui. Pour Ève, la Sainte Écriture n'en parle point » (*SV*, X, 17). « Dieu lui a pardonné mais lui a imposé la peine due au péché » (*SV*, X, 55, 448).

Les conséquences pour la pauvre nature humaine, c'est que toute demande est péché ; les inclinations de la chair sont péché ; c'est pourquoi il faut les fuir (*SV*, X, 695).

NOÉ

À cinq reprises, M. Vincent évoque l'activité du patriarche antédiluvien (*SV*, III, 183 ; IX, 56, 695 ; XI, 377 ; *E*, 341-342 ; XV, 171). La Genèse rapporte que c'était un homme juste qui construisit une arche destinée à sauver du déluge. La première et la seconde épître de Pierre précisent qu'il y eut huit personnes sauvées (1 P 3, 20 ; 2 P 2, 5).

M. Vincent est surtout attentif à deux faits : la construction de l'arche et l'activité de Noé.

La durée nécessaire à la construction de l'arche est particulièrement riche d'enseignements pour la prudence de M. Vincent. Il le dit à Louise de Marillac : « Quand il voulut sauver Noé et sa famille, il lui commanda de faire une arche qui pouvait être achevée en peu de mois et dont néanmoins la construction dura cent ans » (*SV*, XV, 171). Il le rappelle aux Filles de la Charité, le 25 mai 1654 : « Savez-vous, mes sœurs, combien Noé mit de temps pour construire l'arche et la mettre dans la perfection où elle devait être ? Cent ans. Ô Sauveur de nos âmes ! Ô mes chères sœurs ! Si pour faire l'arche, où huit personnes seulement furent garanties du déluge, il a fallu tant de temps, combien pensez-vous qu'il en faille pour affermir et conserver cette compagnie où un si grand nombre d'âmes se retireront et se sauveront du déluge du monde ? » (*SV*, IX, 696).

Prolongeant le texte de la Genèse, il ajoute que Noé fut prophète et prédicateur de la pénitence, fonctions que nous trouvons mentionnées dans l'*Épître aux Corinthiens* de Clément de Rome : « Noé prêcha la conversion et ceux qui l'écoutèrent furent sauvés[3]. » Cette activité habituellement absente des écrits patristiques est cependant énoncée par Tirinius dans la *Biblia Magna* d'Estius[4], où il est dit que ceux qui succombèrent dans le déluge furent quand même sauvés et relégués avec les justes dans les limbes[5]. La mise en scène de S. Vincent est particulièrement animée. « Dieu veut châtier tout le monde ; il envoie le déluge universel pour châtier les horribles péchés qui se commettaient ; néanmoins, que fait-il ? Il donne la pensée à Noé de bâtir une arche et Noé fut cent ans à la bâtir. Pourquoi pensez-vous que Dieu voulût qu'il fût si longtemps à bâtir cette arche, sinon pour voir si le monde se convertirait, s'il ferait pénitence et s'il ferait profit de ce que Noé leur disait par la fenêtre de son arche, criant à pleine tête, selon quelques auteurs : "Faites pénitence, demandez pardon à Dieu." Cela nous fait voir encore comme quoi, quoique Dieu semblât vouloir que tout le monde fût noyé dans les eaux, néanmoins son dessein était autre, ayant voulu que Noé et toute sa famille fussent exempts du naufrage, afin de repeupler le monde et pour que ce qu'il avait résolu de toute éternité touchant la naissance de son Fils s'accomplît » (*SV*, XI, 377 ; *E*, 341-342, 15 novembre 1656).

ABRAHAM

Pour M. Vincent, Abraham n'est pas moins que le coryphée des vrais obéissants et parfaitement détachés, ceux qui ont pressenti et respecté le mystère de cette transcendance divine qui déconcerte les prévisions et déboute tous les raisonnements. Cet obéissant inconditionnel suit pas à pas l'adorable Providence aussi bien en quittant son pays qu'en se préparant à immoler son fils unique (*SV*, III, 183 ; XI, 376 ; *E*, 341 ; *SV*, XII, 139 ; *E*, 556 ; *SV*, XII, 239 ; *E*, 657-658).

Guidé par l'auteur de l'épître aux Hébreux : « Par la foi, Abraham obéit à l'appel de partir vers un pays qu'il devait recevoir en héritage et il partit ne sachant où il allait » (Hé 11, 8), il fait revivre et s'émeut en faisant revivre la scène du sacrifice d'Isaac.

« À ce propos, ressouvenez-vous d'Abraham à qui Dieu avait promis de peupler toute la terre par un fils qu'il avait. Et cependant, Dieu lui commande de le lui sacrifier. Si Abraham fait mourir son fils, comment Dieu accomplira-t-il sa promesse ? Abraham néanmoins qui avait accoutumé son esprit à faire les volontés de Dieu se met en devoir d'exécuter cet ordre, sans se mettre en peine du reste. C'est à Dieu d'y penser, pouvait-il dire, si j'accomplis son commandement, il accomplira sa promesse, mais comment ? Je n'en sais rien. C'est assez qu'il est tout-puissant. Je m'en vas lui offrir ce que j'ai de plus cher au monde, puisqu'il le veut. Mais c'est mon fils unique ! n'importe. Mais ôtant la vie de cet enfant, j'ôterai le moyen à Dieu de tenir sa parole : c'est tout un. Il le désire de la sorte, il le faut faire. Mais si je le conserve, ma lignée sera bénie : Dieu l'a dit. Oui, mais il m'a dit aussi que je le mette à mort, il me l'a manifesté : j'obéirai quoi qu'il arrive et j'espérerai en ses paroles. Admirez cette confiance. Il ne se met nullement en peine de ce qu'il arrivera ; la chose pourtant le touchait de près ; mais il espère que tout tournera à bien puisque Dieu s'en mêle. Pourquoi n'aurions-nous pas la même espérance, si nous laissons à Dieu le soin de tout ce qui nous regarde et préférons ce qu'il nous commande ? »

Puis, éclairant l'Ancien Testament par le Nouveau, Vincent de Paul indique : « Enfermons-nous donc là-dedans de la façon que fit Isaac au vouloir d'Abraham et Jésus-Christ au vouloir de son Père » (*SV*, I, 560).

MOÏSE

Plus de vingt-cinq fois, M. Vincent évoque l'existence et le rôle exceptionnel tenu par Moïse dans la constitution et l'évolution du peuple de Dieu. Détail que M. Vincent n'oubliera jamais à partir de 1638, date de l'organisation de l'œuvre des Enfants trouvés, Moïse, comme Romulus et Remus, comme Melchisedek sans père, sans mère, sans généalogie (Hé 7, 3), était lui aussi un enfant trouvé. Il avait même une certaine ressemblance avec Jésus, Maître de la Loi nouvelle, qui n'eut point de père charnel (*SV*, XIII, 776, 782-783). Mais surtout, Moïse ayant été le médiateur choisi par Dieu pour transmettre la Loi, son attitude, sa conduite, son comportement fournissent un modèle aux supérieurs : « Vous consulterez Dieu comme un autre Moïse [...] recevez la loi de lui pour la donner à ceux que vous conduirez. Souvenez-vous que la conduite de ce saint patriarche était douce, patiente, supportante, humble et charitable et qu'en celle de Notre-Seigneur, ces vertus ont paru en leur perfection afin que nous nous y conformions » (*SV*, V, 421. Voir Ex 19, 24).

Toute la carrière de Moïse était soutenue par la puissance de Dieu et sa prière était si forte qu'elle faisait triompher les Israélites (Ex 17, 8-13 ; Jos 5, 13 ; 8, 22) : « Vous êtes leur Moïse, qui levez les mains au ciel pendant qu'ils combattent les ennemis de Dieu et même leur Josué, puisque vous combattez avec eux par le moyen des armes, secours, encouragements et adresses que vous leur donnez » (*SV*, V, 500). Dieu lui-même est accablé par la force de la prière *mentale* de Moïse : « Grande force de l'oraison mentale, mes filles, car c'était l'exercice de Moïse quand il avait les mains ainsi élevées au ciel sans dire mot ; et elle avait assez d'efficace pour faire gagner la bataille à ceux en faveur de qui il priait. Les Écritures saintes nous rapportent encore que Moïse était un jour devant Dieu et ne disait mot. Et il entendit la voix de Dieu : "Moïse, tu me romps la tête ; tu me forces à faire ce que je ne voudrais pas. Ce peuple est ingrat et rebelle à ma loi. Je le veux perdre et tu voudrais que je le sauve ! Pourquoi me forces-tu ? Retire-toi et laisse-moi faire ma volonté" (Ex 32, 9-10). Voyez, je vous prie, mes filles comme Dieu se sent lié par la prière et par la prière mentale, car Moïse ne disait mot et cependant son oraison était si bien entendue que Dieu lui disait : "Tu me romps la tête, tu veux que je fasse ce que je ne voudrais pas faire" » (*SV*, IX, 418).

Dans l'histoire d'Israël, Moïse restait le législateur irrécusable et M. Vincent ne cesse de le voir dans sa fonction qu'il tenait de Dieu. Législateur lui-même, Vincent se plaît à rappeler que tous ceux qui s'opposèrent à Moïse furent durement châtiés par Dieu. Pour le mieux affirmer, il pétrit énergiquement les passages du livre des Nombres rappelant les châtiments particulièrement dissuasifs qui frappèrent les opposants. Le livre des Nombres relatait que Coré, Dathan et Abiron qui revendiquaient contre Aaron l'exercice du sacerdoce se virent refuser cette promotion, le sacerdoce restant un privilège des descendants d'Aaron (Nb 17, 5-14). La terre s'ouvrit et ils furent engloutis (Nb 16, 4-35). « Nous avons dans l'ancienne loi l'exemple de Coré, Dathan et Abiron qui furent engloutis tout vifs pour avoir murmuré contre Moïse » (*SV*, XIII, 728, conseil des Filles de la Charité du 27 juillet 1656). Un an et demi plus tard, s'adressant aux Filles de la Charité, M. Vincent nous donne une version différente et plus colorée : « Quand Moïse qui gouvernait le peuple de Dieu l'eut conduit dans le désert, voilà Coré, Dathan et Abiron qui trouvèrent à redire à cela : ils disaient que Moïse était un magicien, murmurant aussi contre lui et contre les règles que Dieu lui avait dictées. Or, par permission divine, la terre s'ouvrit et les engloutit en enfer en punition de leur murmure devant le peuple. Cela alla plus avant. Ils furent cause qu'il perdit la confiance qu'il avait en Moïse » (*SV*, X, 434, 30 décembre 1657).

Nous savons que Marie, sœur de Moïse, se révolta

contre son frère parce qu'il avait épousé une Kushite. Elle fut frappée de la lèpre et ensuite guérie par la prière de son frère (Nb 12, 1-15, voir Dt 24, 9). Vincent commence en juillet 1656 à colorer un peu l'incident : « Sa propre sœur [de Moïse] fut frappée de la lèpre pour avoir trouvé à redire à ce qu'il faisait » (*SV*, XIII, 728). Dix-huit mois plus tard, la psychologie de Marie s'enrichit : « Il arriva que la sœur de Moïse, qui s'appelait Marie, ayant entendu ce qu'on disait de son frère, qu'elle avait vu petit garçon, entra dans la même pensée voyant les œuvres qu'il faisait. Elle en fut punie de Dieu. Mais il ne voulut pas l'abîmer comme il avait fait des autres. Il lui envoya la lèpre l'envoyant aux champs à cause de cette lèpre où elle ne voyait plus, ni n'entendait parler de Moïse. Voilà la punition qu'elle eut » (*SV*, X, 434).

« Moïse reçut même l'ordre de Dieu de faire mourir tous ceux qui amasseraient du bois le dimanche et cela était observé exactement » (*SV*, XIII, 728 ; voir Nb 15, 38-35).

Le 6 décembre 1658, Vincent de Paul sentant sa fin prochaine et voulant assurer la permanence des *Règles* ainsi que leur observance — il les avait distribuées à ses disciples le 17 mai précédent —, il ne peut mieux faire que de reprendre les paroles de Moïse (Dt 31, 29) : « Je vous en avertis, mes frères, avant que je vous quitte, dans l'esprit que Moïse avertissait les enfants d'Israël, comme il est dit au Deutéronome : Je m'en vas ; vous ne me verrez plus. J'ai connu que plusieurs d'entre vous s'élèveront pour séduire les autres, ils feront ce que je vous défends » (*SV*, XII, 90 ; *E*, 507).

Éclairé par le Christ Jésus dont il prépare le règne, Moïse médiateur et législateur fournit au fondateur et au législateur de la Mission un modèle de prière et de gouvernement. Discrètement, il lui dicte sa conduite et lui souffle ses ultimes recommandations.

NOUVEAU TESTAMENT

Il était facile de le deviner. Plus que sur les quarante-six livres et les trente-sept mille cinq cent un versets de l'Ancien Testament, c'est sur les deux cent soixante et un chapitres et les deux mille sept cent cinquante-deux versets du Nouveau Testament que M. Vincent s'appuie et qu'il utilise pour sa vie personnelle et pour l'évangélisation des pauvres de toutes catégories. « Il ne faut pas se décourager, dit-il, parlant de Nouveau Testament, si l'ayant lu plusieurs fois, un mois, deux mois, six mois, on n'en est pas touché. Il arrivera qu'une fois une petite lumière, un autre jour une plus grande et encore plus grande lorsque nous en aurons besoin. Une seule parole est capable de nous convertir, comme il n'en a fallu qu'une à S. Antoine » (*SV*, XII, 113 ; *E*, 51).

Le contenu du Nouveau Testament est scolairement défini : « Cette doctrine ou loi de Jésus-Christ est contenue au Nouveau Testament tant à l'égard de ce qu'il nous a enseigné par les Apôtres par voie d'inspiration que par lui-même, chez les évangélistes où il nous a parlé de vive voix. »

« Pour mieux entendre ceci, il faut savoir que le Nouveau Testament se divise premièrement en l'explication de la Sainte Écriture et l'amplification d'icelle pour l'instruction et la bonne vie du peuple ; elle se divise secondement en l'institution du saint sacrifice, des sacrements et des ordres que Jésus-Christ a établis ; et en troisième se partage en doctrine préceptive et directive ou de direction qui conseille, qui est ce que nous appelons conseils évangéliques. Or c'est précisément de cette troisième sorte de doctrine évangélique, tant préceptive que directive dont nous entendons parler dans cet entretien et dont la règle nous fait mention. C'est aussi ce que nous appelons "maximes évangéliques" » (*SV*, XII, 117 ; *E*, 534). Mais Vincent fait son choix : il ne faut pas pratiquer toutes les maximes évangéliques, mais seulement « celles qui ne sont pas contraires à notre Institut » (*SV*, XII, 129 ; *E*, 545-546).

Suffit-il de lire le Nouveau Testament pour le comprendre et bénéficier de son dynamisme ? Que non pas ! Si les maximes du monde sont connues et authentifiées par l'expérience, les maximes de Notre-Seigneur, « l'on en connaît l'infaillibilité par son esprit qui en donne la science et la pénétration et qui fait voir où aboutissent ces divines conséquences, et que, étant données par la vérité éternelle, elles sont très véritables et ont toujours leur effet » (*SV*, XII, 121 ; *E*, 538).

L'erreur serait de lire l'Écriture pour enrichir son arsenal d'arguments ou fleurir son parterre de rhétorique : « Surtout, il faut se donner de garde de lire par étude, disant : ce passage me servira pour telle prédication, mais seulement pour notre avancement » (*SV*, XII, 113 ; *E*, 50).

Cette intention religieuse se traduit concrètement par trois dispositions concrètes que M. Vincent énonce dès le 19 janvier 1642 : l'adoration, adorant la parole de Dieu et sa vérité ; l'adoption des sentiments. Il faut entrer dans les sentiments avec lesquels Notre-Seigneur les a prononcées et consentir à ces vérités. Par exemple, je lirai : « Bienheureux sont les pauvres d'esprit » (Mt 5, 3), je me résoudrai et me donnerai à Dieu pour pratiquer cette vérité dans telle ou telle rencontre. Tout de même quand je lirai : « Bienheureux sont les débonnaires » (Mt 5, 4), je me donnerai à Dieu pour pratiquer la douceur (*SV*, XI, 112-113 ; *E*, 50). Les *Règles ou Constitutions* que M. Vincent avait mises au point durant trente-trois ans et qu'il distribua à ses missionnaires le 17 mai 1658 réaffirment et précisent la manière de lire religieusement le Nouveau Testament. Chaque jour, « les prêtres et les clercs liront un chapitre du Nouveau Testament et respecteront ce livre comme la règle de la perfection chrétienne ; et pour en profiter davantage, cette lecture se fera à genoux et tête nue, faisant au moins à la fin les trois actes suivants, dont le premier sera d'aborder les vérités contenues dans le même chapitre ; le second de s'exciter à entrer dans les sentiments dans lesquels Notre-Seigneur ou les saints les ont prononcées ; le troisième de se résoudre à la pratique des conseils ou préceptes qui y sont contenus et à l'imitation des exemples de vertus qu'on y trouve » (*Règles*, chap. X, § 5).

Cette manière d'entrer dans le texte et de s'en imprégner, M. Vincent l'enseignait spécialement par la manière dont il célébrait le saint sacrifice de la messe. Un des plus anciens de la compagnie a observé que la dévotion de M. Vincent était toute singulière en la célébration de la messe et qu'elle paraissait tout particulièrement lorsqu'il récitait le saint Évangile. D'autres ont remarqué que, lorsqu'il rencontrait quelques paroles que Notre-Seigneur avait proférées, il les prononçait d'un ton de voix plus tendre et plus affectueux, ce qui donnait de la dévotion aux assistants qui l'écoutaient et on a diverses fois entendu des personnes, lesquelles ne le connaissant point disaient entre elles comme par admiration : « Mon Dieu, que voilà un prêtre qui dit bien la messe : il faut que ce soit un saint homme. » D'autres ont dit qu'il leur semblait voir un ange à l'autel.

Quelques-uns ont encore observé que lorsqu'il lisait au saint Évangile quelques passages où Notre-Seigneur avait dit : *« Amen, amen dico vobis »*, c'est-à-dire « En vérité, en vérité, je vous le dis », il se rendait très attentif aux paroles qui suivaient, comme étonné de cette double affirmation que le Dieu même de vérité employait en reconnaissant qu'il y avait du mystère et que la chose était de grande importance, il témoignait par un ton de voix encore plus affectif et dévot la prompte soumission de son cœur. Il semblait sucer le sens des passages de l'Écriture comme un enfant le lait de sa mère et en tirait la moelle et la substance pour en sustenter et nourrir son âme, ce qui faisait qu'en toutes ses actions et paroles il paraissait tout rempli de Jésus-Christ (Abelly, III, 72-73). Mimétisme de ce que l'Esprit demandait dans l'Écriture : « manger le livre » (Ap 10, 9 ; Ez 3, 3). Notre-Seigneur avait comme nourriture la volonté de son Père (Jn 4, 34) et Vincent remarquait que c'était là « sa viande et ses délices » (*SV*, XII, 55 ; *E*, 469). « Ce qui me nourrit, me délecte, me fortifie, c'est de faire la volonté de mon Père » (*SV*, XII, 155 ; *E*, 571 ; *SV*, XII, 160 ; *E*, 574).

Il est facile de voir que M. Vincent perçoit l'originalité de chaque évangéliste : Matthieu, comptable professionnel, est le grand fournisseur des maximes évangéliques. C'est à lui que M. Vincent s'adresse pour obtenir les formulaires législatifs (*SV*, XII, 118 ; *E*, 534-535). Luc, le scribe de la mansuétude du Christ, rappelle la miséricorde, la tendresse, le service de la Vierge Marie et des femmes qui accompagnaient Jésus : c'est une excellente autorité et le héraut de la charité le fait parler aux Dames et aux Filles de la Charité. Jean livre le mystère du Fils éternel de Dieu. Uni à son Père, nourri de sa volonté, n'ayant pas de doctrine propre, il est tellement « un » avec son Père que voir le Fils c'est voir le Père. Quant à Paul, il est irremplaçable parce que unique pour définir infailliblement la nouvelle condition de l'homme régénéré. Réduisant à deux traits le portrait du Christ Jésus, S. Vincent écrit : « Les deux grandes vertus de Jésus-Christ, c'est à savoir la religion vers son Père et la charité vers les hommes » (*SV*, VI, 393). « Cette religion vers le Père » était manifestée visiblement de trois façons, par l'Incarnation, par une existence de pauvre, par la douloureuse passion. M. Vincent ne quitte pas du regard la vie voyagère du « Pauvre » et du méconnu. Car il est chassé (*SV*, XII, 204 ; *E*, 683 ; *SV*, I, 134-135 ; III, 22 ; XV, 61), menacé et injurié (*SV*, X, 185 ; XII, 208 ; *E*, 626), traité de fou (*SV*, V, 146 ; VIII, 65), méprisé (*SV*, 38, 98 ; XII, 200 ; *E*, 617 ; XIII, 716), démuni de tout (*SV*, I, 112, 206 ; II, 464, 532 ; III, 94, 104, 464, 532 ; IV, 128 ; VI, 75, 236 ; VII, 14, 187, 312, 328, 392, 543 ; VIII, 41 ; IX, 64, 179, 492 ; XI, 224 ; *E*, 181, 208, 251 ; *SV*, XII, 227 ; *E*, 374, 644, 796 ; *SV*, XIII, 716). C'est de cette manière scandaleuse que le Fils éternel de Dieu révélait son amour indescriptible et inimitable. La charité du Fils de Dieu émane directement de son être divin qui se livre à l'humanité défaillante. Pour ne pas effaroucher les hommes, pour les apprivoiser et les évangéliser, l'amour prend un pauvre visage. C'est avec une humble douceur que Jésus aborde l'humanité malade et anémiée (*SV*, I, 123, 127, 182, 183, 294, 341, 352, 528 ; V, 30, 633 ; IX, 672-673 ; XI, 61 ; *E*, 617-619 ; *SV*, XI, 137-139 ;

E, 78 ; *SV*, XI, 346 ; *E*, 310 ; *SV*, XI, 347 ; *E*, 311 ; *SV*, XII, 394 ; *E*, 356 ; *SV*, XI, 440 ; *E*, 403 ; *SV*, XII, 196 ; *E*, 604 ; *SV*, XII, 199-202 ; *E*, 616-619 ; *SV*, XIII, 617).

Et puis M. Vincent n'oublie pas que parfois le visage grave de Jésus se voilait de larmes (*SV*, I, 128, 337 ; XI, 77 ; *E*, 954-955). « Ah, que le Fils de Dieu était tendre ! On l'appelle pour voir le Lazare ; il y va ; la Madeleine se lève et vient au-devant en pleurant ; les Juifs la suivent, qui pleurent aussi ; chacun se met à pleurer. Que fait Notre-Seigneur ? Il pleure avec eux tant il est tendre et compatissant. C'est cette tendresse qui l'a fait venir du ciel ; il voyait les hommes privés de sa gloire ; il fut touché de leur malheur. Nous devons de même nous attendrir sur notre prochain affligé et prendre part à sa peine. Ô S. Paul, combien étiez-vous sensible en ce point ! Ô Sauveur qui avez rempli cet apôtre de votre esprit et de votre tendresse, faites-nous dire comme à lui : *"Quis infirmatur et ego non infirmor"* (2 Co 11, 29) : "Y a-t-il malade avec lequel je ne sois malade ?" » (*SV*, XII, 270-271 ; *E*, 689-690).

L'existence et la condition chrétiennes, M. Vincent les aperçoit, les examine et s'en inquiète, car c'est dans le miroir des écrits pauliniens qu'elles sont exactement décrites. « Nous vivons en Jésus-Christ par la mort de Jésus-Christ et nous devons mourir en Jésus-Christ par la vie de Jésus-Christ. [...] Notre vie doit être cachée en Jésus-Christ et pleine de Jésus-Christ [...] pour mourir comme Jésus-Christ, il faut vivre comme Jésus-Christ. » Les principes fondamentaux sont posés dès le 1er mai 1635 (*SV*, I, 295). Comme l'existence ne peut être autrement conçue que dans la continuation de la mission de Jésus, il est évident que cet achèvement ne peut s'effectuer qu'en employant les moyens que le Christ lui-même a utilisés. Pour continuer la mission de Jésus-Christ, il faut se revêtir de l'esprit de Jésus-Christ (*SV*, XII, 107 ; *E*, 523-524). Sans doute le chrétien a-t-il reçu l'Esprit de Jésus au baptême (Ga 3, 26-27 ; Rm 6, 3-4), mais il doit vérifier et réaliser dans le temps l'adoption divine, s'unir à Dieu en se vidant de lui-même (Rm 6, 12), se dépouiller encore davantage du vieil homme pour se revêtir du Christ Jésus (Ga 3, 27 ; Rm 13, 14 ; Ép 4, 22). Donnant ses dernières recommandations à un jeune supérieur, M. Antoine Durand, M. Vincent insiste : « Non, Monsieur, ni la philosophie, ni la théologie, ni les discours n'opèrent dans les âmes ; il faut que Jésus-Christ s'en mêle avec nous, nous avec Lui ; que nous opérions en Lui et Lui en nous, que nous parlions comme Lui et en son esprit, ainsi que lui-même était en son Père, et prêchait la doctrine qu'il lui avait enseignée, c'est le langage de l'Écriture sainte. Il faut donc, Monsieur, vous vider de vous-même pour vous revêtir de Jésus-Christ » (*SV*, XI, 343 ; *E*, 307).

La guerre et le combat sont donc installés dans l'âme chrétienne. En effet, l'esprit de Jésus lutte contre les trois concupiscences que les trois vertus évangéliques, pauvreté, chasteté, obéissance, essaient de réduire à l'impuissance. Psychologiquement, la lutte doit être menée contre l'esprit propre par la simplicité, la pureté d'intention, l'humilité, et contre la volonté propre par l'obéissance, l'indifférence, la pratique de ne rien demander et de ne rien refuser. D'une manière qui a surpris ses contemporains, le Père Vincent insistait sur la nécessité de l'humilité qui, à son dire, « était à l'origine de tout le bien que nous faisons » (*SV*, IX, 674). « C'est, disait-il, le fondement de la perfection évangélique et le nœud de toute la vie spirituelle. Qui aura cette vertu obtiendra facilement toutes les autres ; mais celui qui ne l'aura point sera privé de toutes celles qu'il paraît avoir » (*SV*, VII, 363). La charité est fille de l'humilité. De même que le Christ pauvre est au centre des perspectives dogmatiques de Vincent de Paul, l'humilité est le centre inspirant de toute son ascèse.

Dans l'expérience religieuse et l'enseignement de Vincent de Paul, l'Écriture joue un double rôle et assure une double fonction.

Incontestablement, elle est médiatrice, c'est par elle que M. Vincent retrouve le Christ vivant. Il est assuré de sa présence, jouit paisiblement de son amoureuse bonté. Sans cette découverte, il se serait dégradé, il serait devenu de plus en plus opaque à lui-même, indifférent à tout ce qu'il ne pouvait pas posséder, étranger à tous ses semblables.

Mais surtout, l'Écriture est perpétuellement révélatrice d'un autre monde plus vrai, plus solide et plus assuré que le monde inconsistant que nous connaissons par nos sens et notre intelligence mais que nous n'arriverons jamais à posséder durablement. Ce monde invisible est habité par le Christ Jésus, l'éternelle suavité des hommes et des anges et c'est par cette même vertu que nous avons la possibilité d'y accéder, de nous sauver et de sauver les autres. « C'est par cette même vertu que nous devons, dit-il, faire en sorte d'aller à Lui en y conduisant les autres » (Abelly, III, 182).

Notes

1. J. B. Bossuet, *Œuvres oratoires*, éd. Le Barq, revue par Ch. Urbain et E. Levesque, Paris, 1927, t. III, p. 119-138.
2. Paris, 1982, p. 84-177.
3. Édition Funk, 1901, p. 116.
4. Paris, 1643, t. IV, p. 1045.
5. Voir D. Sidersky, *Les Origines des légendes musulmanes dans le Coran et dans la vie des prophètes*, Paris, 1933. L'auteur pense que Mahomet qui mentionne la prédication pénitentielle de Noé dans la 71e sourate utilise le *Livre d'Hénoch* et le *Livre des Jubilés*. Voir *Écrits intertestamentaires*, p. 471-623, 635-810.

4

SAINT VINCENT DE PAUL ET LE MERVEILLEUX

Nous imaginons difficilement le bon M. Vincent prenant Alice par la main et la guidant doucement au pays des merveilles. Et cependant, ce rôle lui aurait parfaitement convenu ; nous sommes même sûrs qu'il l'aurait accepté, lui qui ne refusait jamais de faire bénéficier les autres de son expérience. Son premier biographe, L. Abelly, nous dit même qu'il n'hésitait pas à parler de ses tentations (Abelly, III, 119). Or, pendant plus de cinquante ans, M. Vincent avait eu les yeux ouverts sur un champ de merveilles extrêmement diverses. Son esprit clarificateur et organisateur pouvait lui permettre de les classer en trois catégories : les merveilles surnaturelles immédiatement révélatrices de Dieu, les merveilles ensorcelantes attirant les âmes par de fausses lumières vers les ténèbres et le chaos, les merveilles de la miséricorde divine apparaissant au creux du néant de la créature.

C'est pourquoi le bon M. Vincent qui n'aurait pas refusé son aide à la petite Alice peut, si nous le désirons, nous faire bénéficier de son expérience : l'expérience des autres ne nous sert à rien, à moins que nous les aimions.

LES MERVEILLES SURNATURELLES

De bonne heure, M. Vincent se révéla très sensible à la beauté de la création manifestant la beauté de Dieu : « Qu'est-ce qu'il y a de comparable à la beauté de Dieu qui est le principe de toute beauté et perfection des créatures ? N'est-ce pas de lui que les fleurs, les oiseaux, les astres, la lune et le soleil empruntent leur lustre et leur beauté ? » (*SV*, XIII, 143, d'après Abelly, III, 51, écrit autographe).

Mais dès 1623, il fut amené à observer de plus près un merveilleux dont il avait déjà entendu parler mais qui n'avait pas spécialement retenu son attention : le miracle d'une guérison subite, humainement inexplicable. Le phénomène se produisit en la personne d'une visitandine, sœur Claire Amaury, en grande turbulence de corps et d'esprit. Subitement, elle fut guérie et apaisée par l'imposition du rochet du bienheureux évêque de Genève. « C'est que, écrit M. Vincent, les remèdes humains ne lui ont de rien servi, que son mal augmenta après l'application du rochet, ce qui arrive ordinairement aux guérisons miraculeuses ; qu'elle a été guérie en un instant, selon la parfaite confiance de la Mère supérieure et qu'elle-même croit aussi certainement comme si elle le voyait ou le touchait que Notre Seigneur lui a fait cette miséricorde par les mérites de ce bienheureux évêque et par l'application de son rochet » (*SV*, XIII, 64-66, d'après Abelly, II, 331).

Mais, le 17 avril de cette année 1628, M. Vincent, en la chapelle Sainte-Monique de l'église de la Visitation Sainte-Marie de Paris, déposait qu'un « prêtre ayant déclaré à François de Sales son extrême pauvreté, se retirant à l'écart [François de Sales] lui donna son vêtement par lequel se font aujourd'hui beaucoup de miracles » (*SV*, XIII, 71).

Mais fait plus extraordinaire, treize ans plus tard, en décembre 1641, M. Vincent révélait à Bernard Codoing, supérieur de la maison d'Annecy, qu'il avait par deux fois bénéficié d'une vision extraordinaire.

« Vous ne doutez pas que je n'aie senti une bien sensible douleur de la mort de notre digne Mère. Il a plu à Dieu, néanmoins, de me consoler en la vue de sa réunion à notre bienheureux Père et tous deux à Dieu, dès que j'en eus la nouvelle en suite d'un acte de contrition que je fis à l'instant après avoir lu la lettre par laquelle on me donnait avis de l'extrémité de sa maladie, et la même chose m'a été montrée, ce me semble, à la première messe que je célébrai pour elle après la nouvelle de sa mort. Que ceci soit dit seulement au bon Monsieur Codoing, s'il lui plaît, et à nos Messieurs (*SV*, II, 212-213)[1]*. »

Ce n'est qu'après avoir pris conseil de l'archevêque de Paris, Mgr Henri de Gondi, et du R. P. Morice, barnabite, qui connaissait les opérations de Dieu, que M. Vincent, craignant d'être victime d'une illusion, se résolut à notifier cette double intervention de Dieu[2]. Employant alors la troisième personne, il rédigea en bonne et due forme l'attestation de ces deux manifestations.

Voici une [manifestation] qui est arrivée à une personne digne de foi laquelle j'assure qu'elle aimerait mieux mourir que de mentir. Cette personne m'a dit qu'ayant eu nouvelle de l'extrémité de la maladie de notre défunte, elle se mit à genoux pour prier Dieu pour elle et que la première pensée qui lui vint à l'esprit fut de faire un acte de contrition des péchés qu'elle a commis ou commet ordinairement, et qu'immédiatement après, il lui parut un petit globe de feu qui s'élevait de terre et s'alla joindre en la partie supérieure de l'air à un autre globe plus grand et plus lumineux, et que les deux, réduits en un, s'élevèrent plus haut, entrèrent et s'épanouirent dans un autre globe infiniment plus grand et plus lumineux que les autres, et qu'il lui fut dit intérieurement que ce premier globe était l'âme de notre digne Mère, le second celle de notre bienheureux Père et l'autre, l'essence divine ; que l'âme de notre digne Mère s'était réunie à celle de notre bienheureux Père, et les deux à Dieu, leur souverain principe.

* Les notes de ce chapitre sont p. 143-144.

Il dit de plus que, célébrant la sainte messe pour notre digne Mère incontinent après qu'il eut appris la nouvelle de son heureux trépas, et étant au second Memento, où l'on prie pour les morts, il pensa qu'il faisait bien de prier pour elle, que peut-être, elle était dans le purgatoire à cause de certaines paroles qu'elle avait dites, il y avait quelque temps, qui semblaient tenir du péché véniel, et qu'en même temps il revit la même vision, les mêmes globes et leur union et qu'il lui resta un sentiment intérieur que cette âme était bienheureuse, qu'elle n'avait pas besoin de prières, ce qui est demeuré si bien imprimé dans l'esprit de cet homme qu'il la voit en cet état quand il pense à elle.

Ce qui peut faire douter de cette vision, c'est que cette personne a une si grande estime de la sainteté de cette âme bienheureuse qu'il ne lit jamais ses réponses sans pleurer, dans l'opinion qu'il a que c'est Dieu qui a inspiré ce qu'elles contiennent à cette âme bienheureuse et que cette vision est par conséquent un effet de son imagination. Mais ce qui fait penser que c'est une vraie vision, c'est qu'il n'est point sujet à aucune et n'a jamais eu que celle-ci.

En foi de quoi, j'ai signé la présente de ma main propre et scellé de notre sceau.

VINCENT DE PAUL*

(*SV*, XIII, 125-128.)

* Voir Abelly, II, 333-335. P. COSTE a lu fautivement « se resplendirent » (*SV*, XIII, 127, 6e ligne) au lieu de « se répandirent ». La vision des globes a été rendue avec des variantes. La grande peinture du XVIIIe siècle qui se trouve aujourd'hui 95, rue de Sèvres la traite le plus complètement. Elle représente la vision et en donne l'explication. À gauche, S. Vincent pendant la messe voit trois globes de grandeurs différentes s'élever vers le ciel ; à droite, derrière la grille, les religieuses de la Visitation en prière ; en haut la sainte Trinité vers laquelle s'élève

Si, en 1628, M. Vincent déclarait qu'il n'était point sujet à aucune vision (*SV*, XIII, 127), si en 1640 il allait même jusqu'à déclarer que « les extases sont plus nuisibles qu'utiles » (*SV*, IX, 30), il aurait pu avant sa mort nous confier quelques-uns de ses dons, ainsi son pouvoir d'apaiser en imposant les mains, sa possibilité de communiquer à distance, le don de voir l'avenir de ses interlocuteurs.

S^e Chantal, guidée par S. François de Sales (reproduction de ce tableau dans la plaquette de *Saint Vincent de Paul* de Paul RENAUDIN, P. Bloud et Gay ; voir B. N. Estampes Aa 43, in-f°). Ce tableau ne remonte vraisemblablement guère avant la béatification (1751) ou la canonisation (1767) de S^e Chantal. La gravure la plus répandue dans les maisons de la congrégation de la Mission montre S. Vincent à l'autel sur la droite avec deux petits anges pour servants. Une autre gravure, assez semblable pour le reste, remplace cependant les anges par deux clercs. Une troisième gravure de grand format (530 mm × 320 mm, sans la bordure) achetée par M. Jean Parrang à Rome, au début du XXe siècle, reproduisant probablement quelque tableau de sa canonisation, montre en haut la sainte Trinité ; à mi-chemin sur la gauche, S^e Chantal, derrière elle et un peu plus bas S. François de Sales en barbe présente la nouvelle sainte à Dieu ; en bas, sur la droite, devant un degré, Vincent en chasuble, les mains étendues en extase, un ange derrière lui. Sous la gravure on lit : « *Caietanus Sontius Panor-us Inv. et pinxit Joann Ottaviani sculp* » et plus bas cette légende : « *Sancta Giovanna Francesca Fremiot di Chantal, fondatrice dell'Ordine della Visitazione di S. Maria incontrata de S. Francesco di Sales, nella sua salita all'Empirea se presenta a S. Vincenzo di Pauli, che rapito in estasi ne ammira la gloria ad entrambi commune. Sommario della causa estratto dal Processo Ap...* ». Voir Jean PARRANG, *Iconographie de saint Vincent de Paul, Annales de la congrégation de la Mission*, 1939, p. 491-504.

APAISEMENT PAR IMPOSITION DES MAINS

M. Gilbert Cuissot écrivit en 1661 à M. Jean Dehorgny, chargé de rassembler les Remarques destinées à la rédaction de la Vie de M. Vincent, qu'il avait été occasionnellement le confesseur de M. Vincent et qu'il avait alors appris que son supérieur jouissait d'un singulier pouvoir. « Durant ce séjour-là de trois mois, ou plutôt avant que je vinsse à Cahors, qui fut en quarante-sept, il se vint confesser à moi. Après laquelle confession, j'appris de lui une grâce commune au bienheureux François de Sales, lequel, de son vivant, avait le don d'empêcher les maladies et les peines d'esprit, les unes et les autres bien violentes, par l'imposition de ses mains sur une personne de rare vertu, qui trouvait autre soulagement aux susdits maux. La cessation en était entière durant ladite imposition et la personne soulagée par un espace de temps ensuite. La même chose s'opérait en ce temps-là par l'imposition des mains de notre feu très honoré Père (lequel je crois était directeur de cette âme depuis la mort de ce grand prélat). L'humilité donc de M. Vincent fut de me dire tout ce que dessus, à raison de quelque soulèvement de la partie inférieure, avec une entière soumission de cesser cet emploi si je lui conseillais ou ordonnais. Dieu ne me délaissa pas jusque-là, par sa grâce, que d'y apporter le moindre empêchement. Je lui dis absolument de continuer ce bon œuvre » (*SV*, XIII, 193-195). Comme la Mère

Jeanne de Chantal était décédée à Moulins le 13 décembre 1641, il est possible que la personne de rare vertu soit Louise de Marillac qui fut elle aussi dirigée par Mgr François de Sales, en 1618-1619[3].

TÉLÉPATHIE

Entre juillet et septembre 1644, il se produisit à Saint-Lazare-lès-Paris un fait stupéfiant, dont chacun put se rendre compte. Le récit le plus exact nous est fourni par la deuxième édition de la *Vie du serviteur de Dieu, Messire Vincent de Paul*, par L. Abelly (1667). En l'année 1644, il fut atteint d'une dangereuse maladie qui ne lui permit pas pour lors de célébrer la sainte messe. C'est pourquoi il eut la dévotion de communier tous les jours qu'elle dura.

La violence du mal ayant fait un transport au cerveau, il fut quelques heures en délire durant lesquelles il fit paraître les saintes dispositions de son âme, prononçant plusieurs dévotes aspirations et répétant souvent celle-ci entre les autres : « *In spiritu humilitatis et in animo contrito, suscipiamur a te Domine* », c'est-à-dire « Recevez, Seigneur, l'oblation que nous vous faisons de nous-mêmes avec un esprit humilié et un cœur contrit ».

Il arriva pendant cette maladie une chose digne de remarque. Un très vertueux missionnaire nommé M. Dufour (Antoine) du diocèse d'Amiens se trouva pour lors dans la même maison, et ayant appris que M. Vincent était en danger de mort, il offrit à Dieu sa propre vie pour la conservation de celle de son cher Père spirituel. Cette oblation aussi héroïque que désintéressée fut reçue de Dieu ainsi que l'événement le fit voir depuis ; car M. Vincent commença dès lors à se mieux porter et recouvra ensuite la santé au lieu que la maladie de ce bon prêtre s'augmenta tellement qu'il en mourut peu de temps après.

Il trépassa environ la minuit et ceux qui veillaient M. Vincent entendirent à l'heure même frapper trois coups à la porte de sa chambre, de quoi ils furent assez surpris, n'y ayant trouvé personne bien qu'ils l'eussent ouverte aussitôt. Mais ils ne furent pas moins étonnés de ce que M. Vincent appelant en même temps un d'entre eux, lui fit prendre le bréviaire et réciter quelque partie de l'office des morts avant que personne lui eût annoncé le décès de ce bon missionnaire. Cela leur donna sujet de croire que Dieu lui avait fait connaître par une voix extraordinaire, encore que son humilité ne lui permit pas d'en parler*.

* ABELLY, édition 1664, I, 244-245 situe l'événement en 1645. La 2e édition de 1667, II, 379 et COLLET, *La Vie de saint Vincent de Paul*, Nancy, 1748, I, 406, placent plus exactement l'épisode en 1644. Le missionnaire s'appelle Antoine Dufour, né à Montdidier, entré dans la congrégation le 31 décembre 1639.

PRÉDICTIONS DE L'AVENIR

Au cours des interrogatoires pour l'information de la cause de béatification de Vincent de Paul (24 février 1705-29 janvier 1710), trois cent soixante témoins furent interrogés. Trois d'entre eux jurèrent que M. Vincent leur avait dévoilé leur avenir personnel.

La première était sœur Masseré, Fille de la Croix (le 18 mars 1705, douzième témoin. Archives de la Mission, série I, 52-53, f°s 454-457 dans la chapelle Sainte-Thérèse de l'église Saint-Leu-et-Saint-Gilles).

La deuxième était Jean-Baptiste François Parmentier (quatre-vingt-onzième témoin, prêtre habitué de Saint-Laurent, 3 juin 1705, f°s 748-752).

Étant âgé de vingt ans, J. B. F. Parmentier, étudiant à Paris, vint faire une retraite à Saint-Lazare. Il s'ouvrit au serviteur de Dieu. Celui-ci après lui avoir parlé avec une grande humilité et s'être recommandé à ses prières comme un grand pécheur, ajouta en le regardant attentivement : « Vous serez prêtre, vous entrerez dans notre Compagnie ; vous serez directeur de Séminaire ; vous sortirez ensuite de notre Compagnie ; vous serez ensuite employé à de grandes œuvres ; vous n'aurez jamais aucune satisfaction selon la chair et le sang. »

Le témoin a ensuite raconté comment ces prédictions s'accomplirent. Un an après cette retraite, il quittait l'habit séculier, six mois plus tard, il frappait à la porte de la congrégation de la Mission où il était reçu. Ayant été appelé au sacerdoce, il devint successivement supérieur des séminaires d'Annecy, d'Agde, de Marseille. Après plusieurs années, étant sorti de la compagnie, il fut employé par Mgr de Harlay, archevêque de Paris, à ériger un hospice pour recevoir les prêtres âgés du diocèse. Au début, il y eut quelque réglementation, mais dans la suite, le désordre s'introduisit dans la maison et le témoin en abandonna la direction. Il fit alors partie de la communauté sacerdotale de l'église Saint-Laurent de Paris.

La troisième était sœur Madeleine Élisabeth de Chaumont, visitandine (soixante et onze ans, cent quatre-vingt-deuxième témoin). Le 11 septembre 1705, dans la chapelle du séminaire de Noyon affirme : *En l'année où Dieu donna le roi à la France* [5 septembre 1638] *le serviteur de Dieu se trouvant à Saint-Germain-en-Laye, demanda à Madame de Chaumont, sa mère, qui était sous sa direction, une de ses filles pour Sainte Marie. La Mère ayant fait venir devant l'homme de Dieu ses nombreux enfants, celui-ci posa la main sur la tête du témoin en disant à la mère : « C'est celle-ci », et le bon Dieu ratifia le choix.*

D'autres attestations de prédiction de l'avenir furent mises dans le public. Dom Emmanuel, de la chartreuse de Rouen, fut étonné de ne pas trouver dans la *Vie de saint Vincent de Paul*, publiée à Nancy par Pierre Collet, la moindre mention des prédictions que

Vincent de Paul avait faites à dom Charles Le Bret[4], chartreux avec qui Vincent était en relation dès 1634. Le 31 octobre 1748, il écrivit à Pierre Collet une lettre que celui-ci inséra au début de sa *Vie abrégée de saint Vincent de Paul*[5]. « J'ai cherché inutilement dans cet excellent ouvrage [*La Vie de saint Vincent de Paul*, de P. Collet, Nancy, 1748] un trait qui m'est cher parce qu'il regarde un de nos Pères, profès comme moi de la chartreuse de Paris, qui était fort lié avec le saint, c'est dom Charles Le Bret surnommé le "Cicéron chartreux", grand-oncle de M. Le Bret, intendant de Provence et premier président du parlement d'Aix. Voici ce que je me souviens d'en avoir lu [...] M. Vincent prédit à dom Le Bret qu'il serait de bonne heure et longtemps dans l'élévation pour ses confrères et que Dieu permettrait qu'il fût humilié sur ses vieux jours pour se disposer au grand passage du temps à l'éternité. L'événement a justifié la prédiction. Dom Le Bret fut nommé étant encore assez jeune prieur de la chartreuse de Mont-Dieu, peu de temps après, visiteur de la province de Picardie, charge qu'il a exercée au moins durant trente ans. Ensuite, il fut nommé prieur de Paris, visiteur de la province de France, et afin que la prophétie fût réalisée pleinement accomplie, quelques années avant sa mort, il fut déposé d'une manière assez humiliante de ces deux charges et envoyé dans une maison assez éloignée et obscure, où il a terminé en 1678 sa carrière dans les sentiments religieux que lui avaient inspirés dès sa jeunesse le grand saint qui fournit cet article. »

« LE MIRACLE DE LA SAINTE ÉPINE »

Si les « prodiges » signalés par sœur Marie Masseré, J. B. F. Parmentier et le chartreux Emmanuel, avaient été correctement observés et minutieusement relatés, toutefois, ils n'avaient reçu aucune authentification de la hiérarchie ecclésiale. Il en fut tout autrement du miracle dont bénéficia Marguerite Périer, nièce de B. Pascal, à Port-Royal, au moment même où Pascal lançait la 5e provinciale datée du 20 mars 1656. Le constat médical du miracle engageait non seulement l'autorité des docteurs Jean Hamon, Charles Bouvard, Théophraste Renaudot et même Gui Patin, il devenait ecclésiastiquement authentique par sentence de l'official de l'archevêché et même du vicaire général. L'événement fut diffusé jusqu'en Pologne par la Mère Angélique Arnauld par une lettre à Louise Marie de Gonzague en mai 1656. Blaise Pascal rédigea le 8 juin 1656 une attestation singulièrement critique que Jean Mesnard a retrouvée en 1952 dans les Recueils de Saint-Jean-d'Angely de la bibliothèque Mazarine[6]. Jacqueline de Sainte-Euphémie en fit même un récit versifié.

M. Vincent qui à cette époque combattait les opinions des port-royalistes fut particulièrement embarrassé. Après les sentences des médecins et de l'archevêché, il ne pouvait nier l'existence du miracle. Écrivant à Jean Deslyons, doyen de Senlis, il s'efforça de montrer que ces miracles ne pouvaient confirmer les positions doctrinales des augustiniens de Port-Royal.

« De dire, Monsieur, que les miracles que fait la sainte Épine de Port-Royal semblent approuver la doctrine qui se professe en ce lieu-là, vous savez celle de saint Thomas qui est que jamais Dieu n'a confirmé les erreurs par des miracles, fondé sur ce que la vérité ne peut autoriser le mensonge, ni la lumière les ténèbres. Or, qui ne voit que les propositions soutenues par ce parti sont des erreurs puisqu'elles sont condamnées ? Si donc, Dieu fait des miracles, ce n'est point pour autoriser ces opinions qui portent à faux, mais pour en tirer sa gloire en quelque autre manière » (*SV*, VI, 267-268, 2 avril 1656)[7].

Ces explications n'entamèrent point les convictions de Jean Deslyons. Mgr Louis Abelly, entièrement acquis aux théologiens de la compagnie de Jésus, écrivit que M. Vincent encouragea le Père François Annat à écrire *Défense de la vérité catholique touchant les miracles contre les déguisements et artifices de la réponse faite par M.M. de Port-Royal à un écrit intitulé : « Observations nécessaires sur ce qu'on dit être arrivé à Port-Royal au sujet de la sainte Épine »*, par le sieur de Sainte-Foy, docteur en théologie, Paris, 1567, in-4°. Le même Père F. Annat avait déjà composé le *Rabat-Joie des jansénistes ou observations nécessaires sur ce qu'on dit être arrivé à Port-Royal au sujet de la sainte Épine*, par un docteur de l'Église catholique, 12 pages, s. l. n. d., in-4°. Manifestement la légendaire prudence de M. Vincent était surprise et embarrassée.

LES MERVEILLES ENSORCELANTES

Comme bien d'autres, M. Vincent de Paul avait été trompé et mystifié. Certes, il se souvenait du vieil alchimiste, souverain tireur de quintessence qui, la nuit, fabriquait de l'or à prix réduit. Il faisait même parler une tête de mort. En juillet 1607, il ne voyait en lui qu'un homme « fort humain et traitable » (*SV*, I, 6). Sept mois plus tard, le 24 février 1608, à la lumière du soleil romain, le bonhomme n'était plus qu'un « misérable », un bel attrape-nigaud (*SV*, I, 15).

Deux ans plus tard, fraîchement débarqué à Paris, le jeune Vincent se laissa prendre dans les filets de Mgr Paul Hurault de l'Hôpital, archevêque d'Aix. En échange de l'abbaye cistercienne de Saint-Léonard-de-Chaumes, il s'engageait à fournir au bon prélat « un bénéfice simple non litigieux de valeur et ferme de 1 200 livres portées pour chaque an » (*SV*, XIII, 9)[8]. Lorsque le 16 octobre 1610 il voulut prendre possession, il ne trouva qu'une abbaye sans toit et sans moines. Il fut même contraint de vider sa bourse et d'emprunter à messire Jacques Gasteaud la somme de 300 livres tournois, le 7 décembre 1612 (*SV*, XIII, 19). Pour le coup, il se révolta et attaqua l'archevêque et se défit tôt après de la ruineuse abbaye*.

* Il abandonne l'abbaye de Saint-Léonard-de-Chaumes *SV*, XIII, 19 ; il démissionne le 4 novembre 1616 (voir COLLET, *La Vie*, I, 11 note) en faveur de François de Lanson, prêtre, conseiller et aumônier du roi, prieur de Saint-Étienne d'Ars en l'île

Malgré la possession de la cure de Clichy-la-Garenne, le 2 mai 1612, malgré le préceptorat chez les Gondi (septembre 1613), l'acquisition de la cure de Gamaches, le 18 février 1614, et le canonicat d'Écouis (27 mai 1615), le jeune Vincent se sentit emprisonné en lui-même. Pour comble de malheur, le doute s'engouffra dans son âme et l'asphyxia. Durant trois ou quatre années, Vincent déambulait transportant l'enfer dans son âme. Son état ressemblait fort à celui du théologal qu'il avait rencontré chez la reine Marguerite de Valois, rue de Seine. Cet homme installé dans l'oisiveté était tourmenté par l'esprit malin. « Mille spectres hallucinants le secouaient. » Il se sentait poussé à se précipiter par une fenêtre (*SV*, XI, 32-34 ; *E*, 896 ; Abelly, III, 116-117). L'aube ne pointa dans l'âme de M. Vincent qu'au printemps de 1617. À ce moment, il avait acquis la conviction qu'il fallait se défier des fantasmes que l'imagination, cette maîtresse d'erreur et de fausseté, envoie généreusement dans l'esprit des pauvres humains. Il se souviendrait toujours qu'il suffisait de « se vider de soi-même pour être rempli de Dieu » (*SV*, XI, 2 ; *E*, 860)[9]. Lui, prudent et

de Ré, demeurant rue des Cordiers. L'approbation de la cession de l'abbaye sera enregistrée au Chatelet (A. N., Y 157, f° 353). La nomination à la cure décanale de Gamaches (Eure) était inconnue jusqu'en 1962. Nous avons publié le texte de cette nomination dans *Mission et Charité*, n° 8, p. 495 d'après les Archives de la Seine-Maritime (G. 9574, f°s 77 v° et 78), nomination datée du 28 février 1614.

modéré par tempérament, il était devenu maintenant méfiant jusqu'à la défiance : « nos yeux nous peuvent décevoir, mais la vérité de Dieu en tout lieu ne manquera jamais » (*SV*, IX, 11-31 juillet 1634).

Ainsi, comme le soupçonneux M. René Descartes, M. Vincent de Paul avait progressivement institué le doute méthodique contre les subtilités du mauvais génie. Reprenant contre la « mauvaise fortune » l'initiative des opérations, il décidait de renoncer définitivement à suivre l'étoile de sa propre maison et à s'abandonner à Dieu pour suivre l'adorable Providence. Sa méthode, ses trois règles, rappelaient ces trois évidences : l'effrayante faiblesse de la nature que la mémoire des erreurs doit sans cesse rappeler, l'intoxication des fumées de l'imagination et des voix intérieures, la situation de l'invariable réalité au-delà de toutes les apparences.

Cette méthode engendre une statégie dynamique : ne pas se rechercher, mais chercher d'abord le royaume de Dieu et sa justice ; se défier de soi en se rappelant souvent sa faiblesse et ses erreurs, ce qui permet de n'avoir confiance qu'en Dieu ; éclairer toute la création par la douce lumière de Dieu qui fait transparaître l'invisible dans le visible, et l'éternité dans le temps. Cette petite méthode assure, autant qu'il est possible ici-bas, le bon fonctionnement de l'intelligence et une parfaite hygiène de l'esprit.

Voilà pourquoi ne cessant de douter de lui-même et jugulant les impétuosités de la nature pécheresse,

M. Vincent ne cessera d'avancer côtoyant la divine Providence et se gardant bien de « l'enjamber* ».

Mais il y a le démon ! Satan lui-même se déguise bien en ange de lumière, déclare S. Paul (2 Co 11, 14). Non seulement Vincent retient l'affirmation de

* Vers 1629, M. Vincent écrit à Louise de Marillac « Mon Dieu, ma fille, qu'il y a de grands trésors cachés dans la sainte Providence et que ceux-là honorent souverainement Notre Seigneur qui la suivent et qui n'enjambent pas sur elle. » Voir Jean ORCIBAL : Benoît DE CANFELD, *La Règle de perfection*, Paris, PUF, 1982, p. 24, n. 48. M. André DODIN, pm, en a découvert un exemplaire à la bibliothèque municipale de Saint-Mihiel (fonds bénédictin K. 104). Le volume porte l'inscription « aux F.F. capucins de S.-Mihiel, 1616. Lui-même en possède un autre qui porte des emblèmes analogues à ceux de la confrérie des Pénitents fondée par Henri III. Il a en outre montré dans *L'Esprit vincentin. Le secret de saint Vincent de Paul*, Paris, 1981, p. 35 et 108, que la fameuse expression « enjamber sur la Providence » n'avait pu être inspirée que par la version A de la *Règle de perfection*. La lutte contre les « empressements de la nature » est soutenue par l'exemple de Notre-Seigneur qui a attendu pour donner des règles (*SV*, VII, 148) mais aussi par l'expérience. M. Vincent déclare que la lenteur ne lui a jamais nui (*SV*, II, 207, 208 ; VII, 288) ; les affaires précipitées ne réussissent jamais (*SV*, I, 434 ; II, 207, 208 ; IV, 22). Les œuvres de Dieu se font peu à peu (*SV*, II, 226, 466). Il faut se hâter lentement (*SV*, II, 276). Qui s'empresse recule aux choses de Dieu (*SV*, II, 473). En ne s'empressant point, on émousse la pointe de la nature (*SV*, V, 534). S'empresser, c'est agir contre la Providence (*SV*, IV, 347-348). La grâce a ses petits commencements et ses progrès (*SV*, III, 147). Les choses qui doivent le plus durer sont les plus lentes à se perfectionner (*SV*, VII, 220). C'est pourquoi il faut différer autant que possible de donner des règlements (*SV*, III, 272).

l'Apôtre, il la transcrit dans les *Règles* des missionnaires et, comme il se doit, fournit les renseignements capables de déjouer les pièges du Malin, d'abord en dévoilant sa tactique, ensuite en montrant les « armes de lumière » que tout chrétien peut utiliser.

TACTIQUE DU DÉMON

Satan n'est pas seulement une superpuissance, c'est un stratège expérimenté. Son empire est sans limite et ses ruses sont tellement nombreuses qu'il est impossible de les cataloguer. « Il connaît toutes nos humeurs, il remue celles du corps, il fait surgir des créatures dans l'imagination — souvenez-vous des hallucinations de S. Antoine —, en bon artificier, il sait former avec de l'air certains corps de sorte que la créature voyant ces objets se laisse très souvent emporter » (*SV*, XII, 347 ; *E*, 768 ; *SV*, IX, 34). Il envoie des vapeurs endormantes aux personnes d'oraison et même cet opérateur nocturne suscite de mauvais songes. « Le saint pape Clément VIII se vit appeler la nuit devant le tribunal de Dieu où il lui fut reproché d'avoir exposé à un loup le peuple de Dieu » (*SV*, V, 318 ; XIII, 348 ; Abelly, III, 334). Sa stratégie est si perfide qu'il s'attaque aux plus faibles, c'est-à-dire aux personnes séquestrées du monde. « Le démon travaille peu pour attirer à son parti les gens du monde, il n'a qu'à leur proposer ce qu'il veut, et aussitôt il est obéi ; il se fait adorer par eux, sous l'espérance qu'il leur donne, qu'ils jouiront des plaisirs qu'ils cherchent. Il les tient, il les tourne, il les laisse courir là où il leur plaît et permet qu'ils s'en donnent à cœur joie, étant certain qu'ils lui seront toujours soumis et qu'ils respecteront ses ordres ; mais pour les gens retirés du monde pour vivre avec Jésus-Christ, ils sont plus sujets aux illusions. Et de fait, prenons garde que, tandis que Notre Seigneur conversa avec les hommes et qu'il se tint dans la récollection avec son Père, il ne fut pas tenté ; mais quand il se retira dans le désert et s'alla mettre plus avant dans la pénitence qu'il n'avait pas encore pratiquée, c'est là que le malin esprit le tenta et prit la hardiesse de l'éprouver par trois différentes fois » (*SV*, XII, 342-343 ; *E*, 764).

LES ARMES DE LUMIÈRE

Que faut-il faire devant cet ennemi permanent ?

D'abord, redoubler d'attention, pousser l'observation, considérer non seulement la substance de l'action proposée mais aussi les conditions. Bien des illusions s'envoleront. Écrivant à Mersenne, le 8 octobre 1629, Descartes adoptait la même attitude : « Pour ce livre de Camayeux et de Talismans, je juge par le titre qu'il ne doit contenir que des chimères. De même, la tête qui parle couvre sans doute quelque imposture ; car de dire qu'il y eut des ressorts et des tuyaux pour exprimer tout le *Pater noster* comme le chant du coq en l'horloge de Strasbourg, j'ai bien de la peine à le croire[10]. » Vincent connaît depuis longtemps les stratagèmes des prestidigitateurs : « J'ai vu un homme qui avait une certaine alène pointue, qui, à mesure qu'on la voulait enfoncer, se rétrécissait ; cet homme se la mettait dans le gosier, et comme un chacun voyait qu'il la mettait dans sa bouche on criait "Tire-la, tire-la" quoique la pointe semblât entrer dans son gosier, pourtant elle n'y entrait pas et ainsi cet homme trompait le monde. Qu'est-ce à proprement parler que l'éloquence ? Une illusion qui fait paraître le bon mauvais et le mauvais bon, qui fait prendre la vérité pour la fausse et la fausseté pour la vérité, qui, par une certaine complication et un certain arrangement de mots, au même temps qu'elle flatte et charme l'auditeur, le trompe » (*SV*, XII, 345 ; *E*, 766).

Ensuite chacun peut être sûr que si la pensée devient obsédante, si elle trouble ou l'esprit ou le corps, elle ne peut venir du Dieu de douceur et de paix mais qu'elle vient en droite ligne de l'arsenal du Malin.

Ainsi doté des armes de lumière, M. Vincent mesure son ennemi, garde ses distances et prend son temps devant tout ce qui peut être préternaturel. Il ne tient pas du tout à exorciser cette petite Marie Angélique d'Atri qui s'agitait un peu trop (*SV*, I, 471-474). Il demande aux confrères de la Mission de ne pas exorciser les bénédictines de Cognac (*SV*, VII, 122). S'il utilise certaines paroles du démon rapportées par les possédées de Loudun, c'est que ce démon n'affirme que des banalités en avouant qu'il a mal utilisé les grâces (*SV*, X, 370). Surtout, surtout, il ne faut pas croire que tout ce qui est anormal est diabolique. À M. Louis Rivet, le très émotif supérieur de la maison de Saintes qui tremblait d'effroi à cause des bruits nocturnes, il propose une méthode de détective que ne récuserait pas G. Simenon pour son inspecteur Maigret. « Il est arrivé ci-devant dans Saint-Lazare quelque trait semblable ; quelques personnes, pour se divertir, firent résonner une voix étrangère et lugubre pour en effrayer d'autres. Or, si ce bruit est comme d'un soliveau qui tombe à terre du haut d'une maison, comme vous le dites, il y a aussi quelque rapport avec le bruit d'une cresserelle dont on se sert le vendredi saint pour appeler le monde aux offices de l'église, lorsqu'on l'entend de loin. Ce bruit retentit dans toute la maison ; et s'il se faisait dans une cave, il la ferait résonner. Il se peut donc faire, Monsieur, que c'est quelque chose de pareil que vous entendez ; que ce sont de grands coups que l'on donne sur du bois dans quelque bas lieu, ou chez vous-même, ou dans le voisinage. Si cela se fait pour rire, on ne discontinuera pas sachant la frayeur que vous en avez ; mais si c'est pour une mauvaise fin ou que l'on travaille à quelque fabrique défendue, comme à battre de la monnaie, ainsi que quelqu'un s'est imaginé, ils pourront cesser quand ils entendront parler communément du bruit sourd qu'on entend de nuit, parce qu'ils craindront de se découvrir tout à fait » (*SV*, VI, 83-84).

LES MERVEILLES DE LA MISÉRICORDE DIVINE

Des habitudes ancestrales nous invitent à confiner dans un microcosme toutes les merveilles de Dieu. La Sainte Écriture a beau nous dire et nous répéter que les « cieux racontent la gloire de Dieu et que le firmament fait connaître l'œuvre de ses mains » (Ps 19, 1), notre surdité nous maintient à l'écart du chœur des louanges. Nous sommes des professionnels de la « mal-voyance ». Avec une onction diabolique, nous réduisons à notre mesure l'Être Infini de Dieu. Nous le rangeons dans le plus petit canton de l'univers et, ainsi, il ne peut nous inquiéter. Nous sommes bien les dignes héritiers des enfants d'Israël. Dieu ne cessait de leur demander de se souvenir et de la sortie d'Égypte et de leur promotion inespérée. Car, d'une poignée de vagabonds, Dieu avait formé un peuple souverain disposant d'une terre, régi par une constitution que Dieu lui-même avait fournie, investi de la mission humainement inconcevable d'ensemencer tout l'univers pour préparer l'implantation du Christ-Jésus. C'est dans cette situation que Jésus évolue et subit les attaques et la passivité de son entourage. Mais le

Fils de Dieu, lui aussi, exhume à tout instant devant ses disciples ou ses opposants le passé divin que l'orgueil ou la paresse sournoisement ensevelissent. Pour lui, le présent n'est que le prolongement d'un éternel passé et la préparation d'un avenir où Dieu sera tout en tous parce que l'Esprit Saint aura tout instauré dans le Christ Jésus (1 Co 15, 28 ; Ep 1, 10).

Toutes choses cachent un mystère de Dieu. Seuls les cœurs qui voient la Sagesse peuvent, éclairés par l'Esprit de Dieu, relire leur passé et retrouver dans leur existence la présence d'un Inconnu. Doux, humble et fidèle, il façonne en nous un enfant de Dieu.

Très finement, J. Daniélou nous guide dans ce clair-obscur où simultanément Dieu se cache et se révèle. « Ces grandes œuvres, Dieu continue de les accomplir dans le monde et nous ne les voyons pas, parce que nous n'y sommes pas attentifs. » Il faut que nous entendions l'appel de Jean-Baptiste : « au milieu de vous se tient quelqu'un que vous ne connaissez pas. Il faut que l'Esprit Saint qui opère ces grandes œuvres de Dieu nous en donne l'intelligence, et au-delà de l'histoire apparente, nous introduise dans la contemplation de l'histoire véritable. Ces œuvres cachées aux yeux charnels, ce sont celles que l'Esprit Saint accomplit dans les sacrements qui continuent au milieu de nous les grandes œuvres de l'Ancien et du Nouveau Testament[11]. »

C'est tardivement et progressivement que Vincent de Paul découvrit les merveilles que Dieu accomplissait en lui et par lui. Il nous en fait part quand il était entré dans sa cinquante-quatrième année, le 31 juillet 1634. Vincent perçoit même une certaine analogie entre le cheminement du peuple de Dieu, l'organisation de la communauté de Jésus et la situation des douze Filles de la Charité réunies dans la maison de Louise de Marillac : « Je vous disais que [...] vous n'aviez point encore eu de règlement pour votre manière de vie. Et en cela, la divine Providence vous a conduites comme il a conduit son peuple, qui depuis la création a été plus de mille ans sans loi. » « Notre Seigneur en a fait de même en la primitive Église, car tant qu'il a été sur terre, il n'y a point eu de loi nouvelle écrite, et ce sont ses apôtres qui, après lui, ont recueilli ses enseignements et ses ordonnances » (*SV*, IX, 1, 31 juillet 1634).

M. Vincent esquisse un parallèle entre la conduite de la Providence, le gouvernement de Jésus et le développement de la petite communauté des Filles de la Charité.

Huit ans plus tard, le 9 janvier 1642, sûr de la solidité de l'institution fondée en 1633 (29 novembre), Vincent déclare : « Votre fermeté est la sainte Providence, c'est elle qui a mis votre Compagnie sur pied. » Une conviction s'approfondit et se développe dans une argumentation qui sera sans cesse répétée : « Lorsqu'une œuvre n'a été ni prévue, ni désirée, elle porte le signe infaillible que Dieu seul en est l'auteur. » « Qui vous a choisies, je vous le demande ? Qui vous a faites ce que vous êtes, sinon Dieu ? Je ne saurais assez vous le redire. Nous n'en eûmes jamais le dessein (*SV*, IX, 57, 9 janvier 1643).

Le dimanche 22 janvier 1645, M. Vincent évoquait devant les Filles de la Charité ce qui s'était passé un dimanche de 1617, le 20 août. C'était à Châtillon-les-Dombes. Dans la grange d'un petit hameau, un pauvre est malade. Pris de compassion, M. Vincent « le recommande fortement et avec tant de ressentiment que toutes les Dames en sont touchées. Il en sortit de la ville plus de cinquante ; et moi, je fis comme les autres. Voyant un tel élan de charité, Dieu me donna cette pensée. Ne pourrait-on pas réunir ces bonnes dames et les exhorter à se donner à Dieu pour servir les autres malades ? » (*SV*, IX, 209, 22 janvier 1645). Le courant qui avait suscité les confréries en province atteignit Paris. Les paroisses de Saint-Sauveur, de Saint-Nicolas-du-Chardonnet, de Saint-Benoît eurent rapidement leurs Charités.

Et voici qu'au cours des missions Vincent rencontra « une bonne fille de village qui s'était donnée à Dieu pour enseigner les filles de côté et d'autre. Dieu lui inspira la pensée de me venir trouver. Je lui proposai le service des malades ». Tout est fortuit, mais en réalité, tout est Providence, tout est grâce. La présence et l'action de Dieu ne sont pas discontinues. S'il en était autrement, Dieu ne serait pas Dieu. Sa puissance s'exerce incessamment. Nous pouvons observer selon une heureuse formule de Jean Daniélou, que « Dieu va de commencements en commencements, par des commencements qui ne finissent jamais ». Saint Augustin assure que quand les choses arrivent de la sorte, c'est Dieu qui le fait[12]. Jusqu'à son dernier soupir, M. Vincent affirmera que Dieu seul avait créé toutes les œuvres, soutenu tous les dévouements. Rien ni personne ne pourrait neutraliser la toute-puissance de Dieu. « *Qui cœpit, perficiet.* » Nul ne peut prétendre arrêter l'avance divine qui pardonne, régénère, transforme admirablement toute la création[13].

LE MIRACLE CACHÉ

Blaise Pascal parlait de la secrète résurrection de Jésus[14], M. Vincent de Paul pouvait témoigner d'une vivification cachée et quasi miraculeuse. L'opération, pour qu'il ne puisse en douter, s'était poursuivie durant plus de trente ans. Elle s'était effectuée dans une petite veuve d'un mètre quarante-neuf de hauteur, qui était entrée dans sa vie comme une ombre. Bien que Mme Legras, née Louise de Marillac, eut éprouvé à la vue de M. Vincent une première répugnance en raison du flottement de son esprit, n'avait-elle pas consulté successivement le P. Honoré de Champigny, omc, François de Sales, Mgr J. Pierre Camus et Michel de Marillac, son oncle ? Son regard devint plus attentif et se fixa sur M. Vincent. Il devint rapidement évident que seul ce prêtre de Dieu connu à la fin de l'année 1624 pouvait réussir à la calmer, à la rassurer et à faciliter l'exercice plénier de la force de Dieu dans son humanité faible et vacillante.

« Je la considère, écrivait-il le 13 décembre 1647 à

M. Étienne Blatiron, comme morte naturellement depuis dix ans ; et à la voir, on dirait qu'elle sort du tombeau tant son corps est faible et son visage pâle, mais Dieu sait quelle force d'esprit elle n'a pas. Il n'y a pas longtemps qu'elle fait un voyage de cent lieues et sans les maladies fréquentes qu'elle a et le respect qu'elle porte à l'obéissance, elle irait souvent d'un côté et d'autre visiter ses filles et travailler avec elles quoiqu'elle n'ait de vie que celle qu'elle reçoit de la grâce » (*SV*, III, 256).

Dix ans plus tard, le 18 novembre 1657, tout le monde comprenait à qui M. Vincent faisait allusion quand il disait aux Filles de la Charité : « Voilà, par exemple, une personne infirme dans la Compagnie qui n'a point de force, de qui la santé est aussi frêle qu'un verre et qui est morte il y a vingt ans. Quoi aller traiter cette personne de même sorte que les autres qui se portent bien ou qui ne sont pas d'une complexion si délicate ! » (*SV*, X, 374).

Henri Bremond nous a remis sur le bon chemin en nous indiquant que ce ne sont pas les pauvres qui ont donné M. Vincent à Dieu, mais Dieu qui a donné Vincent aux pauvres. « Le plus grand de nos hommes d'œuvres, c'est le mysticisme qui nous l'a donné[15]. » Mais quel mysticisme ? Nous pouvons aujourd'hui signaler la variété de l'expérience religieuse de S. Vincent de Paul. Tour à tour ou simultanément thaumaturge et prophète, agissant en Dieu et souffrant de Dieu, il lui appartenait de nous laisser deviner ce que beaucoup soupçonnaient. Dans une humanité dépouillée se révélait la présence lumineuse du Dieu invisible.

Notes

1. Dossier de la Mission. Copie prise à la Visitation d'Annecy sur l'original autographe qui a été échangé vers 1880 contre un autographe de S. François de Sales.

2. Pierre COLLET, *La Vie de saint Vincent de Paul*, Nancy, 1748, t. I, p. 140-141.

3. Pierre COSTE, *Monsieur Vincent, le grand saint du grand siècle*, 1932, I, p. 217.

4. Dom Charles Le Bret, voir *SV*, I, 283-284 (6 novembre 1634).

5. Pierre COLLET, *La Vie abrégée de saint Vincent de Paul*, Paris, 1762, p. X.

6. Voir PASCAL, Paris, Éd. du Seuil, coll. « L'Intégrale », 1963, p. 672-673.

7. Voir aussi P. COLLET, *La Vie de saint Vincent de Paul*, I, p. 565.

8. Voir *Annales de la congrégation de la Mission*, 1941, p. 260.

9. Voir *Imitation de Jésus-Christ*, livre IV, chap. XV, n° 3.

10. Cité par Robert ARON, *Retour à l'éternel*, Paris, Albin Michel, 1947, p. 28-29.

11. Jean DANIÉLOU, *Le Mystère de l'Avent*, 1948, p. 39-40. Voir Jn 1, 26.

12. La formule de Jean DANIÉLOU est dans *Essai sur le*

mystère de l'histoire, 1953, p. 11 et la référence justificative fournie : P. G. XLIV, col. 1043 B n'est pas justifiante. Mariette DE CANIVET dans l'article « Grégoire de Nysse » du *DS*, t. VI, col. 976 (en 1967) cite la formule de Daniélou, l'attribue à Grégoire de Nysse et omet prudemment de mentionner la référence donnée par J. Daniélou.

13. *SV*, XIII, 190, 27 septembre 1660. Voir Ph. 1, 6 (1 heure 30 du matin), Dieu créateur à l'œuvre quand les créatures n'y pensent pas, selon S. Augustin. *SV*, IX, 242-243 (13 février 1646) ; *SV*, IX, 313, le 30 mai 1647 [M. Vincent a 66 ans]. *SV*, IX, 455 (25 décembre 1648) [M. Vincent a 67 ans]. *SV*, IX, 601 (14 février 1653) [M. Vincent a 72 ans]. *SV*, IX, 683 (25 mai 1654) [M. Vincent a 73 ans]. *SV*, XII, 6-7 ; *E*, 419-421 (17 mai 1659) [M. Vincent a 78 ans]. *SV*, XII, 437 ; *E*, 101, s. d.

14. PASCAL, *Pensées*, éd. LAFUMA, 308 ; éd. BRUNSCHVICG, 793.

15. Henri BREMOND, *Histoire littéraire du sentiment religieux*, t. III, p. 257.

5

SAINT VINCENT DE PAUL ET LES ILLUMINÉS

Le dernier historien des illuminés français du XVIIe siècle, l'abbé Henri Bremond, répartit malicieusement en deux camps ceux qui ont écrit sur ce mouvement religieux.

D'une part, le « torrent des historiens » qui nous présentent la Picardie infectée par l'hérésie préquiétiste que propagent deux groupes de doctrinaires : celui de Pierre Guérin et des deux frères Buquet, dont les centres d'influence sont Roye et Montdidier, et celui du groupe capucin, mené par Laurent de Troyes et Rodolphe de Paris. Ces moines dissidents sèment l'ivraie à Chartres, Reims et même Montdidier.

Hermant, dans son *Histoire des hérésies*, parle de soixante mille personnes conquises par cette propagande et Moréri n'hésite pas à affirmer qu'en 1634 les prisons de Roye et de Montdidier furent remplies de ces hérétiques[1]*.

Semblables affirmations sont répétées par les historiens et mémorialistes, qui semblent, d'ailleurs, puiser tous leurs renseignements dans les *Memorie recondite*, tome VIII, de l'abbé Vittorio Siri. Les historiens du Père Joseph leur font écho. Ils parlent des sectes d'illuminés comme d'un quiétisme envahissant qui, sans la vigoureuse campagne de l'Éminence grise, aurait ruiné la religion[2].

Nous retrouvons dans l'autre camp tous les biographes de Mme de Villeneuve[3], qui parlent des origines royennes des Filles de la Croix. Pour eux, Pierre Guérin et les deux frères Buquet furent accusés à tort par les habitants de Roye et de Montdidier : leur doctrine était parfaitement orthodoxe. À preuve, les approbations que la Sorbonne donna aux Filles de la Croix et aux hospitalières de Montdidier ; preuve encore la protection dont S. Vincent de Paul couvrit les « guérinets » et la congrégation naissante.

Bremond se met dans ce second camp. Lui aussi, il réhabilite les « guérinets » et, s'il abandonne quelque peu les deux capucins, il se gausse de l'alarme jetée par le Père Archange Ripaut. À vrai dire, il tire de cette méprise générale une conséquence assez inattendue : toute cette affaire ne serait qu'une cabale pseudo-quiétiste. Le Père Joseph a été l'âme du complot, c'est lui qui a voulu pourfendre les capucins dis-

* Les notes de ce chapitre sont en p. 162-165.

sidents. « Pour une poignée de quiétistes authentiques — et encore ! — l'histoire religieuse du XVIIe siècle nous présente des calomniateurs par centaines de mille et des millions de gobeurs, automatiquement prêts à croire tout ce qu'on leur raconte de leur prochain, et surtout le pire[4]. »

Cette conclusion sera, le moment venu, une pièce importante qui confondra Bossuet et réhabilitera Fénelon. Mais, précisément, cet admirable ajustement rend suspect le plaidoyer de l'historien trop ami du paradoxe et des excès de logique oratoire qu'il dénonce avec tant de verve.

Nous voudrions, pour éclairer le débat et fixer le rôle de S. Vincent de Paul en cette affaire, d'une part établir, à partir des sources, la chronologie des faits, d'autre part préciser l'extension de l'illuminisme et en dégager sa signification dans l'histoire religieuse du XVIIe siècle.

LA CHRONOLOGIE DES FAITS

C'est dans le *Mercure françois* (t. IX, 1624) que fut publié l'édit de grâce de dom André Pacheco concernant les illuminés espagnols. « L'édit de 1623, écrit Bremond, va fixer pour longtemps dans l'imagination populaire l'image de l'Illuminisme pur. [...] Cette bizarre pièce fumeuse, mais fulgurante[5]... » Or, c'est deux années avant sa publication que le nonce Pesaro écrivait au doge que les illuminés « essayaient de prendre pied en France, mais qu'ils n'y seraient pas tolérés[6] ». C'est aussi antérieurement à l'édit de Séville qu'Archange Ripaut donnait aux bénédictines de Saint-Pierre de Reims certains avertissements sur les pernicieuses « dévotions de ce temps[7] ».

À la même date, c'est-à-dire vers 1622, deux capucins en rupture de ban, Laurent de Troyes et Rodolphe de Paris, commencèrent à inquiéter les autorités religieuses par leurs prédications à Chartres, puis à Reims et Montdidier. *À eux s'adjoignirent*, dit Lepré-Balain, *quelques religieux qui, lassés de l'observance régulière, s'unirent ensemble, en portant encore l'habit, et qui vivaient en secret avec de mauvais sentiments*[8].

En Picardie, un groupe, dont nous ignorons l'exacte importance, s'est formé à Roye autour de Pierre Guérin, curé de Saint-Georges et Claude Buquet, curé de Saint-Pierre. En 1624-1625, ils ont fait appel à quelques bonnes filles qui doivent s'occuper des enfants pauvres, mais ils se heurtent à des oppositions locales fort violentes, qui se traduiront bientôt en pétitions.

Un autre cercle picard a son centre à l'Hôtel-Dieu de Montdidier, alors tenu par les religieuses augustines et administré par le frère du curé de Saint-Pierre de Roye, religieux celui-ci, Antoine Buquet.

Ces deux groupes seront successivement inquiétés.

Première opération policière.

« En 1627, dit Corblet, qui se fonde sur les manuscrits de Roye, Guérin et Buquet [de Roye] furent dénoncés au Parlement, emprisonnés à Paris, examinés par les commissaires du roi et mis entre les mains de Vincent de Paul. Celui-ci interrogea longuement les accusés, les trouva irréprochables de mœurs et de doctrine ; la cour s'en rapporta à son jugement et ordonna que les deux pasteurs, faussement accusés, iraient reprendre leurs fonctions[9]. »

L'affaire n'en resta pas là. Antoine Buquet, de Montidier, fut à son tour accusé ainsi que les religieuses de l'Hôtel-Dieu qu'il dirigeait. Celles-ci envoyèrent alors à la Sorbonne une profession de foi que Duval et douze autres docteurs déclarèrent irréprochable (26 juillet 1629). Ils ajoutèrent même :

« Nous avons remarqué plusieurs points nécessaires et utiles à toutes les âmes qui aspirent à la vraie et solide vertu, de sorte que, au lieu de réprimander les personnes qui enseignent et pratiquent telle doctrine, il les faut louer et leur en savoir gré, comme chose fort utile à notre salut[10]. »

Cette attestation ne devait pas être suffisante pour innocenter l'administrateur de l'Hôtel-Dieu de Montdidier et les deux curés de Roye. L'année suivante, le 15 septembre 1630, une lettre de Louis XIII au cardinal de la Rochefoucauld demandait que les trois prêtres fussent remis entre les mains de S. Vincent de Paul. Voici, en son entier, cette lettre inédite[11] :

Mon Cousin,

Après avoir faict mon possible pour arrester le cours des faulses doctrines qu'aucuns dévoyés alloient semant parmi mes subjets tant par la punition des autheurs d'icelles que par les autres voyes qui se practiquent au faict de la relligion désirant qu'il soyt continué à la recherche de ceux qui en sont infectés pour y apporter les remèdes necessaires, j'ai cru que selon votre zèle accoutumé vous travailleriez volontiers à la cognoissance du faict des nommés Me Claude Bucquet, curé de l'Église de saint Pierre en la ville de Roye, Anthoine Bucquet M^{a} et administrateur de l'Hôtel-Dieu de Montdidiex et de Me Pierre Guérin, curé de sainct Georges au faux bourg de la dite ville de Roye, accusés d'avoir semé pareilles faulses doctrines, mesme d'aucunes assemblées et conventicules illicites ce pour donnés en garde au nommé Vincent, principal du collège des bons Enfants de ma bonne ville de Paris, ce qu'affectionnant très particulièrement, je m'en reposeray volontiers sur le soin que vous y prendrez a ce que si vous jugez qua fin les dits accusés ne se trouvent suffisamment chargés et qu'il fut plus utile de les renvoyer à l'exercice de leur charge, vous les faciez eslargir et renvoyer par le Sr de Lauzon, commissaire par moy député en cette partye, auquel j'en escrit pareillement pour en conférer avec vous, à la charge toutefois que lesdits accusés seront tenus se représenter toutes fois et quantes qu'il sera ordonné.

C'est le subject de la présente que je finis priant Dieu qu'il vous aye, mon cousin, en sa ste garde.

Escrit à Lyon, le XVe jour de septembre 1630.

LOUIS DE LOMÉNIE.

Cette lettre nous amène à conclure, ce qui n'est pas dans les affirmations ni dans les perspectives de Corblet, qu'Antoine Buquet, de Montdidier, fut, lui aussi, associé au sort de son frère et de Pierre Guérin. D'autre part, si l'on écarte l'hypothèse peu vraisemblable d'une opération de police entre 1627 et 1634, il faut admettre que la relaxation des inculpés n'eut lieu que trois ans après leur incarcération.

Nous ignorons à quelle date exactement les accusés furent renvoyés dans leur province. Vincent de Paul semble en avoir conservé un bon souvenir. Écrivant le 29 septembre 1636 à M. Robert de Sergis, en mission à Roye, il disait : « M. le Curé de la ville est celui que nous avons vu aux Bons-Enfants* » (*SV*, I, 354).

C'est à la même époque (1630), que les institutrices de Roye envoyèrent, elles aussi, un mémoire justificatif à la Sorbonne par l'intermédiaire d'Élisabeth Le Pot et de Marie Samier. L'écrit fut approuvé par dix-sept docteurs qui déclarèrent unanimement n'avoir « rien trouvé dans l'exposé qui ne soit bon, utile, digne d'être reçu, approuvé et autorisé par les pasteurs et magistrats du lieu où résident les Filles y mentionnées[12] » (26 novembre 1630).

* Vincent de Paul semble le recommander au jeune missionnaire, qui se trouve à Roye avec les gens du chancelier Séguier. Un frère inspecteur de la congrégation, Éloi Le Bœuf, né à Roye, était entré dans la compagnie le 24 septembre 1641. Il mourut aux environs du 18 mars 1642 (voir *SV*, XI, 135).

Deuxième opération policière (1632-1635).

Le groupe de Roye et de Montdidier ne fut pas inquiété pendant quelque temps. Quant aux deux capucins, Rodolphe de Paris et Laurent de Troyes — ce dernier avait su se concilier la protection de Saint-Cyran —, ils furent emprisonnés dès 1630*.

Cependant le Père Joseph ayant fait *connoître l'importance de cette hérésie* [des Illuminés] *à M. le Cardinal et combien le danger étoit proche*, le 30 mai 1632, un arrêt du Conseil ordonna que *les suspects d'illuminisme soient recherchés et déférés à l'évêque d'Amiens et à l'évêque de Noyon*[13]. De plus, « M. de Marillac, garde des Sceaux, [chargea] M. de Lanson, conseiller d'État et quelques officiers de Picardie de mener une procédure [...] sur de nouvelles hérésies d'illuminations ténébreuses ». Mais, le 1er juin 1632, Marillac écrivit à Richelieu que les « évêques diocésains déclarent que c'est à eux et non à M. de Lanson à instruire l'affaire des illuminés[14] ». La cause fut donc momentanément arrêtée.

C'est en fin d'année 1632 qu'il faut placer la publi-

* Comme, d'après LANCELOT (*Mémoires touchant la vie de Monsieur de S. Cyran*, Cologne, 1738, t. I, p. 116, 222), ils sortirent de prison en 1642, après douze ans d'arrestation, ils furent donc saisis en 1630. Bremond qui veut expliquer que l'*Abomination* de Ripaut fut l'épouvantail et que la campagne du Père Joseph frappa en même temps les capucins, alors à Paris, et les prêtres de Roye et Montdidier, recule l'incarcération jusqu'en 1632. Ses raisons ne semblent pas décisives.

cation de l'*Abomination des abominations* du Père Archange Ripaut, que Bremond accuse d'avoir jeté la panique dans les esprits[15]. Il est vrai que le gardien des capucins de la rue Saint-Jacques n'y va pas de main morte. Il reproche aux illuminés d'exclure tout acte, non seulement d'entendement, mais encore de volonté, de voir Dieu clairement dans leurs extases. Ignorants en spiritualité comme en doctrine scolastique, ils parlent d'une cessation d'activité, alors que les docteurs ne parlent que d'une cessation d'action. Ils se servent bien à tort de Tauler, car celui-ci ne nie pas l'acte de connaissance et de dilection[16].

En 1634, au mois de juillet, l'action qui avait été intentée en mai 1632 arriva à prendre corps. André Du Saussay, curé de Saint-Leu-et-Saint-Gilles de Paris, est appelé à la Cour. Les évêques d'Amiens et de Noyon lui fournissent une commission[17]. Un des premiers résultats de cette mise en branle fut l'emprisonnement à Roye, puis ensuite dans les geôles de l'officialité d'Amiens, de Pierre Guérin, des deux frères Buquet et de leur « sybille », Madeleine de Flers[18].

Le tribunal qui fut constitué à Amiens était composé par Jacques Charton, chanoine et pénitencier de l'Église de Paris, Isaac Habert, chanoine théologal de ladite Église, Jacques Lescot, professeur royal en Sorbonne, Eustache de Saint-Paul, docteur en théologie de la faculté de Paris ; André Du Saussay, parti de Paris le 24 juillet 1634, rédigea un monitoire qui fut approuvé le 21 août par l'évêque d'Amiens et publié le 25[19]. Les enquêtes, poursuivies pendant deux mois, ne semblent pas avoir amené beaucoup d'arrestations *.

En octobre, les habitants de Saint-Pierre et de Saint-Georges de Roye se réunirent dans leur paroisse respective et rédigèrent une pétition à l'évêque d'Amiens pour demander que Claude Buquet et Pierre Guérin fussent révoqués de leurs fonctions ; cent trente habitants du quartier Saint-Pierre et soixante-trois du faubourg Saint-Georges signèrent cette supplique. Les accusés furent embastillés[20].

Du Saussay revint alors à Paris, *pource que plusieurs adhérents desdits prisonniers y étaient demeurant*. En vertu de la commission de l'archevêque de Paris, donnée le 22 janvier 1635, il procéda

> *contre iceux, particulièrement contre M. Buquet, prêtre demeurant au Collège du Cardinal Lemoyne, qui avait entre ses mains et tenait à couvert la plupart des papiers et des livres desdits prisonniers auteurs de ladite doctrine que lesdits suppliants auraient fait saisir et d'iceux fait l'inventaire pour en tirer l'éclaircissement nécessaire à la vérification dudit crime comme appert par les procès-verbaux de la descente et visite faite par lui audit collège [...] en janvier 1635*[21].

* Du Saussay indique des enquêtes à Roye, Montdidier, Noyon, Corbie, Péronne.

Les preuves ne devaient pas être très concluantes, car les accusés furent relâchés au cours de l'année 1635[22]. Quoi qu'il en soit, Du Saussay rendit compte au Père Joseph et à Richelieu, en février 1635, du résultat de sa mission et il reçut l'ordre de continuer ses recherches. Le même mois et avec la même escorte, il repartit en Picardie et sa remontrance nous dit qu'il fit mettre en accusation un oratorien, le Père Bonnin, Jacques Vallée, surnommé l'ermite d'Arras, Charlotte de Lancy, Marie Choquel et plusieurs autres. Des lettres royales, datées du 24 mars, lui manifestèrent la satisfaction des autorités.

Dispersion.

Survint la guerre et l'invasion de la Picardie. Le 17 avril 1635, Du Saussay ordonna que les prisonniers fussent amenés à Paris pour y être jugés et que les autres accusés seraient élargis à *leur caution juratoire*, mais *seraient tenus à se présenter dans la quinzaine autrement seraient amenés à cette fin*[23]. Le 6 août, les impériaux entrèrent à Roye ; le 7, Claude Buquet était tué par les Espagnols. Son frère Antoine était déjà mort de la peste à l'Hôtel-Dieu de Montdidier l'année précédente. Quant à Pierre Guérin, il donna sa démission de la cure de Roye en cette année 1636. Il accompagna les « sœurs » de Roye à Paris et assura la direction des Filles de la Croix de Saint-Gervais. S'il fut prêtre habitué de cette paroisse où il fit le catéchisme[24], il fut, très probablement dans la suite, prêtre habitué de Saint-Leu-et-Saint-Gilles, où Du Saussay était curé. Dans ce cas, il serait l'auteur des *Considérations touchant la pénitence*, publiées en 1645*. Hélyot nous assure que le commandeur de Sillery, ami de S. Vincent de Paul, lui aurait fait obtenir un bénéfice[25]. Il mourut vraisemblablement le 10 juin 1654**.

Cette « suite » chronologique aura, pensons-nous, montré la complexité et l'obscurité du problème que les illuminés posent à l'historien des idées religieuses au XVIIe siècle. Sans prétendre le résoudre, nous allons nous contenter de pousser un peu plus loin notre enquête, en essayant de recenser les illuminés et de dégager la signification de l'illuminisme en ce siècle.

* Les *Considérations touchant la pénitence*, Paris, 1645, ont pour auteur l'abbé Pierre GUÉRIN, prêtre habitué à Saint-Leu-Saint-Gilles (B. N. D. 36. 980). « Ils se distribuent chez l'auteur, rue aux Ours, chez un tapissier. » L'approbation et permission est de M. l'official et vicaire général, A. Du Saussay, 7 avril 1645.

** C'est ce que portent à croire le silence des lettres et la nomination d'un successeur comme directeur des Filles de la Croix.

EXTENSION ET SIGNIFICATION DE L'ILLUMINISME

Recensement.

Les indications précédentes nous amènent à reconnaître trois catégories d'illuminés.

Premièrement, le groupe des « guérinets », c'est-à-dire Pierre Guérin, Claude et Antoine Buquet. Il faut leur adjoindre Madeleine de Flers, qui fut embastillée avec eux en 1634 et quelques épigones que nous avons signalés comme accusés[26].

Deuxièmement, le groupe capucin, Rodolphe de Paris et Laurent de Troyes. Il faut, d'après Lepré-Balain, leur fournir une escorte de capucins qui ne quittèrent point l'habit, ni le cloître.

Derrière ces deux groupes, nous devons — à tort, semble-t-il, pour un recensement rigoureux, mais en toute sincérité pour un recensement populaire —, grouper la foule des illuminés éphémères, illuminés de saison, tour à tour fidèles et accusateurs, sujets originaux ou distraits, ignorants impressionnables et crédules inconfusibles. En ce siècle, si extraordinairement avide de sorcelleries, de diableries, d'apparitions baroques, en un mot, du préternaturel trop facile qui pourrait dispenser du surnaturel, les commis voyageurs pouvaient colporter des doctrines et obtenir des adhésions aussi rapides qu'éphémères.

Peu importe que les illuminés aient atteint ou non

le chiffre effrayant de soixante mille. Ce que nous savons d'eux invite à ne pas les ranger en bataillons serrés. Pas de chefs, aucun prophète d'envergure, nulle organisation, pas de formule de vie ou de *credo* nettement défini. Tendance plus que mouvement, tendance diffuse qui cherche à se draper de religiosité.

Rien d'étonnant qu'alertés par l'exemple espagnol, le Père Joseph et Richelieu aient jugé la situation sérieuse et procédé avec une sévérité martiale. Rien d'étonnant non plus que ces troupes inconsistantes aient été rapidement dispersées et, littéralement, se soient évanouies.

La « doctrine ».

Si le dénominateur commun de ces trois groupes, que, de confiance, nous avons baptisés « illuminés », est assez faible, peut-on attribuer une doctrine plus consistante aux capucins et aux guérinets ?

Fort peu renseignés sur les agissements des deux capucins qui furent embastillés dès 1650, nous sommes assez ignorants de leurs idées — à moins qu'on veuille les gratifier de toute la doctrine de l'*Abomination* de Ripaut —, et nous ne pouvons imaginer avec quelque chance de vérité le thème de leurs prédications clandestines à Chartres, Reims et Montdidier.

Le groupe des guérinets a-t-il professé certaines erreurs ? Peut-on les lui attribuer sans crainte de se tromper ?

Les renseignements sur leur doctrine nous viennent de trois sources différentes.

D'abord, l'œuvre écrite de Pierre Guérin : *La Saincte Œconomie de la famille de Jesus*, Paris, 1633 ; *Le dévot consultant ou Adresse familière pour retirer profit des conférences spirituelles*, Paris, 1641 ; *Considérations ou élévations touchant les sacrements de pénitence et d'eucharistie*, Paris, 1645[27]. Cette œuvre est parfaitement orthodoxe, à témoin les approbations des docteurs et l'absence de controverse sur leur contenu. On notera seulement que la Saincte Œconomie utilise, judicieusement d'ailleurs, la *Règle de perfection* du capucin Benoît de Canfeld.

Ensuite les accusations que les témoins à charge portent au procès de 1634[28]. Elles ne concernent pas surtout le point de vue doctrinal : on incrimine principalement certaines conduites, en particulier celle de Madeleine de Flers, qui fut pour le moins bizarre*.

Enfin, les accusations officielles nous fournissent des renseignements plus précis. Si l'on écarte comme trop générales les données du monitoire qui dénonce les conventicules, la déification, la passivité, le rejet des austérités, etc., nous avons des pièces solides et des griefs bien articulés dans l'acte d'accusation intitulé « Extraits des informations contre eux faites et de leurs lettres missives, chiffres et papiers écrits de leurs mains et par eux reconnus par devant le sieur Du Saussay ».

* Bremond, qui confesse bien cette cliente, la considère comme un peu détraquée.

On attaque surtout la pratique de foi suréminente, jusqu'ici inusitée et qui mène rapidement à la perfection (n°s 1-3). Elle fait demeurer passif et trois mois sans penser ; il faut vider son esprit, ne pas regarder le crucifix, l'hostie (n° 20), comme aussi se soustraire aux investigations des confesseurs, ne pas craindre de leur dire autre chose et même de leur mentir en toute conscience (n°s 21-22).

On note que *tous ces points sont déniés par leurs accusés en leurs interrogatoires où ils font profession expresse de ne tenir aucune croyance que celle de l'Église catholique, apostolique et romaine ; mais une fille nommée Damoiselle Marie Desgrées qui a été de leurs intimes, a déposé que leur propre secret est de feindre et de déguiser leur foi et leur doctrine. Et en effet, les informations susdites, missives et autres papiers par eux reconnus, les chargent soit en commun soit en particulier, des dits articles*[29].

Il semble difficile d'admettre que les inculpés aient mené le double jeu ; il serait peu prudent aussi de prendre à la lettre toutes les accusations extraites de leurs missives et hors de leur contexte. Doit-on les défendre de tout reproche, de toute imprudence ? Ce n'est guère possible.

L'intervention de S. Vincent de Paul ne peut leur donner automatiquement un brevet d'orthodoxie, car il faut se rappeler qu'à une certaine date (1639), le saint défendit Jean Duvergier de Hauranne, alors qu'il désapprouvait sa doctrine et sa conduite. Il est très facile de penser qu'en présentant leurs mystiques :

Tauler, Harphius, Ruysbroeck et surtout Benoît de Canfeld, les guérinets ont été quelque peu imprudents et ont donné prise à des critiques que leurs ennemis ont immédiatement amplifiées et orchestrées. Tel est le seul reproche qui, à l'épreuve, garde toute sa solidité et peut expliquer la fortune et l'infortune du groupe de Roye et Montdidier.

Au terme de cette enquête nous pouvons tirer les conclusions suivantes :

Les illuminés : guérinets, capucins et adeptes de moindre importance, nous permettent de saisir l'ambiance populaire et un peu tourmentée de cette première moitié du XVIIe siècle. Si elles n'avaient été arrêtées à temps, ces crises locales de fièvre auraient pu se répandre dangereusement. Elles constituent un prélude psychologique plus que doctrinal au quiétisme guyonien.

Ce qui, chez nos illuminés, peut paraître hétérodoxe et fut effectivement imprudent, c'est moins, semble-t-il, une doctrine d'importation espagnole, que certaines simplifications déformantes de la doctrine de Benoît de Canfeld, Harphius, Ruysbroeck, Tauler. Si les contemporains ont pu être influencés par la lecture de l'édit de Séville, en 1624, ceux des lustres suivants devaient normalement reconstituer le passé en fonction de la crise quiétiste qu'ils avaient sous les yeux. La réalité avait été plus humble, mais, tout de même, fort complexe.

Cette complexité confuse explique, autant qu'un impérieux besoin d'ordre, les réactions nerveuses de

Richelieu et du Père Joseph, qui usèrent avec les illuminés, comme avec les grands, de la manière forte. L'attitude des spirituels, tout en étant d'un autre style, n'est pas moins, par sa défiance, significative. De François de Sales à Vincent de Paul en passant par le Père Joseph, on perçoit un raidissement, on distingue une ligne de résistance à cette invasion des mystiques du Nord, qui effrayaient les juges de Roye et de Montdidier, et qui avaient déjà déterminé une crise de ferveur outrancière chez les capucins de Belgique[30].

Or, à trois siècles de distance, cette opposition des spirituels, ces colères de Richelieu et du Père Joseph, nous apparaissent comme des défenses maladroites, sans doute, mais finalement heureuses, pour sauvegarder le génie propre de la spiritualité française. Ce ne sera que lentement, par osmose, que la grande masse des spirituels français profitera de l'apport des mystiques étrangères. Elle prendra son temps et, à la manière des sujets bien vivants, elle réglera ses acquisitions sur les exigences de ses poussées printanières.

Notes

1. G. HERMANT, *Histoire des hérésies*, Rouen, 1712, t. II, p. 199-204. — MORÉRI, *Le Grand Dictionnaire historique*, éd. 1718, t. III, col. 101 ; éd. 1759, t. VI, p. 313.

2. Voir spécialement G. FAGNIEZ, *Le Père Joseph et Richelieu*, Paris, 1894, t. II, p. 59-66. — GODEFROY DE PARIS, cap., « Le P. Archange Ripaut et les capucins dans l'affaire des illuminés français », *Études franciscaines*, 1934, p. 541-558 ; 1935, p. 346-356, 601-615.

3. A. DE SALINIS, *Madame de Villeneuve, née Marie L'Huillier d'Interville, fondatrice et institutrice de la Société de la Croix (1597-1650)*, Paris, 1918. — L. P. MARZIN, *Marie L'Huillier de Villeneuve*, s. l, n. d. (1948), p. 119-125. — J. CORBLET, « Les Origines royennes de l'Institut des Filles de la Croix », *Art chrétien*, octobre 1868, et tiré à part, Paris, 1869.

4. H. BREMOND, *Histoire littéraire du sentiment religieux en France*, Paris, t. XI, 1933, p. 111 ; cette étude de Bremond avait été publiée précédemment dans la *Vie Intellectuelle*, 1930, octobre, p. 8-21 ; 1931, février, p. 304-326.

5. H. BREMOND, p. 61-70.

6. FILZE, « Mémoires de Richelieu », B. N. I, 286, cité par FAGNIEZ, t. II, p. 60, n. 1.

7. *Abomination des abominations*, Préface.

8. LEPRÉ-BALAIN, « La Vie du Révérend Père Joseph de Paris », f° 460, bibliothèque de la Province française des capucins de Paris, ms. n° 22.

9. CORBLET, p. 10.

10. *Ibid.*, p. 15.

11. Nous la reproduisons avec son orthographe et aussi ses obscurités. Nous devons la connaissance de cette précieuse lettre à l'amicale bienveillance de M. J. Guichard, MC (bibliothèque Sainte-Geneviève, ms. 366, f°s 393-394). Saint Vincent avait été nommé principal du collège des Bons-Enfants le 1er mars 1624.

12. CORBLET, p. 11 ; voir AN LL. 1671-1672 et L. 1055, n° 100.

13. LEPRÉ-BALAIN, f° 461.

14. Affaires étrangères, France, « Correspondance de Marillac et de Richelieu », ms. 53, f° 207, cité par GODEFROY DE PARIS, 1935, p. 605.

15. Les approbations sont du 6 et du 14 août 1632. Voir *Dictionnaire de spiritualité*, art. « Archange Ripaut », t. I, 839-841.

16. *Abomination des abominations*, p. 87, 88, 89, 99, 128-129.

17. Celle de l'évêque d'Amiens est datée du 29 juillet 1634. — Voir « Remontrance d'André Du Saussay », B. N. Manusc. Fonds franç. 17.296, f°s 12-19. André Du Saussay, 1595 (?)-1675, d'abord curé de Saint-Leu-Saint-Gilles, puis official et grand vicaire de l'archevêque de Paris. Auteur de nombreux ouvrages et en particulier d'un *Martyrologe* gallican. Nommé évêque de Toul par le roi en 1649, il ne reçut ses bulles que d'Alexandre VII (17 novembre 1655). Il installa les prêtres de la Mission à Toul (1657), érigea un séminaire (1673). Il mourut le 9 septembre 1675. Voir *Gallia christiana*, t. XIII, 1055-1056.

18. DAIRE, « Histoire du doyenné de Rouvroy », cité par CORBLET, p. 16. La « Remontrance » de Du Saussay laisse entendre que le groupe était prisonnier avant la délivrance de la commission.

19. B. N. Manusc. Fonds fr. 2760, f°s 391-394.

20. CORBLET, p. 16, 17.

21. « Remontrance » de Du Saussay, f° 17.

22. CORBLET, p. 17. On ne s'explique pas pourquoi le Père DE SALINIS place l'intervention de S. Vincent de Paul à cette date (*Madame de Villeneuve...*, p. 292).

23. « Remontrance » de Du Saussay, f° 18.

24. Lettre 30, citée par CORBLET, p. 21.

25. H. HÉLYOT, *Histoire des ordres religieux*, éd. Migne, Paris, 1860, t. I, 1174.

26. « Remontrance » de Du Saussay, f° 19.

27. B. N. D. 36.984, 36.982, 36.980 ; le premier se trouve aussi à la bibliothèque municipale d'Amiens, Th. 5405, de Troyes, etc.

28. Bibliothèque de Chartres, ms. 609, f° 133.

29. Bibliothèque de Chartres, *ibid.* Il est à remarquer que Vittorio Siri eut sous les yeux le texte des informations et des accu-

sations portées contre les guérinets. Le texte reproduit par P. POURRAT (art. « Quiétisme », dans *DTC*, t. XIII, col. 1559), d'après le manuscrit de Saint-Sulpice, est une copie *ad litteram*, avec quelques menues variantes, du texte de la bibliothèque de Chartres que nous utilisons.

30. Voir P. HILDEBRAND, « Les Premiers Capucins belges et la Mystique », *Revue d'ascétique et de mystique*, t. XIX, 1938, p. 245-294.

6

ESPRIT DE MONSIEUR VINCENT, ESPRIT DE LA MISSION

Les textes conciliaires (*Perfectae caritatis*, II, 2) et le *motu proprio* du 6 août 1966 invitent toutes les familles religieuses à déterminer exactement le caractère propre de leur institution, l'esprit propre de leurs origines*. Cette requête est formulée en vue d'assurer le but principal et premier du travail conciliaire et postconciliaire : la rénovation spirituelle.

Or la connaissance précise et assurée de la congrégation de la Mission telle qu'elle existe aujourd'hui réclame l'examen de quatre réalités majeures : l'esprit ; la spiritualité ; la tradition ; les moyens mis

* Destinée à la commission doctrinale préparant l'assemblée générale de la congrégation de la Mission (22 août-5 octobre 1968), cette étude fut approuvée à l'unanimité des membres de la commission.

en œuvre pour promouvoir l'esprit et la spiritualité, c'est-à-dire pour rendre la tradition vivante et créatrice.

Nous ne traiterons ici que de l'esprit.

L'esprit d'une communauté religieuse ne peut être caractérisé que par référence à trois réalités à partir desquelles il opère une synthèse et parfois une réalité spirituelle, psychologique et juridique originale.

L'esprit du fondateur, d'abord. Le fondateur est celui qui, à un moment de l'histoire de l'Église, parvient à réunir un certain nombre d'ouvriers de bonne volonté. C'est pour eux qu'il traduit l'Évangile et le rend actuel, c'est à eux qu'il transmet l'appel du Christ d'une manière telle qu'il devient séduisant ; c'est par lui que le Christ devient un contemporain avec qui chacun des membres de la communauté se rencontre comme avec le Dieu vivant.

Théologiquement, la vie et l'esprit du fondateur sont des signes de Dieu, des moyens privilégiés utilisés par l'Esprit Saint qui poursuit inlassablement son œuvre de sanctification et d'union au Père.

L'esprit de l'Évangile ensuite, c'est-à-dire la quintessence évangélique à partir de laquelle le fondateur s'est évertué à organiser la vie religieuse personnelle et communautaire.

L'esprit de la communauté enfin, qui est à la fois un idéal collectif et une réalité visible, captant cet esprit et lui donnant une expression concrète.

À partir de ces précisions, il nous sera plus facile de discerner et de caractériser le double aspect d'une tradition religieuse qui se perpétue : l'aspect tentation et l'aspect inspiration.

L'ESPRIT DE M. VINCENT

Toute communauté religieuse en réfère et en appelle pour se conserver et se justifier à l'esprit de son fondateur. C'est de lui qu'elle a reçu sa physionomie et elle s'efforce même de n'être que le prolongement de sa carrière et le reflet de son existence sainte. L'institution dans sa complexité, législative, exécutive, judiciaire n'a d'autre but que de faire vivre l'esprit de l'instituteur.

Il nous faut donc essayer de caractériser la vocation surnaturelle de M. Vincent, de le situer dans la tradition spirituelle de l'Occident et très religieusement dans la vie du corps mystique du Christ. Il serait opportun de percer ici le secret de cette existence, de percevoir le dynamisme extraordinaire de cette vie qui explique seul la naissance et la permanence des congrégations fondées, rend compte de l'influence multiforme que Vincent de Paul depuis trois siècles exerce dans les nombreuses congrégations religieuses ou dans les organisations apostoliques et charitables qui se réfèrent au fondateur de la Mission et se réclament de son esprit : Religieux de S. Vincent de Paul, Fils de la Charité, Conférences de S. Vincent de Paul, Secours catholique, etc.[1]*.

Trois notes peuvent nous servir à caractériser sommairement mais sûrement son esprit religieux.

La première de ces notes définit la relation entre Dieu et les hommes, elle indique le clivage entre le visible et l'invisible, la nature et la grâce. Elle déclare le néant de la créature devant Dieu. Dieu seul existe véritablement et pleinement, lui seul crée et agit validement. Il est donc nécessaire de laisser place à Dieu pour qu'à travers l'humanité il révèle son existence et poursuive son action. Le sens de la mortification, de l'abnégation, de l'humilité, c'est la révélation d'un Dieu d'amour, sans cesse préoccupé de l'humanité déchue et poursuivant inlassablement l'œuvre de la Rédemption. Cette vision de Dieu explique et justifie l'opposition à la nature pécheresse et tricheuse, elle éclaire, assainit, tonifie, ce que nous pouvons appeler l'obsession de l'humilité.

La deuxième note caractérise l'anthropologie de M. Vincent.

À maintes reprises, Vincent insiste sur la nécessité du travail, sur le caractère vérificateur et probant de l'action. C'est que seuls le travail et l'action font accéder à la vie véritable, à celle qui tout à la fois réalise l'image de Dieu et le plan de Dieu dans l'homme.

L'homme a été créé à l'image de la sainte Trinité ; Dieu, la Trinité tout entière poursuit dans le temps

* La note de ce chapitre est p. 181.

l'œuvre de la création. La conservation de l'univers est une création continue (voir *SV*, IX, 489-490). La vocation missionnaire tout comme celle des Filles de la Charité est une continuation de la mission de Jésus et cette mission est révélation de l'amour agissant de Dieu (voir *SV*, IX, 492 ; *E*, 525).

À quels critères pourra-t-on reconnaître que la mission de Jésus est continuée ? À trois conditions qui signeront pour ainsi dire l'authenticité de cet amour de Dieu cheminant à travers l'humanité.

D'abord lorsque l'amour sera à la fois effectif et affectif. La charité ne peut être oisive, elle est besogneuse, opérante, elle enflamme et brûle le sujet (*SV*, X, 563 ; *E*, 572, 728).

Les bonnes intentions, les grands sentiments ne sont que des fumées (*E*, 683-684). Cette union de l'amour effectif à l'amour affectif est le signe de la vérité et de la fidélité à tout le réel.

Ensuite si l'amour est gratuit. Ce qualificatif rappelle d'abord la prétention de Vincent et des missionnaires : « n'être à charge à personne » (*SV*, IX, 492-493). Mais ce désintéressement pécuniaire n'est que l'annonce d'une volonté de purification plus profonde et une invitation à la culture d'une vertu particulièrement révélatrice de la grâce gratuite : la reconnaissance (voir Abelly, III, 260-270). La gratuité est le signe d'une grâce très pure et la preuve d'un engagement inconditionné au service de Dieu.

Enfin, l'amour est conformité et communion à la volonté de Dieu. Et Vincent rappelle que la nécessité et les événements sont les signes les plus indiscutables de la volonté divine. « Chacun pense dans le monde que cette Compagnie est de Dieu parce qu'on voit qu'elle accourt aux besoins les plus pressants et plus délaissés » (*E*, 506-507).

La troisième note détermine la nature des relations qui unissent au prochain.

La charité n'est pas un survêtement, une attitude extérieure. Elle est développement, purification, exhaussement d'une disposition foncière de la nature. La grâce accomplit dans le corps mystique du Christ l'unité foncière postulée par la nature. À la lumière de ce principe les exhortations assez originales de M. Vincent concernant l'esprit de miséricorde et de compassion, la nécessité de se considérer responsables les uns des autres, retrouvent leur sens véritable, leur densité originelle et leur spirituelle originalité.

L'ESPRIT ÉVANGÉLIQUE DANS SON ESSENCE, SELON M. VINCENT

Bien que le mot « spiritualité » ait été employé au XVIIe siècle, M. Vincent ne l'a pas utilisé. Il a préféré se servir du mot « esprit » qui désigne une réalité plus dynamique et plus totalisante. Lorsque M. Vincent a employé le mot « esprit » pour parler de la congrégation de la Mission, il s'est référé à trois réalités interdépendantes : l'Esprit de Dieu, l'esprit de Jésus, l'esprit de l'Évangile.

L'Esprit de Dieu, ou l'Esprit Saint habite l'âme des justes. M. Vincent est surtout attentif au fait que cet Esprit donne aux baptisés les mêmes inclinations et dispositions que Jésus avait sur terre. (Entretien du 13 décembre 1658, *E*, 534-535.)

L'esprit de Jésus, c'est-à-dire les dispositions du Verbe incarné à l'égard de son Père et des hommes. Elles peuvent être rapidement désignées, ce sont « la religion à l'égard du Père, la charité à l'égard du prochain » (voir *SV*, VI, 393). Toutefois M. Vincent nous donne une description plus approfondie et plus inspirante dans la conférence du 13 décembre 1658 (*E*, 525). L'esprit de Jésus, c'est l'estime, l'amour à l'égard du Père, estime et amour qui invitent à s'anéantir particulièrement dans la Passion, le travail, les souffrances, etc. C'est ce même esprit qui anime et soutient le mépris du monde, de ses biens, de ses plaisirs, de ses honneurs.

Cette psychologie du Verbe incarné se réfère à S. Jean (Jn 7, 16 ; 8, 29 ; 15, 13), S. Jean lu à la lumière de S. Augustin. C'est de cet esprit qu'il faut se revêtir pour prêcher le peuple, servir les ecclésiastiques (*E*, 524). Cette nécessité du revêtement est un rappel des textes majeurs de la spiritualité baptismale de S. Paul (Ép 4, 24 ; Col 3, 10-12 ; Ga 3, 27).

L'esprit de l'Évangile. Vincent l'envisage comme le prolongement, l'expression concrète de l'esprit de Jésus, mais avec quelques nuances et selon une perspective très définie. Le Christ nous a instruits par ses enseignements et par ses actions. Or il faut remarquer que Vincent donne un sens extrêmement précis, et quelque peu scolaire au mot « enseignement ». L'ensemble évangélique contient quatre éléments : l'explication de l'Écriture ; l'institution du sacrifice et des sacrements ; la doctrine préceptive ; la doctrine directive.

Dans cette doctrine directive, M. Vincent déclare explicitement qu'il faut faire un choix (*E*, 530-540).

Quant à l'activité de Jésus, non seulement elle est première parce que le Christ a commencé à faire et ensuite à enseigner (voir *Règles* I), mais elle est principale parce que ses actions donnent l'interprétation de son enseignement. Jésus donne un corps et une physionomie à la doctrine, de sorte que la règle, ce n'est pas l'Évangile, mais la personne de Jésus. « Jésus-Christ est la règle de la Mission » (*E*, 547). Cette fixation du regard sur la personne et la vie de Jésus amène Vincent à interpréter et extraire une « règle » des silences, des omissions, du non-faire, des inactions de Jésus. Les actions et inactions du Christ sont autant de vertus (*E*, 491).

L'ESPRIT DANS SA RÉALISATION HISTORIQUE

Ce que nous appelons l'esprit d'une communauté est une réalité psychologique complexe qui désigne à la fois l'idéal poursuivi par les membres de cette congrégation et une certaine réalisation de cet idéal. C'est un projet et un fait, une tension vers ce qui n'est pas encore possédé et une expression de ce qui est acquis et qui a déjà transformé les sujets.

Il est juste de remarquer que M. Vincent avait de très bonne heure reconnu que l'esprit était à la fois le principe de cohésion, le lien d'unité entre les individus et aussi le ressort de l'évolution et du progrès. Il écrivait en 1634 : « un ordre réclame même fin, mêmes moyens et même esprit » (*SV*, I, 224 ; 17 janvier 1634).

ESPRIT « IDÉAL »

L'esprit en tant qu'idéal contient trois éléments fondamentaux :

C'est d'abord, une perspective surnaturelle, une vue de foi. M. Vincent contemple et nous demande de regarder d'une manière privilégiée le Christ souffrant, calomnié, assumant au maximum la condition du pauvre (*E*, 695, 703 ; *SV*, VIII, 205 ; X, 4).

Ce Christ pauvre, représenté par les pauvres, s'adressant de préférence aux pauvres et se déclarant leur évangéliste réalise l'espérance des pauvres (*E*, 885, 96).

L'union au Christ, partant l'union à Dieu, s'effectuera par une communion : communion de charité par la compassion, la miséricorde, le don du cœur, l'amour effectif, communion à la volonté de Dieu selon la doctrine et les directives de Benoît de Canfeld et de l'école abstraite.

C'est ensuite une prudence, une manière d'orienter sa vie et de diriger son activité. Elle est caractérisée par une profession de s'appuyer sur les vérités de foi, sur la Toute-Puissance de Dieu et un refus d'utiliser les moyens humains qui ne tendent pas directement à Dieu (*SV*, II, 191 ; III, 188-189 ; IV, 495-496.)

C'est enfin la culture préférentielle de cinq vertus qui sont comme les facultés de l'âme de la petite Congrégation : humilité, simplicité, douceur, mortification, zèle (*E*, 718-731).

ESPRIT « RÉALISATION »

Mais cet esprit idéal s'incarne, pourrait-on dire, dans une réalité concrète : la communauté missionnaire animée par l'esprit de Jésus, l'esprit de S. Vincent. Cette réalité est pour ainsi dire la forme, l'expression extérieure et visible de l'esprit.

Il est bien évident que cette réalisation temporelle ne peut, à cause de sa nature même, être considérée comme une « chose » possédée, comme un objet que l'on protège, comme un bien dont la communauté serait « propriétaire ». Cette « réalisation » n'a de sens que dans l'achèvement qu'elle promet ; elle n'a de valeur que dans le perfectionnement qu'elle prépare.

Après trois siècles d'existence il est assez facile de reconnaître que trois faits ont puissamment contribué à graver extérieurement certains traits de la physionomie et de l'esprit de la Mission.

Le régime de gouvernement a transformé l'association ministérielle initiale en « religion » empruntant des usages monastiques inégalement harmonisés avec la vie missionnaire et plus inégalement encore pratiqués et acceptés.

La structure gouvernementale très fortement marquée par le généralat à vie, et la possibilité laissée au supérieur général d'exclure à tout moment un sujet pour des motifs dont il reste seul juge ont relégué au second plan et affaibli jusqu'aux dernières limites le pouvoir législatif et le pouvoir judiciaire.

La variété des *fonctions* et des *œuvres* (prédication aux pauvres gens des champs, enseignement dans les grands séminaires, œuvres à l'égard du clergé) a d'une certaine manière « contraint » le type « lazariste » à une moyenne destinée à le rendre polyvalent ou tout au moins apte à toutes les adaptations. Ces perspectives se sont pratiquement traduites par des consignes de formation qui devaient normalement empêcher les sujets de répondre aux exigences d'un monde diversifié et d'un apostolat spécialisé.

L'insistance sur l'*uniformité*, non seulement dans la « vie régulière », c'est-à-dire dans l'habillement, la nourriture, mais encore dans la vie apostolique, dans la manière de donner une prédication, de faire un cours a invité à une certaine « médiocrité » inégalement appréciée par les bénéficiaires. Grande et constante fut la tentation de réduire les sujets à des mécanismes « standard » sans originalité et sans âme.

Nul doute que ces faits n'aient donné à la compagnie un caractère quelque peu « absolutiste ». Ils ont permis à la communauté de surmonter certaines crises et d'éviter quelques dangers ; ils ne lui ont guère facilité sa progressive adaptation aux besoins du monde.

LA TRADITION COMME TENTATION ET COMME INSPIRATION

Pour mieux comprendre l'esprit de la communauté et son expression complexe : idéal et réalité, il est indispensable de rappeler ici que toute tradition est à la fois une tentation permanente et une inspiration constante. Pour défendre et conserver ce qu'elle possède, elle a tendance à en faire quelque chose d'immuable. Elle canonise pour éterniser. Cette manière de consacrer par sclérose est obtenue au prix d'une double mutilation.

La première est la réduction de la vie humaine et

religieuse à quelques principes, voire à quelques formules abstraites. La multiplication des impératifs catégoriques négatifs est, à n'en pas douter, le signe d'un abaissement du niveau vital.

La seconde est la réduction d'une réalité complexe à quelques éléments simples et, à la limite, presque indifférenciés.

On peut estimer que l'opération est terminée lorsque l'esprit n'apparaît plus que comme un assemblage de principes coercitifs et en majeure partie négatifs, quand le dynamisme du groupe ne représente pas plus qu'un catalogue de vertus de même nature et d'égale valeur, quand le groupement n'est plus qu'une ordonnance de personnes équivalentes et interchangeables.

Pour que la tradition joue son rôle médiateur et moteur, il est indispensable de maintenir vivante et opérante sa double finalité : conserver en adaptant, s'adapter pour s'enrichir et se fortifier de son propre passé.

Une double condition apparaît nécessaire :

Si l'esprit et la « tradition » sont une vie, l'entretien de la vitalité dépendra non seulement d'une action incessante pour nourrir et stimuler cette vie, mais encore d'une ouverture sur un avenir prévu, désiré, amorcé, affectivement possédé.

Si l'esprit et la tradition sont une vie, leur croissance et leur enrichissement ne s'effectueront pas mécaniquement mais par une constante remise en lumière et en ordre, par le rappel à temps et à contretemps de la primauté de la fin, du caractère secondaire et subordonné des moyens. C'est à ce labeur quotidien et besogneux que Vincent de Paul députait une maîtresse et très active prudence.

Loin de juger tous les biens également désirables et de situer toutes les vertus sur le même plan, il répartissait très sagement les objectifs selon trois degrés d'importance. Il discernait ainsi plus facilement ce qui apparaissait convenable, ce qui s'avérait opportun, ce qui demeurait nécessaire.

Signalons ici simplement que cette table des valeurs ou cette hiérarchie présentait dans son esprit comme dans son action trois degrés.

Au sommet, au degré suprême, les vertus théologales, foi, confiance en Dieu, amour et union à la volonté de Dieu (*Règles*, II, § 1-2-3).

Au deuxième degré, immédiatement en dessous, la traduction de cette mystique des vertus théologales sur le plan moral dans le comportement le plus visible par les cinq vertus fondamentales.

Au troisième degré, les vertus ou dispositions mineures, ordinairement plus matérielles et plus minutieuses. Elles pouvaient être éclairées, rehaussées voire concrètement chargées d'intentions surnaturelles par une référence toute symbolique à un texte évangélique, à une attitude de Jésus et même à un silence des évangélistes. Ainsi, il ne faut pas plaider parce que… le Christ n'a plaidé qu'une fois et a perdu son procès (*SV*, III, 37 ; *E*, 539-540 ; 661-662). Ne pas aller aux banquets, cause de damnation du mauvais riche (*SV*, V, 344-348 ; 383, 388 ; VIII, 154), etc.

Le caractère très relatif de ces ordonnances peut être rapidement reconnu par la conduite très notoire de M. Vincent qui n'hésitait pas à plaider, à diriger des personnes pieuses et des religieuses oralement et par écrit, à sacrifier l'ordre du jour aux urgences de ses occupations ou de ses sorties.

Note

1. Voir A. Dodin, *Saint Vincent de Paul et la charité*, Paris, Éd. du Seuil, 1960, p. 94-103.

7

LES VŒUX DANS LA SPIRITUALITÉ VINCENTIENNE

Je ferai précéder ces quelques observations d'une indispensable introduction précisant d'abord une conviction, énumérant ensuite les questions posées, déterminant enfin les éléments de base dont nous disposons.

INTRODUCTION

Une conviction. — « Le plus difficile du monde, écrivait le philosophe Alain, est de dire en y pensant, ce que tout le monde dit sans y penser[1]*. » J'ajou-

* Les notes de ce chapitre sont p. 193-194.

terai que le plus périlleux est de dire ce que tout le monde n'ose penser et a peur d'exprimer.

Les questions posées. — Foncièrement, elles se ramènent à deux :

Quelle est la nature du lien unissant les membres de la congrégation entre eux ? N'est-ce qu'une promesse ? Si c'est un vœu, quelle est la nature de ce vœu ?

Quelle *forme* et quelle *force* les vœux donnent-ils à la vie spirituelle ?

Faut-il rappeler que ces deux questions se tiennent et touchent directement la réalisation de la préoccupation majeure et de Vatican II et de S. Vincent ?

Vatican II, car l'*aggiornamento* vise non seulement une rénovation extérieure, mais une vitalisation et une régénération de la vie religieuse. L'aménagement matériel de la vie religieuse n'a pour but que de présenter de meilleures conditions pour le développement de ce qui est l'essentiel : la vie religieuse.

Vincent de Paul : « Il faut la vie intérieure, il faut tendre là ; si on y manque, on manque à tout » (*E*, 548).

Les éléments de base. — Reconnaissons que nous en avons deux, mais qui sont de natures totalement différentes :

L'institution, c'est-à-dire l'organisation fonctionnelle s'exprimant par une structure juridique. Dans notre perspective, l'institution n'est qu'une carapace protectrice et matériellement régulatrice.

L'expérience religieuse de S. Vincent. — Cette expérience est d'un tout autre ordre : elle est de l'ordre de la charité, de la grâce, de la foi. À ce titre, elle est primordiale et transcendante.

Elle est primordiale, parce qu'elle est vitale et que rien ne remplace la vie. L'expérience religieuse de S. Vincent a été l'intermédiaire dont Dieu s'est servi pour donner à l'Église non seulement un supplément de vie, mais une vie nouvelle. Il a changé le visage de l'Église. L'occasion nous a été offerte de prendre conscience que nous étions, en fait, responsables aujourd'hui et demain de la permanence de cet influx spirituel et vivifiant.

De cette expérience spirituelle se réclament aujourd'hui : cinq cent mille membres de la Conférence de S. Vincent de Paul, cinq cent mille Dames de la Charité, quarante-huit mille Filles de la Charité, près de cent congrégations religieuses, masculines ou féminines. Ce million de personnes vivantes considère S. Vincent non seulement comme un patron protecteur, mais un être idéal qui, sans cesse, les inspire, les éclaire et, tout à la fois, les stimule et les condamne pour les inviter à se donner toujours plus et toujours mieux à Dieu et au prochain.

Cette expérience est transcendante, c'est-à-dire qu'elle dépasse l'éphémère, le visible, l'accidentel, la diversité des circonstances et du temps. Car, de même que le Christ est une image, un reflet, un relais du Père, le rendant visible et tangible, de même Vincent, dans son état et dans sa mission spirituelle est un relais, une médiation religieuse nous rendant le Christ et le Père plus proches, plus tangibles, et nous permettant de devenir les contemporains du Christ, des familiers de l'Évangile, des médiateurs de Dieu et du Christ.

Mais c'est aussi affirmer que nous ne connaissons utilement S. Vincent que dans la foi. De même que Pascal affirmait que nous ne connaissons Dieu qu'en Jésus-Christ, que sans Lui la connaissance de Dieu est inutile, que nous ne connaissons la vie, la mort qu'en Jésus-Christ, nous avons à instituer et cultiver, avec la grâce de Dieu, une connaissance religieuse et surnaturelle de S. Vincent. Rappelons-nous ce que S. Vincent lui-même pratiquait : « Rien ne me plaît qu'en Jésus-Christ », « Ne pas considérer les pauvres selon l'extérieur, mais selon le regard de la foi », etc.[2], et retenons son injonction : « Je vous prie de regarder ces choses-là comme elles sont en Dieu et non comme elles apparaissent hors de Lui, parce que autrement, nous pourrions nous tromper et agir autrement qu'Il ne veut. » « Je vous prie de regarder toutes choses dans l'ordre de sa Providence » (*SV*, VII, 388 ; VII, 375-376).

Il s'ensuit la répartition de ces quelques observations : les vœux dans l'institution ; les vœux dans l'expérience de S. Vincent ; les vœux dans notre expérience personnelle.

LES VŒUX DANS L'INSTITUTION

Je n'ai qu'à effleurer ce sujet, mais il faut tenir compte de la nature particulière de ces vœux. Je vous dirai donc simplement ce qui a été reprécisé grâce au travail de MM. Diebold, Chalumeau et Campo.

Nos vœux sont des vœux privés, au for interne. Le fait qu'ils soient réservés par privilège à une dispense du supérieur général ou du pape ne change rien à leur nature.

Les vœux sont un élément intégrant, potentiel de la C. M. et du statut de ses membres ; ils ne sont pas un élément intégral. Cela pour les raisons que vous savez : avant la bulle d'Alexandre VII (1655), l'admission dans la C. M. a pu se faire sans que le sujet émette des vœux privés. L'essentiel est l'admission dans la congrégation. « Nous entrons dans la congrégation et nous faisons les vœux. » L'admission se situe au plan extérieur, au for externe ; les vœux sont du for interne.

Il est remarquable que la petite notice publiée en 1656, à Arras, par M. Guillaume Delville, déclare que les membres de la congrégation ne font qu'une promesse de stabilité après leurs deux années de probation*.

* « Pour entrer en cette Congrégation, on fait deux ans de probation, pendant lesquels on travaille à se rendre parfait ; après quoi, l'on est reçu et associé à ladite Congrégation par une promesse de stabilité. » Ce texte, déclaré « fait à Paris, le 16 juin 1653 », reçut l'approbation pour l'impression de Martin

LES VŒUX DANS L'EXPÉRIENCE RELIGIEUSE DE S. VINCENT

LE VŒU DÉCISIF DE 1616

Nous savons que, dans l'itinéraire spirituel de M. Vincent Depaul, le vœu qu'il fit à Dieu de se consacrer toute sa vie au service des pauvres marque un tournant de sa vie et donne, peut-on dire, un style, une tenue, une forme à tout son être. Deux notes vont caractériser foncièrement son existence.

Premièrement, une volonté de se donner constamment à Dieu, se substituant à une ingénieuse organisation de la retirade. De 1610 à 1616, il obtient suc-

Denys, docteur et professeur royal de théologie à la faculté de Douai, le 13 juin 1656. Imprimé tôt après, il parvint à la connaissance de M. Vincent au début de février 1657. Il provoqua un blâme du fondateur de la Mission qui jugeait cette publication inopportune et contraire à l'esprit et à la conduite de la Compagnie. Voir la lettre de S. Vincent à Guillaume Delville du 7 février 1657, dans *SV*, VI, 176-178. Le texte de la lettre ne nous est connu que par COLLET (*Vie*, 1748), tome II, p. 200. Le texte du « Petit abrégé de l'Institut de la congrégation de la Mission », approuvé et confirmé par nos Saints-Pères, les papes Urbain VIII et Alexandre VII, de son origine, de ses fonctions et de sa manière de vivre pour arriver à sa fin, a été publié par *Les Annales*, t. LXXIX, 1914, p. 308-319. M. Guillaume Delville, entré dans la congrégation en 1641, âgé de trente-trois ans, mourut à Arras en 1658.

cessivement et cumulativement l'aumônerie de la reine Marguerite de Valois, la cure de Clichy, l'abbaye de Saint-Léonard-de-Chaume, la cure de Gamaches, le canonicat d'Écouis, le prieuré de Grosse-Sauve. Quant à la place de précepteur chez les Gondi, c'était une retraite, un « reposoir » riche et confortable. À partir du début de l'année 1617, la soif des biens temporels semble avoir disparu. Nous ne saisissons plus que des signes révélant une volonté de se donner tout entier à Dieu pour être au service des âmes.

Deuxièmement, la stabilité et l'équilibre. Il pourra encore hésiter sur l'opportunité de telle action, comme par exemple de fonder une communauté religieuse, et il fait pour cela retraite à Soissons (Abelly, III, 177). Mais ce qui l'inquiète, c'est moins le résultat que la volonté d'être sûr de faire la volonté de Dieu. Dès cette époque, la direction foncière de son existence est trouvée. Extérieurement, il apparaît comme un être tenace, qui ne change pas et poursuit son but en tournant ou surmontant les obstacles. Psychologiquement, il a trouvé son équilibre. M. Vincent, dira-t-on, est toujours M. Vincent.

Certains de ses biographes ont discrètement passé sous silence la tentation de M. Vincent sur la foi, et son propos résolu et définitif de se consacrer toute sa vie au service des pauvres. Cet oubli, ou cette négation, ne nous permet plus de comprendre l'évolution ultérieure de son expérience religieuse.

LE DÉVELOPPEMENT DE LA VIE INTÉRIEURE DE M. VINCENT

On peut caractériser le mouvement intérieur de son âme en deux mots :

Le don à Dieu. Il répète et il assène, pour ainsi dire, cette expression comme un forgeron qui, méthodiquement, inexorablement, martèle la même conviction : « Il faut se donner à Dieu... Donnons-nous à Dieu*. »

La stabilité. Il faut, répète-t-il en empruntant cette expression à S. François de Sales et à S[e] Jeanne de Chantal, être invariable pour la fin, souple et divers pour les moyens. C'est pour lui « l'âme de la bonne conduite. ».

LES VŒUX DANS L'EXPÉRIENCE RELIGIEUSE DU PRÊTRE DE LA MISSION

Les disciples d'un maître tel que Vincent de Paul feront bien de distinguer l'intention et le contenu d'un enseignement.

* La formule : « Se donner à Dieu pour un service » est habituellement utilisée par M. Vincent dans les prières qui concluent les conférences. Elle fixe une attitude et dessine un itinéraire. Voir, entre autres, *E*, 37, 471, 550, 562, 583, 742, 743, 775-776, 811, 825, 831, 855, 916, 944.

L'INTENTION D'UN ENSEIGNEMENT

Les vœux ont d'abord pour but de surveiller, conduire, approfondir et fortifier le dynamisme d'une âme qui a entendu l'appel de Dieu et s'efforce d'y répondre. Tel est le sens de tout vœu : faire passer du transitoire au permanent, de l'action transitoire à une forme de l'être. Mais il faut, de plus, remarquer dans le cas des vœux présentés par M. Vincent, que le quatrième donne le sens, l'ouverture, le climat des trois premiers vœux. Il donne une physionomie originale et empêche les trois vœux classiques de n'être que des vœux restreints à une perspective monastique.

Le caractère privé de ces vœux doit être un rappel constant que la religion n'est pas principalement une question d'observance, mais surtout une question personnelle, de conscience et de cœur. Puisque ces vœux sont privés, qu'ils ne contiennent aucun élément juridique ils n'ont aucunement le pouvoir de nous mettre dans un état juridique ou social de perfection. Il faut d'ailleurs remarquer que le mot « état » possède, dans le vocabulaire vincentien, une portée active et qu'il ne correspond plus aux « états » bérulliens.

Il faut dire que les vœux, selon la présentation vincentienne, entendent rappeler la dépendance radicale de la créature à l'égard du créateur, mais aussi amorcer, entretenir une disposition psychologique d'humilité, de don inconditionné, d'action. Ils ne sont pas un point d'arrivée, mais une orientation de départ.

Les vœux apparaissent comme un moyen parmi d'autres moyens. Vincent les propose en raison de son expérience personnelle, non pas parce qu'ils constituent, mais parce qu'ils invitent sans cesse à approfondir, à se donner.

LE CONTENU DE L'ENSEIGNEMENT

Ainsi compris et orientés, les vœux apparaissent comme un meilleur conditionnement du dynamisme spirituel acquis au baptême, qui nous ensevelit dans la mort du Christ. Tous les chrétiens ont reçu l'esprit de Jésus au baptême, mais ils ne font pas les actes que l'Esprit de Dieu amorce en eux et dont la vie du Christ leur offre le tableau vivant. Cette connexion organique entre vœu et vie chrétienne date de la première élaboration et, disons, de la première vitalisation du vœu au XIIe siècle, où les vœux étaient émis non plus par des moines, mais par des « partisans de la vie apostolique » lancés à travers le monde[3].

D'une manière plus concrète, dans un style plus évangélique, Vincent nous présente les vœux comme un moyen renforcé de participer à l'esprit de Jésus qui est doublement caractérisé : d'une part, à l'égard de son Père, le Christ est amour, offrande, louange, en un mot religion parfaite ; d'autre part, à l'égard des hommes et du monde, il est « Sauveur », c'est-à-dire qu'il se consume pour libérer l'homme de l'esclavage du plaisir, de la richesse, de l'orgueil. Son amour est une libération active[4].

Notes

1. *Histoire de mes pensées*, Paris, Gallimard, 1936, p. 77.

2. « Je ne dois pas considérer un pauvre paysan ou une pauvre femme selon leur extérieur, ni selon ce qui paraît de la portée de leur esprit, d'autant que, bien souvent, ils n'ont pas presque la figure ni l'esprit de personnes raisonnables, tant ils sont grossiers et terrestres. Mais tournez la médaille, et vous verrez par les lumières de la foi que le Fils de Dieu, qui a voulu être pauvre, nous est représenté par ces pauvres ; qu'il n'avait presque pas la figure d'un homme en sa Passion, et qu'il passait pour fou dans l'esprit des Gentils et pour pierre de scandale dans celui des Juifs ; et avec tout cela, il se qualifie l'évangéliste des pauvres : *Evangelizare pauperibus misit me*. Ô Dieu, qu'il fait beau voir les pauvres, si nous les considérons en Dieu et dans l'estime que Jésus-Christ en a faite ! Mais si nous les regardons selon les sentiments de la chair et de l'esprit mondain, ils paraîtront méprisables » (voir Abelly, III, 9 ; et *E*, 895-896). Dans le portrait qu'il nous donne de M. Vincent, ABELLY met au premier plan cette manière de voir et d'être de M. Vincent : « Il travaillait sans cesse à se rendre une copie vivante de cet incomparable original, ou plutôt à se transformer tout en Lui. [...] Il a exprimé lui-même, sans y penser, le caractère de son esprit, et marqué sa devise particulière par les belles paroles qu'il dit un jour de l'abondance de son cœur : "Rien ne me plaît qu'en Jésus-Christ."

Il Le considérait comme chef de l'Église en Notre saint-père le pape, comme évêque dans les évêques, comme prêtre dans les prêtres, comme docteur dans les docteurs, comme religieux dans les religieux, comme souverain dans les rois, comme noble dans les gentilshommes, comme juge dans les magistrats, comme ouvrier dans les artisans, comme pauvre dans les pauvres, et comme infirme dans les malades » (Abelly, 1667, I, 112-113). Même attitude plus profondément motivée dans PASCAL : « Considérer Jésus-Christ en toutes les personnes et en nous-mêmes :

— Jésus-Christ comme Père en son Père ;
— Jésus-Christ comme frère en ses frères ;
— Jésus-Christ comme pauvre en les pauvres ;
— Jésus-Christ comme riche en les riches ;
— Jésus-Christ comme docteur et prêtre en les prêtres ;
— Jésus-Christ comme souverain en les princes, etc. ;

car il est, par sa gloire, tout ce qu'il y a de grand état en Dieu ; et il est, par sa vie mortelle, tout ce qu'il y a de chétif et d'abject. Pour cela, il a pris cette malheureuse condition pour pouvoir être en toutes les personnes et modèle en toutes conditions » (éd. LAFUMA, 946 ; éd. BRUNSCHVICG, 785).

3. Voir Pierre Lombard, S. THOMAS, *Commentaires sur les sentences.*

4. Voir André DODIN, « Esprit de M. Vincent, esprit de la Mission », dans *Mission et charité*, n° 31-32, juillet-décembre 1968, p. 135-143 ; ici p. 167-181.

8

LA PRIÈRE DE SAINT VINCENT DE PAUL

Ne suis-je pas imprudent en voulant traiter ce sujet ? Les contemporains de M. Vincent ne sont pas arrivés à caractériser la prière de l'homme qu'ils avaient sous les yeux. Leur témoignage est une accusation explicite de témérité. Voici ce qu'écrit L. Abelly, le premier biographe, au mois de septembre 1664, quatre ans après la mort de M. Vincent : « On n'a pu découvrir, confesse ce témoin oculaire pendant une trentaine d'années, si l'oraison de Monsieur Vincent était ordinaire ou extraordinaire, son humilité lui ayant toujours fait cacher les dons qu'il recevait de Dieu autant qu'il lui était possible » (L. Abelly, III, 53-54). Pour compenser cette ignorance et combler un vide, notre hagiographe déverse un catalogue de paroles, dévotions, oraisons, exercices de piété. Épais et très riche rideau tiré sur la vie priante de notre homme.

De nos jours, nos contemporains ont allégrement traité et assaisonné M. Vincent. La variété des sauces est stupéfiante. D'aucuns ont soumis sa puissante « anthropologie » à un forage psychanalytique. Mais nous savons, en pensant comme Jules Romains, qu'il existe entre le psychanalyste et le psychanalysé un rapport trouble où « le plus malade n'est pas celui qu'on pense ». D'autres ont projeté sur son existence et sa situation l'éclatante lumière de l'évangile selon « S. Marx ». Grimm, au XVIIIe siècle, colportait les bruits selon lesquels Vincent était en secret socinien, c'est-à-dire un bon petit rationaliste d'époque. Au XIXe siècle, la franc-maçonnerie plaçait l'effigie de Vincent sur la fiche d'adhésion des frères trois-points.

La prudence des biographes du XVIIIe siècle, l'imprudence de ceux qui les ont suivis m'obligent à une extrême circonspection. L'homme d'ailleurs n'est pas si facile à aborder. J'ai retrouvé à la bibliothèque de Troyes une lettre inédite d'Angélique Arnauld à M. Féron, lettre datée du 28 janvier 1627, et cette maîtresse femme note : *M. Vincent me vint voir hier, auquel nous parlâmes à cœur ouvert de votre affaire, le sachant par vous-même très secret* (ms. 2 333, f° 24). Nous savons qu'à la Cour il demeurait silencieux jusqu'à ce qu'on le force à donner son avis. Et puis, depuis la mort de M. Vincent nous avons hérité d'une énorme quantité de renseignements sur son compte, informations ignorées des contemporains, et qui s'ajoutent à une œuvre écrite considérable. Nous pouvons raisonnablement estimer qu'il a écrit trente mille lettres, c'est-à-dire trois fois plus que Voltaire. Pierre Coste a établi l'édition critique de ses œuvres en 1920-1925, en quatorze volumes, huit mille pages, et je suis coupable d'avoir publié en 1970 le texte de cent quarante-quatre lettres et de nouveaux entretiens. Je compte sur ce menu service pour que M. Vincent se charge de plaider au moins demi-coupable en ma faveur si je suis, dans cet exposé, un peu difficile et méticuleux dans cette visite à sa conscience priante.

Il est de bonne méthode de rappeler dès à présent que l'âme baptisée est un « mystère » : c'est celui de la réception en soi d'un tout autre que soi, la sainte Trinité. Or, au moment où l'âme chrétienne se livre à la prière, elle révèle et cache le mystère de Dieu présent en elle. Ses paroles, ses attitudes, ses actes tout à la fois traduisent et en même temps cachent et font oublier Celui qui est le plus présent et cependant à qui elle s'adresse, se donne ou secrètement se refuse.

Rien ne nous permet d'encapsuler le contenu même conscient de la pensée, de l'expérience de Vincent de Paul. Nous ne pouvons pas davantage saisir le rythme intérieur de sa progression. Loin de nous la prétention de capturer le vent ou l'Esprit de Dieu, de le mettre en cage ou entre des barbelés (Jn 3, 8). De plus, les paroles les plus communes changent de sens et de contenu suivant ce que le sujet espère, suivant ce qu'il craint, suivant ce qu'il croit et sur lequel il fait porter le poids de sa vie.

Nous pouvons nous en souvenir, la prière condense ce que nous sommes déjà ; ce que nous désirons être ; ce que nous sommes prêts à mobiliser ; ce qu'à notre insu, le plus souvent, Dieu opère.

Et cependant, malgré ce mystère, ces difficultés, cette inexprimable complexité, nous nous sentons aimantés vers ce plus intime de l'âme où Dieu s'est retiré pour nous attirer. C'est avec une curiosité justifiée par nos craintes que nous nous interrogeons sur la manière de prier de ceux qui demeurent nos guides dans l'invisible. Je posais à un homme d'affaires exercé dans de vastes tâches administratives cette question : « L'expérience et la prière de S. Vincent, cela vous intéresse ? » Il me répondit : « Je voudrais bien, me mettant à genoux à côté de lui, constater que nous sommes de la même famille. » Formulant la même question à un grand écrivain, il me répondit : « Je voudrais être sûr de bien prier. La prière de S. Vincent m'intéresse parce qu'elle peut me renseigner sur ma façon de prier, elle peut me dire si je ne fais pas trop mauvaise route dans ma prière. »

Ces questions, à un moment ou à un autre, nous nous les sommes posées et c'est dans l'espoir de trouver au moins l'ébauche d'une réponse que nous allons étudier l'expérience de la prière de saint Vincent de Paul et sa doctrine de la prière.

EXPÉRIENCE DE LA PRIÈRE DE M. VINCENT

L'expérience de la prière de M. Vincent ne peut être fixée et cataloguée en quelques mots. Pour la caractériser le moins mal possible, essayons d'abord de dessiner le mouvement de cette expérience, de fournir ensuite les notes caractéristiques que les témoins pouvaient saisir, car il y avait en lui un mystère et plus que lui-même.

ÉVOLUTION : DE LA PRIÈRE COMMERCIALE À LA PRIÈRE DANS LE CHRIST

En relisant l'inventaire que Louis Abelly dresse des exercices de piété de M. Vincent nous sommes rapidement invités à formuler une double réticence. La première concerne l'addition : oraison quotidienne le matin en commun, célébration de la messe, confession plusieurs fois la semaine. Tous ces exercices ne pouvaient être accomplis même quand M. Vincent était en bonne santé. Il ne pouvait célébrer la messe durant ses longs voyages, il ne pouvait se confesser... que s'il trouvait un confesseur. Ce dernier était déjà requis au XVIIe siècle pour la réception du sacrement. Manifestement, Louis Abelly en rajoute un peu pour embellir le tableau. La seconde réserve touche la transformation et le développement de la vie de prière. En n'écoutant que Louis Abelly et en lui faisant pleinement confiance, nous devrions affirmer que, dès la première organisation de sa vie sacerdotale, M. Vincent détermina le schéma de ses exercices et qu'il n'y eut aucun développement, aucun perfectionnement, aucune évolution : chaque journée étant l'exacte répétition de la précédente.

L'analyse des textes nous fournit un autre tableau. Ils nous font constater qu'il y eut dans la vie de prière de M. Vincent un tournant capital.

Durant la première partie de son existence, nous pouvons même préciser : de 1581 à 1617, la prière de M. Vincent est principalement constituée par la demande adressée à un Être transcendant, à un Dieu créateur et bénéfique qui est un interlocuteur apprécié puisqu'il est le pourvoyeur des biens. Ce qui soutient la prière, c'est l'espoir d'un bien plus que l'espérance d'une transformation. « L'infortune présente présuppose, écrit-il à sa mère, le 17 février 1610, un bonheur à l'avenir » (*SV* I, 19).

Or, après 1617, l'horizon et la perspective de M. Vincent se transforment totalement. Il a dans l'ordre humain obtenu tout ce qu'il désirait : l'honnête « retirade », des fonctions honorables dans la famille des Gondi, des bénéfices ecclésiastiques jalousement cumulés. Dieu opère en lui un changement de centre de gravité. Une conversion intérieure s'est accomplie, longuement mûrie, soutenue par une intention droite quoique très humaine, guidée par des événements indicateurs d'une volonté de Dieu. Il est juste et équitable de relever ici les influences qui ont marqué et caractérisé, voire coloré, cette transformation. Le Père Pierre de Bérulle lui a permis de mieux concevoir la transcendance de Dieu, l'opportunité de juger des choses visibles à partir de Dieu. Le bon M. Duval lui a fait connaître la synthèse mystique élaborée par le capucin Benoît de Canfeld. L'ouvrage capital de ce dernier, la *Reigle de Perfection*, avait été non seulement approuvé mais chaudement recommandé par M. Duval.

Nous pouvons même surprendre le geste et l'instant où Vincent de Paul change précisément et définitivement l'équilibre de son existence. C'est au moment où, ayant goûté l'apaisement engendré en lui-même par la charité physique et morale à l'égard des malheureux, il décide de se donner pour toute sa vie au service des pauvres et d'être le serviteur de Dieu auprès des pauvres en qui Dieu réside. Alors, une lumière éclaire sa démarche, donne à ses gestes un sens nouveau et jusque-là imprévisible et insoupçonnable. « Son âme, nous dit Abelly, se trouva remise dans une douce liberté [...] fut remplie d'une si abondante lumière qu'il a avoué en diverses occasions qu'il lui semblait voir les vérités de la foi avec une lumière toute particulière » (Abelly, III, 119).

Bien des influences religieuses ont mystérieusement conjugué leurs forces et spontanément nous songeons au prestige de Pierre de Bérulle, à la surnaturelle prudence de ce bon M. André Duval, à la douceur forte et paisible de M. de Genève. Auxiliaires précieux, providentiels et indispensables, mais par eux-mêmes radicalement insuffisants. Il nous suffit de penser à la pléiade de ceux qui ont rencontré ces témoins de Dieu et sont demeurés dans l'ombre. Il fallait la toute-puissance de Dieu pour transformer ce négociateur d'honnête retirade et ce chasseur de bénéfices ecclésiastiques en profès de la pauvreté et en Père de l'Église moderne.

LES NOTES CONSTANTES, ORDRE PSYCHOLOGIQUE

Après avoir deviné et précisé ce que Dieu a opéré dans l'âme de M. Vincent, il est légitime de nous demander maintenant quels étaient les aspects fondamentaux de son expérience priante. Pour la clarté, il nous suffira de remarquer et de retenir quatre notes.

L'humilité.

La première et la plus fondamentale est l'humilité. Cette attitude est pour lui une nécessité. Pas d'humilité, pas de prière. Car l'humilité est dotée d'une force d'aimantation, d'accueil et d'installation de la grâce et de Dieu. « Dès que nous serons vides de nous-mêmes, Dieu nous remplira de lui, car il ne peut souffrir le vide » (*E*, 269, 860). « Je prie Dieu tous les jours, deux ou trois fois qu'il nous anéantisse si nous ne sommes utiles pour sa gloire » (Abelly, I, 93). « Nous disons tous les jours à la sainte messe ces paroles *In spiritu humilitatis*... Or un saint personnage me disait un jour, comme l'ayant appris du bienheureux évêque de Genève, que cet esprit d'humilité, lequel nous demandons à Dieu dans tous nos sacrifices, consiste principalement à nous tenir dans une continuelle attention et disposition à nous humilier incessamment en toutes occasions, tant intérieurement qu'extérieurement » (*SV*, I, 183).

La simplicité.

La deuxième note caractérisant le comportement religieux de M. Vincent, la simplicité, décontenançait les politiques et suscitait même quelques réticences chez certains spirituels qui étaient loin de sous-estimer leur propre grandeur. Avec Dieu comme avec les hommes, le Père Vincent s'évertuait à se hausser jusqu'à la simplicité qui est le propre de son Dieu, c'est-à-dire de Celui à l'image duquel il a été créé, de Celui qui le recrée sans cesse en le simplifiant. « Dieu est très simple, ou plutôt il est la simplicité même et partout où est la simplicité, là aussi Dieu se rencontre » (Abelly, III, 242). « Dieu est un être simple qui ne reçoit aucun être, une essence souveraine et infinie qui n'admet aucune agrégation avec elle ; c'est un être pur qui jamais ne souffre d'altération » (*E*, 589). Entre Dieu et l'homme, entre le Christ rédempteur et l'homme en voie de régénération, la charte d'alliance n'a qu'un nom : simplicité.

« Le Fils de Dieu... veut des cœurs simples et humbles et quand il les a trouvés, oh qu'il le fait beau voir y faire sa résidence. Il se vante dans les Saintes Écritures que ses délices sont de converser avec les petits [voir Pr 3, 32]. Oui, mes sœurs, le plaisir de Dieu, la joie de Dieu, le contentement de Dieu, s'il faut ainsi dire, c'est d'être avec les humbles et simples qui demeurent dans la connaissance de leur bassesse » (*SV* IX, 392).

« Belles paroles de Jésus-Christ qui montrent bien que ce n'est pas dans les Louvres ni chez les princes que Dieu prend ses délices ! Il le dit en un endroit de l'Écriture "Ô mon Père, je vous loue et vous remercie de ce que vous avez caché vos mystères aux grands du monde et les avez manifestés aux humbles" » (*SV*, IX, 400 ; voir Lc 10, 21-22 ; Mt 11, 25).

Or le signe de cette présence et de cette communication c'est la vitalisation et l'illumination des vérités invisibles aux sens. Les « simples » ont des lumières dont les autres ne jouissent jamais. D'où leur assurance, leur invariabilité, leur paix et leur joie. « Dieu les enrichit d'une foi vive, ils croient, ils touchent, ils goûtent les paroles de vie » (*E*, 588). « Savez-vous, mes sœurs, où loge Notre-Seigneur ? C'est chez les simples » (*SV*, X, 96).

Cette partialité pour les pauvres, Vincent l'a retenue de l'enseignement de l'évangile de Luc. Elle éclaire les préférences pour les pauvres gens des champs dont il était lui-même issu. S'il cultive la simplicité c'est qu'elle a, à ses yeux, l'étrange et merveilleux pouvoir de restituer très exactement le climat et l'ambiance dans lesquels le Verbe de Dieu a voulu se manifester. « C'est la vertu que j'aime le plus, écrivait Vincent de Paul dès 1634, et à laquelle je fais le plus d'attention dans mes actions, si me semble, et s'il m'est loisible de le dire, je dirai que cela se fait avec quelque progrès, par la miséricorde de Dieu » (*SV*, I, 284 ; voir IX, 81).

Au centre lumineux de sa prière, M. Vincent voit sans cesse le visage du Christ simple, humble. Celui à qui il parle et qui ne cesse de le regarder, c'est l'infinie miséricorde itinérante en Judée et en Galilée. Elle parle familièrement, utilisant les termes et les images que tout le monde comprend, elle instruit, catéchise, opère des miracles stupéfiants avec des gestes et des paroles très simples. Ce Christ de S. Luc n'est pas seulement prophète et Messie parce qu'il réalise l'espérance des pauvres, ceux qui sont en détresse de salut et ont faim de Dieu, il déchire le conventionnel et le visible pour laisser apparaître le Dieu de toute bonté. Si le Christ présenté par le Père Léonce de Grandmaison et par le cardinal Newman a quelque chose et quelque allure de *gentleman*, le Christ de M. Vincent est un Christ simple et concret. Ses paroles expriment le bon sens de Dieu ; c'est un Christ paysan.

L'admiration.

Pour bien caractériser la nature de cette troisième note, l'admiration, il est indispensable de rappeler que M. Vincent n'était ni un naïf, ni un « béat », ni un « ravi » joyeusement échappé d'une troupe de santons provençaux. Portraits et gravures les plus anciens nous mettent sous un regard de bonté que soutient une énergie peu commune. L'environnement, c'est-à-dire le front carré et bombé, la fine commissure des lèvres, le menton musclé, est tout aussi révélateur.

Les visitandines avaient bien souvent préféré une perspicacité moins saisissante, un regard plus tamisé, car les yeux taraudaient les apparences.

Habitude complémentaire et fort significative, inconnue de la plupart des « spirituels », M. Vincent, pour débusquer les tricheries de la « petite nature » et seconder le délicat travail de la grâce, faisait appel... au sourire et à l'ironie décongestionnante. Il se refusait au sérieux perpétuel. Il manifestait une allergie souveraine à pontifier dans le particulier. S'apercevant dans une grande glace, il s'écrit, invectivant contre soi : « Oh le gros maroufle ! » (*SV*, XIII, 194).

Souple et flexible, il mime ceux qu'il veut connaître, emprunte leur ton et adopte astucieusement les manières de ceux qu'il veut convaincre. Jamais il ne heurte de front. « Vous et moi », dit-il souvent en abordant des sujets souffrant de quelques maladies de l'âme. Ayant ainsi pratiqué sa petite anesthésie locale, il conduit la misère devant Dieu.

Cette habitude, nous dirions même cette surnaturelle stratégie — union au prochain pour une offrande commune à la miséricorde divine — conditionne la respiration ou plus exactement l'aspiration priante de M. Vincent. Elle explique pourquoi et comment sa prière, au lieu de l'isoler et de le fossiliser, l'ouvre, le dilate en le rendant simultanément présent au prochain dont il partage la misère et à Dieu en qui il se retrouve. Mais c'est un Dieu plus existant, plus intérieur ou pour mieux dire un Dieu vivant et vrai qui restitue dans la vérité et réintègre dans la vraie vie.

Il suffit d'analyser le rythme invariable que nous retrouvons dans les quarante-six prières retenues dans le texte des conférences aux Filles de la Charité et aux missionnaires. Au terme d'une constatation de foi, la méditation s'élève jusqu'au point où le visage du Christ Sauveur apparaît. Brève, mais toujours présente, une exclamation jaillit. « Ô Sauveur, ô mon Sauveur, ô mon doux Sauveur ! » Puis la rencontre se prolonge en supplication alliant l'offre, l'interrogation, l'affectueuse communion : « Seigneur que faisiez-vous ? tirez-nous après vous. [...] Mon bon Jésus, enseignez-moi à le faire et faites que je le fasse » (*E*, 564-565).

Léon Ollé-Laprune a fort judicieusement rappelé l'intime parenté de la prière et de l'admiration : « Admirer, écrit-il, c'est sortir de soi pour reconnaître et saluer ce qui est plus grand que soi. Mélange de respect et d'enthousiasme, l'admiration nous arrache à nous-mêmes et à nos petites pensées pour nous jeter, émus et ravis, dans le sein du grand et du beau. Elle est le sacrifice de notre petitesse à ce qui est plus grand que nous, et elle aspire et elle s'adresse à quelque chose de divin, car dans tout ce qui est grand il y a un rayon de divin et c'est pour cela qu'elle nous soulève de terre et nous grandit... L'admiration source de prière est, comme elle, sortie de cet élan qui nous porte vers Dieu[1]*. »

C'est dans ce climat d'admiration que certaines paroles de M. Vincent prennent tout leur sens. « Qu'est-ce qu'il y a de comparable à la beauté de Dieu, qui est le principe de toute la beauté et perfection des créatures ? N'est-ce pas de lui que les fleurs, les oiseaux, les astres, la lune et le soleil empruntent leur lustre et leur beauté ? » Et ailleurs : « J'ai deux choses en moi, la reconnaissance et que je ne me puis empêcher de louer le bien » (Abelly III, 51, 268).

La reconnaissance.

La reconnaissance, telle est bien la quatrième caractéristique de la prière vincentienne. Remarquons, pour en saisir l'allure et l'originalité, qu'elle ne naît pas au seuil de sa prière, elle la précède. Marquant le tréfonds de son être, l'attitude et l'activité de reconnaissance donnent à toute l'existence vincentienne un

* Les notes de ce chapitre sont p. 227.

dynamisme et une orientation particuliers. Elle prolonge l'admiration, elle la perpétue et la mûrit en communion.

Écoutons-le en formuler les exigences : « Il faut employer autant de temps à remercier Dieu de ses bienfaits que nous en avons consacré à les lui demander. » Son premier biographe nous rapporte : « Il se plaignait avec un très grand ressentiment de l'ingratitude extrême des hommes envers Dieu, rapportant sur ce sujet la plainte que Jésus-Christ même en a faite dans l'Évangile lorsque, ayant guéri dix lépreux, il n'y en eut qu'un qui se rendit reconnaissant de ce bienfait, et pour cela il exhortait incessamment les siens à la pratique de cette vertu de gratitude et de reconnaissance dont le défaut, comme il disait, nous rend indignes de recevoir aucune faveur de Dieu et des hommes » (Abelly, III, 264).

De prime abord, ce sens de la reconnaissance n'est qu'un trait de bonne santé humaine et une excellente préparation à la vie chrétienne. Elle est beaucoup plus, car son absence provoque un déséquilibre mortel. C'est un élément intégral, indispensable à l'existence et, partant, à la prière chrétienne. Les êtres qui ne peuvent savoir d'où ils viennent, quelles sont leurs origines, de quels éléments ils sont à la fois tributaires et propriétaires ne parviennent jamais à se connaître paisiblement, à se posséder librement, à discerner ce que par vocation ils doivent faire et ce que, par surnaturelle destinée, ils doivent être.

Monsieur Vincent stimule notre observation indolente et malmène notre ingrate mémoire. D'une part, par ses quarante années de construction progressive malgré les difficultés et les oppositions venant aussi bien de la hiérarchie, qui plus tard le canonisera, que des autorités politiques, qui le malmènent et l'utilisent, il nous en impose. « Invariable pour la fin, doux, souple, maniable pour les moyens », disait-il (*SV*, II, 355, 298, 583 ; IV, 75, 120-121). De son temps, il était déjà étiqueté et catalogué : « M. Vincent est toujours M. Vincent », disait-on (Abelly, III, 310). D'autre part, et avec une égale constance, il se reconnaît débiteur et s'évertue à témoigner sa reconnaissance à ses bienfaiteurs. « L'ingratitude, déclare-t-il, est le crime des crimes » (*SV*, III, 37). Pour leur venir en aide, il est disposé à vendre les calices (*SV*, V, 393). Quelles que soient les critiques adressées à juste titre à Jean-François-Paul de Gondi, archevêque de Paris, il se souvient toujours de ce qu'il a fait pour la congrégation de la Mission et ne veut pas mourir sans lui dire, une dernière fois, « merci » (*SV*, VII, 436). Il aurait pu à l'égard de Jean Duvergier de Hauranne, un ancien ami dont il ne partage pas toutes les idées, il aurait pu, lors de son emprisonnement à Vincennes par ordre de Richelieu, prendre en bonne politique un peu de distance ou tout au moins ne pas le défendre. Mais M. Vincent se souvient qu'il a été assisté par M. de Saint-Cyran et il n'hésite pas, après avoir minimisé les accusations portées contre lui, à déclarer qu'il « était un des plus hommes de bien qu'il avait jamais vus » (*SV*, XIII, 87).

L'IDÉAL ; TRIPLE INTÉGRATION

En relevant les quatre notes caractéristiques de la prière vincentienne, humilité, simplicité, admiration, reconnaissance, nous nous sommes maintenus à l'extérieur de son existence, observant à la manière des psychologues le comportement repérable et presque mesurable. Travail préalable aussi nécessaire qu'insuffisant. Pour accéder, au-delà du périssable et du visible, au mouvement constructeur qui caractérise le mystère de la vie priante de M. Vincent, une double opération est nécessaire.

La première consiste, autant que nous le pourrons, à nous « hausser » jusqu'à ce troisième ordre que Pascal appelle « ordre du cœur » et qui n'est autre que celui de la Révélation, de la grâce. À ce niveau, nous savons ou nous percevons « comme dans un miroir » que si l'homme extérieur se dégrade et se détruit, l'homme intérieur sans cesse se renouvelle à l'image de Celui qui l'a créé. Cette transmutation amorcée et poursuivie réclame bon gré, mal gré, une disposition constante d'acceptation et une coopération mortifiante et vivifiante, pénible et fructueuse. Faute de cette humaine complicité et de cette modique coopération, la prière restera humaine même si elle se traduit par des exaltations sentimentales ou des logorrhées torrentielles.

Cette opération d'exhaussement ne sera réussie et stabilisée que si elle est secondée par une opération de renoncement fondamental. Nous y sommes contraints si nous voulons obéir à l'Évangile et ne pas brutalement interrompre toutes nos activités ordinaires. « Il faut prier sans cesse, nous dit le Christ de S. Luc, et ne jamais cesser » (Lc 18, 1). Mais d'autre part, à moins de faire revivre l'épopée des stylites qui mobilisaient leurs voisins pour se nourrir, nous devons assurer notre subsistance, concentrer au maximum notre attention... et ne pas penser à deux choses à la fois au risque de ne plus rien penser du tout. Alors, impuissants à bloquer prière et travail, dépités d'entrelarder si mesquinement notre labeur de maigres tranches de prière, nous sommes massivement tentés de récuser poliment toute addition de supplément à des journées déjà lourdes de travail et de soucis.

L'obéissance à l'ordre du Christ et la fidélité à notre devoir d'homme et de chrétien ne peuvent être réalisées que par une manière plus profonde et plus vraie de nous « relier » à Dieu, et cela par un effort de réalisme surnaturel. Nous devons nous souvenir que notre vie, avant d'être à nous, est plus profondément et très rigoureusement à Dieu. « C'est en Lui que nous avons la vie, le mouvement et l'être » (Ac 17, 28). En inversant la perspective, nous pouvons dire que c'est la vie de Dieu qui à travers notre existence s'exprime et se manifeste. D'une certaine façon, nous pouvons dire qu'il existe dans une âme un double mouvement : celui de l'âme recherchant Dieu, celui de Dieu recherchant l'homme et agissant en lui. S'appuyant sur cette réalité solide comme le roc, M. Vincent trace le chemin : « Il faut sanctifier ses occupations en y cherchant Dieu et les faire pour l'y trouver plutôt que pour les voir faites » (*E*, 548).

En somme, pour M. Vincent, la prière n'est ni une explosion verbale, ni le babil doucereux et finalement écœurant, ni la gymnastique destinée à me rendre maître de moi-même comme de l'univers. La prière est un exercice concentré de vie chrétienne. Or la vie divinisée est au-delà des actions qui la traduisent. Elle est au-delà des états qu'elle se façonne et que nous acceptons. L'existence divinisée est au-delà de tout ce qui se laisse percevoir. Elle est imprégnée de la vie d'un autre qui, en nous, est plus présent et plus existant que nous ne le sommes à nous-mêmes. Il achève dans le temps une œuvre divine qui reste mystérieuse. Nous saisissons l'exacte signification de certaines formules lapidaires du Père Vincent : « Quand vous ne diriez mot, si vous êtes bien occupés de Dieu, vous toucherez les cœurs par votre seule présence » (Abelly, II, 247). « Notre Seigneur est une continuelle communion à ceux qui sont unis à son vouloir et non-vouloir » (*SV*, I, 233). Un philosophe d'une rare profondeur, Léon Ollé-Laprune, déclarait dans *Les Sources de la paix intellectuelle* : « Nous agissons non par ce que nous disons et faisons, mais par ce que nous sommes. »

Dès lors, nous pouvons mieux comprendre que l'existence de M. Vincent, ce qui la constitue et lui donne sa force comme sa lumière blessante, c'est la convergence et la synthèse d'un triple mouvement.

Par Jésus, en Dieu.

Elle est d'abord intégration dans le Christ. S'adressant à un missionnaire chargé d'une tâche difficile, il lui rappelait son incapacité radicale : « Ni la philosophie, ni la théologie, ni les discours n'opèrent dans les âmes : il faut que Jésus-Christ s'en mêle avec nous ou nous avec Lui, que nous opérions en Lui et Lui en nous, que nous parlions comme Lui et en son esprit ainsi que Lui-même était en son Père et prêchait la doctrine qui lui était enseignée » (*E*, 307). Le mouvement que le Christ dans S. Jean a nettement caractérisé est également le mouvement que Vincent de Paul préconise pour la prière. Le chrétien est dans le Christ pour se donner au Père et il sera d'autant plus chrétien qu'il se donnera davantage au Christ dans le Père.

Nous pourrions objecter : « Tout chrétien est dans le Christ, tous les baptisés ont reçu l'esprit de Dieu qui les porte vers le Père. » Monsieur Vincent nous prévient : « Tous les baptisés sont revêtus de son esprit, mais tous n'en font pas les œuvres » (*E*, 529). L'effort permanent consiste précisément à tendre sans cesse vers le Père, à nous efforcer de rejoindre Dieu en se donnant à Dieu dans et par le Christ Jésus.

Par le prochain, dans le Christ.

La prière est ensuite communion avec le prochain. Qu'est-ce que le prochain ? Ni un obstacle absolu, ni une fin dernière. Il est celui qui nous aide à nous intégrer dans le Christ. « Nous devons nous détacher de tout ce qui n'est pas Dieu et nous unir au prochain par charité pour nous unir à Dieu même, par Jésus-Christ » (*E*, 544).

Il est image de Dieu d'une double façon : mystiquement parce qu'il est baptisé ou baptisable, dynamiquement parce que même les défauts du prochain nous éclairent sur les nôtres. Ils nous aident à saisir le néant, la fragilité de notre être. Ses qualités sont des participations perceptibles de la bonté de Dieu et constituent comme des « espèces » nous permettant d'entrer dans le mystère divin. « Les choses corporelles, écrivait Pascal, ne sont qu'une image des spirituelles et Dieu a représenté les choses invisibles dans les visibles. Cette pensée est si générale et si utile qu'on ne doit point laisser passer un espace notable de temps sans y songer avec attention[2]. »

Par les événements.

Nous sommes amenés à compléter l'appui du Christ présenté par l'histoire et dans la foi et la stimulation émanant de l'ambiguïté du monde vivant dont nous faisons partie, par l'appui fourni par la nature et les événements.

Les événements irrationnels qui contrarient ou stoppent l'action de l'homme sont, pour ceux qui veulent les comprendre, d'excellents pédagogues ou des répétiteurs divinement inspirés et obstinés. Sans eux, les humains n'auraient aucune facilité pour reconnaître leurs limites, leur petitesse impuissante devant la Toute-Puissance transcendante de Dieu.

Les événements élaborés par les hommes sont d'une lecture beaucoup plus délicate. Ils réclament l'étroite coopération de la foi et de la charité, cette charité qui ne peut demeurer inactive. Devant l'opposition du Père de Bérulle, puis de la congrégation de la Propagande qui interdit la fondation de la congrégation de la Mission, et surtout la tactique sinueuse du cardinal Mazarin, son attitude ne sera ni l'opposition virulente et contestataire, ni la passivité à l'échine souple que la faiblesse, la paresse et la lâcheté nourrissent pieusement. Il adopte une attitude de prière et de foi. Pour démêler dans les obstacles humains ce qui est de Dieu et doit subsister de ce qui est de l'homme, et donc doit être combattu et surmonté, M. Vincent reste fidèle au mouvement originel de sa prière tel que nous l'avons décrit. « Il prie, il réfléchit, il demande conseil », ces trois opérations décloisonnent son être pour le livrer plus profondément et plus largement, plus définitivement aussi, au Christ Jésus. La volonté de Dieu ne se révèle à lui que dans et par la prière dont elle emprunte le cheminement et le rythme.

Ayant perçu puis discerné avec évidence l'avance et la requête de Dieu, Vincent se livre tout entier, s'anéantit pour « exaucer Dieu » en ce monde.

LE DYNAMISME

L'idéal de la prière-union à Jésus, communion au prochain, obéissance inconditionnée à la volonté de Dieu canalisée et filtrée par les événements, ne révèle sa valeur que par l'intensité et la puissance de celui qui le réalise.

Ce potentiel a été hélas ! sérieusement dissimulé par la pruderie lénitive des biographes. Depuis trois siècles, obéissant à la philosophie du siège qui les soutenait, ils ont, avec la gravité de M. Diafoirus, anesthésié, momifié et statufié le fondateur de la Mission. Livré aux biographes officiels, M. Vincent n'est plus que l'expression idéale et nécessaire aux différents âges de l'œuvre qu'il avait construite. Louis Abelly, en 1664, présente M. Vincent comme le bon supérieur d'une communauté religieuse qui s'épanouit sous le soleil du jeune Louis XIV. Pierre Collet, en 1748, présente le régisseur canonisé qui s'adapte aux institutions religieuses du XVIIIe siècle : M. Vincent s'ajuste correctement aux canons du classicisme et aux directives de la royauté antijanséniste. En 1860, le chanoine Maynard, fidèle au romantisme religieux persistant dans les sphères religieuses, présente M. Vincent comme un S. Thomas d'Aquin de la charité. En 1932, Pierre Coste, soucieux de ne pas troubler ses lecteurs, dissimule ses découvertes dans le sous-sol de ses notes et dose savamment une crème onctueuse jugée indispensable au palais de certaines religieuses. Sans aucun doute, la vision et le poids des institutions existantes accablaient les hagiographes et masquaient systématiquement la force prodigieuse et la puissance créatrice de l'imagination vincentienne.

Ayant signalé ailleurs la nécessité de déchirer ce voile trompeur, je ne retiendrai ici l'attention que sur le jaillissement extraordinaire qui caractérisait cette existence et mobilisait sans arrêt les premiers disciples facilement découragés et essoufflés. Les lettres, les conférences, les résumés de conseil sont scandés par des mots d'ordre réclamant la marche en avant, le don à Dieu.

Ce meneur d'hommes, je l'imagine pour ma part totalement étranger aux personnages pasteurisés et stéréotypés de l'imagerie populaire. Je le vois au contraire très proche, malgré ses allures paysannes, de ce « dieu des batailles » qu'était le prince de Condé. Avant l'action, « il est tranquille, tant il se trouve dans son naturel », mais à l'heure marquée « il porte de rang en rang l'ardeur dont il est animé » (J. B. Bossuet).

« Cherchez, réclame-t-il, cela dit soin, cela dit action » (*E*, 547). Il s'insurge contre ceux qui ne sont plus que des cadavres « n'ayant que le nom et la figure de ce qu'ils ont été ». Sujets perpétuellement geignants qui « traînent le balai » (*E*, 878). Il harcèle avec une ironie théâtrale « les gens mitonnés qui n'ont qu'une petite périphérie, qui bornent leur vue et leurs desseins à certaines circonférences où ils s'enferment comme en un point ; ils ne veulent sortir de là ; et si on leur montre quelque chose au-delà, et qu'ils s'en approchent, pour la considérer, aussitôt ils retournent en leur centre, comme les limaçons en leur coquille » (*E*, 509).

S'enfermer en soi-même est contraire à l'esprit de Dieu. « Chacun pense dans le monde que cette compagnie est de Dieu parce qu'on voit qu'elle accourt aux besoins plus pressants et plus délaissés » (*E*, 506-507). « Il faut courir aux besoins spirituels de notre prochain comme au feu » (*E*, 894).

LA DOCTRINE DE LA PRIÈRE

Il était indispensable, pour discerner et saisir l'originalité de l'enseignement vincentien sur la prière, de caractériser le contenu foncier et le dynamisme de son expérience religieuse. Faute de cette précaution, la saveur et la qualité de ses paroles échappent totalement. Chez lui, la doctrine n'est qu'une expression et un affleurement de l'expérience, l'expérience est la concrétion, la réalisation et la vérification de la doctrine.

DESTINATAIRES VARIÉS

En cataloguant pour commencer les différents bénéficiaires de cet enseignement, leur diversité autant que leur nombre nous étonnent. Au cours de ses quarante-neuf années de ministère sacerdotal, M. Vincent s'adressa aux pauvres gens des champs parfaitement illettrés, aux Filles de la Charité, peu cultivées, aux visitandines d'origine bourgeoise et convenablement instruites, aux prêtres de la Mission, aux docteurs de Sorbonne et aux évêques. L'éventail de la variété ne pouvait être plus déployé puisque nous constatons la présence des « extrêmes ». Mais cette diversité réclamant une souplesse d'adaptation n'empêche cependant pas M. Vincent de se référer toujours aux seules vérités essentielles et aux dispositions indispensables en tous les états de vie. Il ne fait pas mystère de cette constance. « Au début de la Mission, rapporte-t-il, je n'avais qu'une seule prédication que je tournais de mille façons, c'était de la crainte de Dieu » (*E*, 421).

PRÉOCCUPATION FONDAMENTALE

S'adressant aux sujets qui désirent véritablement prier, M. Vincent s'empresse de les mettre en garde contre une tendance foncière et très naturelle pour ne pas devenir habituelle, voire inconsciente : celle de juger et d'apprécier la prière à partir de la bonne impression ressentie, du réconfort ou de la lumière obtenue. M. Vincent se méfie. Depuis quelques millénaires le démon se transforme en ange de lumière. Savamment, politiquement il inocule des sentiments trompeurs. Prudence et sagesse doivent nous inviter à ne formuler aucun jugement sur les habitants des zones sentimentales de notre existence. Pour demeurer dans la légalité et conserver toutes ses chances de succès, notre curiosité doit restreindre son secteur d'observation. Seuls les actes nous renseignent et précisons ceux qui précèdent et qui suivent la prière (Abelly, III, 54-55).

Nul ne préservera le mystère surnaturel de la prière, sa profonde action transformante s'il n'est pas conscient d'être uniquement et pauvrement un coopérant, un intermédiaire au service de l'auteur principal et premier, Dieu seul, installé dans l'aventure humaine. Il est maître de notre destination et de notre transformation. Nous savons seulement qu'il entend nous unir de plus en plus à Lui et qu'il nous engage à vérifier l'authenticité et la profondeur de cette union en nous unissant à tous les êtres jusqu'à ce que Lui-même soit tout en tous (1 Co 15, 28).

Dès lors, oubliant les grandes pensées et se défiant des « grands sentiments », l'âme qui veut prier et assurer à sa prière le maximum « d'unités de valeur » est invitée à assumer les dispositions du Christ Jésus, à faire siennes les attitudes du Verbe incarné telles que l'épître aux Philippiens (2) les a décrites, telles que S. Jean les a expliquées : humilité, amour, anéantissement du moi dévoyé, amour effectif, douceur compatissante et communiante. Qui participera à cette attitude comprendra que « Notre-Seigneur et les saints ont plus fait en souffrant qu'en agissant » (*SV*, II, 4).

Évidemment, le retour incessant aux vérités révélées déçoit et contrarie profondément la petite nature. Elle tente, dans la prière comme dans la vie, de se replier sur elle-même, de se réconforter en attirant tout à soi et en se constituant comme centre d'équilibre et de gravitation. Pour enrayer cette tendance persistante, M. Vincent, avec l'âpreté d'un paysan tenace, multiplie les avertissements : « Les apparences sont trompeuses », « toutes choses sont incertaines hors celles que l'Écriture garantit », « la raison humaine n'atteint que rarement à la raison divine », « nous sommes en perpétuel changement ». Pour celui qui veut se dégager des apparences trompeuses et fuir ce perpétuel changement, il n'est qu'une sagesse et une politique : s'appuyer sur une réalité invisible et vivante. Seule l'éternité présente dans l'homme peut l'aider à réaliser sa vocation d'éternité.

LES BASES DOGMATIQUES DE LA VIE DE PRIÈRE

Cette éternité présente est « présentée » à l'homme sous les espèces des formules dogmatiques et des assertions majeures de la foi chrétienne : Création, conservation, Incarnation, Rédemption. Mais ces espèces dogmatiques deviennent pour le chrétien d'autant plus décevantes, flottantes et irréelles qu'elles ne remplissent plus leur fonction médiatrice. Leur raison d'être et leur rôle sont d'assurer la liaison entre une vie éphémère et fragile et la seule vie, la vie subsistante.

Or l'analyse minutieuse et persévérante de l'enseignement vincentien nous permet de déceler au centre et à la source de jaillissement, en assurant la synthèse cohérente et l'irréductible originalité, la convergence et la permanence d'un triple effort.

Effort pour restituer à la personne priante le sens de son insertion dans la vie divine.

Alors que l'analyse la plus poussée et l'inventaire le plus complet ne parviennent pas à donner le dernier mot de l'homme surnaturalisé, le Christ incarné se perpétue mystiquement dans l'humanité rachetée et nous permet de l'entrevoir confusément, énigmatiquement, mais d'une façon certaine. Le Christ intérieur révèle que chaque chrétien est « christiforme ». « Nous ne connaissons Dieu que par Jésus-Christ », affirmait passionnément Pascal, et il poursuivait : « Non seulement nous ne connaissons Dieu que par Jésus-Christ, mais nous ne nous connaissons nous-mêmes que par Jésus-Christ. Nous ne connaissons la vie, la mort que par Jésus-Christ. Hors de Jésus-Christ nous ne savons ce que c'est ni que notre vie, ni que notre mort, ni que Dieu, ni que nous-mêmes[3]. » Durant la vie terrestre de Jésus, le Père lui aussi se révélait à travers le visage et l'initiative de son Fils. « Qui m'a vu a vu le Père » (Jn 14, 9).

Le Père et le Fils unis par le même amour révélaient eux-mêmes le mystère de l'Esprit Saint et la vie trinitaire.

La pédagogie divine révélant le Père dans le Fils, le Fils dans l'humanité fournit à M. Vincent une méthode de connaissance. Délaissant les apparences, il faut d'abord regarder du côté de Dieu, « voir les choses comme elles sont en Dieu et non comme elles apparaissent » (*SV*, VII, 388). De là découleront deux règles de la vraie, de l'unique prière : partir de Dieu, c'est-à-dire éclairer ce qui apparaît par ce qui est et demeure invisible ; faire appel à l'esprit intérieur, non à celui de l'homme, mais à l'Esprit de Dieu qui est en nous pour qu'il inspire, guide, soutienne nos désirs et les rende conformes à la prière que l'Esprit de Dieu élève au plus secret de notre être (voir Rm 8, 15).

Effort pour donner ou restituer à l'action sa valeur priante en l'intégrant dans l'œuvre de Dieu.

Les dogmes fondamentaux du christianisme : Création, conservation providentielle, Incarnation, Rédemption, ne sont pas destinés à être noyés dans le brouillard du passé. Ces vérités ne nous sont données que comme source d'esprit et de vie. Nous mettant dans l'impossibilité d'utiliser Dieu, ils ont la divine vertu de nous rendre utilisables par Dieu.

Le Christ déclarait qu'il était parti du Père, qu'il

demeurait dans et avec le Père, qu'il allait vers le Père. La vie de prière nous réintègre et nous soutient dans ce mystérieux mouvement. Créé et sorti de la main de Dieu, soutenu par la main de Dieu ainsi que M. Vincent aimait à le redire, le chrétien demeure en Dieu et il vit dans la mesure où il va vers Celui qui donnera à son existence sa lumière, sa vérité, sa consommation. Trois notes garantissent que nous voulons demeurer dans ce triple mouvement : le désir et la volonté de sortir de soi non pour s'évader et s'évaporer en rêves, mais pour se reconnaître fondamentalement en dépendance de création continue ; la renonciation totale et douce à soi-même pour n'aimer dans notre vie que ce qui est vie et action d'un Autre à travers nous-mêmes ; volonté de s'achever en Dieu, de s'y consommer. « Se consommer pour Dieu, n'avoir de biens ni de forces que pour les consommer pour Dieu, c'est ce que Notre-Seigneur a fait lui-même, qui s'est consommé pour l'amour de son Père ! » (*SV*, XIII, 179.)

Effort pour restituer le sens de la communion.

Nous devons cette désignation d'un dernier effort à une déconcertante formulation de M. Vincent. « Et d'autant, écrit-il dans la règle des missionnaires, que pour bien honorer ces mystères [de la sainte Trinité et de l'Incarnation] l'on ne saurait donner aucun moyen plus excellent que la due vénération et le bon usage de la sacro-sainte Eucharistie, soit que nous la considérions comme sacrement, soit en tant que sacrifice » (*Règles*, chap. X, § 3). Ce raccourci énergique éclaire l'âme de la prière. Le sens de la présence et celui du sacrifice sont intimement liés. Nous savons fort bien que ceux que nous n'aimons pas et ceux hélas ! que nous n'aimons plus ne sont plus présents en nous, nous les avons expulsés de notre cœur. Mais nous savons aussi, même si nous éprouvons quelque honte à le confesser publiquement, que nous ne pouvons peser notre amour, nos possibilités d'accueil intérieur qu'au poids du sacrifice que nous nous imposons de subir pour quelqu'un, au poids de la souffrance que nous nous résignons à supporter par quelqu'un. Qui ne veut se sacrifier n'entrera jamais dans le paradis de la charité.

Or le mystère de la présence eucharistique n'aura sa consistance, sa solidité et sa divine vertu que si le chrétien s'offre lui-même dans une prière et un sacrifice achevant en lui-même l'offrande du Christ à son Père. Le mémorial de l'agonie et de la mort de Jésus n'est déchiffrable, intelligible et pleinement lisible que dans le consentement d'amour à notre propre agonie, à notre certaine et imprévisible mort.

Laissons, pour terminer cet exposé insuffisant, laissons la parole à un agonisant, à Georges Bernanos au terme de son agonie :

Nous voulons, écrivait-il, nous voulons réellement ce qu'Il veut, nous voulons vraiment, sans le savoir, nos peines, notre souffrance, notre solitude alors que nous imaginons seulement vouloir nos plaisirs. Nous nous imaginons redouter notre mort et la fuir quand nous voulons réellement cette mort comme Il a voulu la sienne. De la même manière qu'Il se sacrifie sur chaque autel où se célèbre la messe, Il recommence à mourir dans chaque homme à l'agonie. Nous voulons tout ce qu'Il veut, mais nous ne savons pas que nous le voulons, nous ne nous connaissons pas, le péché nous fait vivre à la surface de nous-mêmes, nous ne rentrerons que pour mourir, et c'est là qu'Il nous attend [24 janvier 1948[4]].

M. Vincent, résumant d'une manière plus poignante cette vérité impérieuse, déclarait : « Ressouvenez-vous, Monsieur, que nous vivons en Jésus-Christ par la mort de Jésus-Christ et que nous devons mourir en Jésus-Christ par la vie de Jésus-Christ, et que notre vie doit être cachée en Jésus-Christ et pleine de Jésus-Christ, et que pour mourir comme Jésus-Christ, il faut vivre comme Jésus-Christ » (*SV*, I, 295).

Étrange paradoxe, plus que de leur vivant, les morts nous parlent. Mais après tout, nous l'avions oublié : ils sont vivant(s) de Dieu.

Notes

1. M. BLONDEL, *Léon Ollé-Laprune*, p. 287.
2. Lettre du 1er avril 1648, éd. BRUNSCHVICG minor, p. 88.
3. *Pensées*, éd. LAFUMA, 189, 417.
4. A. BEGUIN, *Bernanos par lui-même*, p. 147.

9

L'ÉVOLUTION DE LA PRIÈRE VINCENTIENNE

D'emblée, il est nécessaire de confesser que l'entreprise dans laquelle je me suis lancé est fort imprudente et peut-être même scabreuse. Et cela pour deux raisons. La première que m'assène Blaise Pascal : « Dieu, me dit-il, parle bien de Dieu[1]*. » Pour parler exactement de la prière qui est œuvre de Dieu, de l'Esprit Saint, il faut que ce soit Dieu qui parle. M. Vincent au cours de son célèbre entretien avec M. Antoine Durand tenait des propos analogues : « Un mouton fait un mouton, etc., et un homme un autre homme, de même si celui qui conduit les autres, qui les forme, qui leur parle n'est animé que de l'esprit humain, ceux qui le verront, qui l'écouteront et qui s'étudieront à l'imiter deviendront tous

* Les notes de ce chapitre sont p. 258-269.

humains ; il ne leur inspirera quoi qu'il dise et qu'il fasse que l'apparence de la vertu et non pas le fond, il leur communiquera l'esprit dont lui-même sera animé[2]... » Après de telles déclarations, qui oserait se dire « homme de prière » ? La seconde raison se trouve dans la difficulté non seulement de décrire, d'analyser, de trouver les mots pour atteindre ou désigner la vraie prière, celle de l'Esprit Saint opérant en nous. Le visage des vivants est plus souvent un masque qu'une transparence de l'être profond. Que dire alors du visage d'un invisible, de sa parole vivante définitivement immobilisée et coagulée dans un texte même authentique ? Les perplexités s'entensifient, les mystères se multiplient.

Conscient de ces deux raisons, de cette double série de difficultés, je me permettrai seulement de vous faire part, bonnement et simplement, de mes efforts en ce sens. Chacun pourra ensuite, suivant ses dispositions et, selon la grâce qui est donnée, tenir compte de ces recherches, les utiliser, les adopter après les retouches nécessaires pour mieux costumer sa vie de prière personnelle, c'est tout ce que je puis espérer. « L'expérience des autres, me confiait le cher Père Ch. F. Jean, ne sert pas à grand-chose... à moins qu'on ne les aime, qu'on ne puisse les comprendre par le cœur, les assimiler. » Il est vrai qu'il faut une longue durée pour que l'expérience, même notre propre expérience, subie et comprise, puisse se muer en « existence », voire nous transformer.

J'ajouterai que jusqu'à ce jour, j'ai abordé de quatre manières différentes cette question de M. Vincent et de la prière.

En 1942, je me suis efforcé de rassembler tous les éléments que lui-même Vincent de Paul avait glanés et retirés de l'œuvre de S. François de Sales : *Introduction à la vie dévote* de 1608, *Traité de l'amour de Dieu* de 1616. Le titre de cette petite synthèse était *Lectures de François de Sales par Monsieur Vincent*[3].

En 1950-1951, j'ai regroupé les éléments salésiens et vincentiens épars dans les huit mille pages que nous possédons de Vincent de Paul et les mille cent onze pages de sa vie par Louis Abelly pour constituer une petite somme, un « corpus » de l'enseignement de Vincent de Paul s'adressant aux missionnaires et aux Filles de la Charité. Ce petit travail porte le titre *En prière avec Monsieur Vincent*[4].

En 1976, je me suis efforcé d'établir ou de suggérer les relations existantes entre l'expérience religieuse de M. Vincent et son enseignement sur la prière. Le résultat de ce rapprochement a paru dans un ouvrage collectif, *Prière et vie selon la foi*, sous le titre « La Prière de Monsieur Vincent[5] ».

Aujourd'hui, c'est un quatrième aspect, un autre éclairage que je voudrais apporter. Je désirerais présenter les éléments qui se sont imposés à M. Vincent et qui ont motivé l'évolution de sa prière personnelle et l'ont amené aussi à présenter dans son enseignement des formes très différentes de prière, des manières de laisser place à Dieu dans notre âme. Parmi ces

« éléments » qui ont provoqué des variations, voire des mutations, certains demeurent. Je vous livre ainsi l'excuse justifiant quelque indulgence à l'égard de mon intrépidité.

Je répartirai le résultat de ces quelques recherches en trois points : la situation ou la conjonction culturelle ; l'extension de la vision de l'univers ; les consignes pratiques de M. Vincent.

LA SITUATION OU LA CONJONCTION CULTURELLE

« Faire oraison, rendre la dévotion accessible à tous. » Cela est très vite dit et il importe de le dire très rapidement car la difficulté de faire oraison est grande. Disons même qu'elle est monumentale et mémorable pour les siècles des siècles.

Examinons pour la période qui nous intéresse d'abord le fait, puis les conséquences.

LE FAIT

Nulle incertitude, c'est bien au XVe siècle, vers 1440, que Johannes Genfleisch, dit Gutenberg, né à Mayence entre 1394 et 1398, qui s'était établi à Strasbourg en 1434, eut l'idée de décomposer la typographie en séparant les caractères alphabétiques les uns des autres. Dès 1448, associé à J. Fust, il imprime la célèbre Bible dite de quarante-deux lignes. Cela, tous les écoliers le savent, mais ce qu'ils ignorent, quel dommage, c'est que la découverte et l'ingéniosité de Gutenberg n'auraient servi absolument à rien si deux autres faits n'étaient survenus pour en permettre l'exploitation.

Le premier est l'utilisation d'un support léger et économique.

Le livre sur parchemin ou sur velin demeurait l'apanage d'une institution, d'un financier, d'un monastère. Retenons que le prix de revient de ces livres imprimés était aussi élevé que celui des manuscrits. La Bible de Gutenberg avait utilisé cent dix-sept peaux de mouton valant actuellement en période d'exploitation industrielle et normale 170 ou 180 F la pièce. En somme, près de 2 millions de francs, très exactement 19 890 F. Un évangéliaire nécessitait l'utilisation de cinq peaux de mouton et revenait, simplement pour ce support, à 800 F. Pour les trente exemplaires de la Bible de Gutenberg, il fallait cinq mille peaux de mouton de plus.

Heureusement, depuis le XIIe siècle, l'Europe avait hérité d'un autre support de l'écriture. Ce papier, car c'est de lui qu'il s'agit, était plus léger, meilleur marché et pouvait être fabriqué avec des matières européennes, bois ou étoffes, qui n'étaient pas des matières rares. Le papier, invention chinoise, permit une diffusion de l'industrie imprimante et à telle allure qu'en 1480 cent villes européennes possédaient une imprimerie et en 1500, date de la fin des « incunables », deux cent cinquante-six villes se glorifient de pouvoir imprimer[6].

Le second fait est l'alphabétisation. Les livres bien imprimés, même sur d'excellents supports économiques, ne serviraient à rien sans l'existence de nombreux lecteurs. Or, en France, au début du XVIIe siècle, sur vingt millions de Français, seuls un ou deux millions savaient lire et pouvaient signer leur nom sur les registres de mariage[7]. Un immense effort d'alphabétisation devait être entrepris et vous savez même qu'une certaine bergère de Suresnes apprenait à lire en faisant appel aux passants qui avaient l'air de savoir lire ; elle s'appelait Marguerite Naseau et c'est elle qu'il faut placer à la tête de cette longue procession de Filles de la Charité qui depuis près de trois cent cinquante ans sèment à tous vents les graines incorruptibles de la parole éternisante de Dieu (*SV*, IX, 7, 209, 244, 455, 602).

Qui aurait pu le prévoir ? Ce phénomène complexe — imprimerie, support économique léger, alphabétisation ouvrant les yeux de l'esprit autant que ceux du corps — va donner naissance à un monstre dangereux : l'opinion publique. Dès que l'alphabétisation va atteindre le chiffre de 30 à 40 % de la population, le phénomène « révolution » apparaîtra. Voyez ce qui se passe quand le chiffre 30-40 % est atteint : Angleterre en 1648, France en 1780, et même en Russie vers 1917[8].

Nous aurions pu le prévoir et nous n'avons maintenant qu'à le constater, ces innovations matérielles vont donner naissance à un phénomène entièrement nouveau : la religion du Livre. Le rapport religieux ne sera plus ce qu'il était jadis par la médiation de la parole vivante et perdurable, un rapport de personnes vivantes, celui des personnes enseignantes et des sujets enseignés. La Parole de Dieu ne passera plus nécessairement par le visage et la voix d'un autre humain, elle pourra passer par un objet neutre diversement éclairé, diversement compréhensible : le LIVRE. C'est dire que la religion va, en raison de cette nouvelle médiation, devenir beaucoup plus complexe. Très finement, Louis Lavelle a dénoncé les effets de la lecture sur le lecteur. Selon la diversité des lecteurs, un livre unique aura de multiples sens, d'innombrables chemins, d'indescriptibles visages[9].

LES CONSÉQUENCES

Les conséquences seront matérielles et aussi spirituelles.

Conséquences matérielles.

La première est sans doute une disjonction entre la prière et l'institution juridique et spatiale, disons géographique.

Toute la spiritualité et l'expérience chrétienne du Moyen Âge occidental et oriental étaient conçues et organisées en prolongement de la vie monastique. Cette dernière préfigurait la vie éternelle. Pour les laïcs non intégrés dans l'institution monastique, il suffisait de s'y rattacher ou juridiquement par le lien d'un tiers ordre ou par le désir de s'inspirer d'une expérience vivante garantie par un maître. L'image de S. Benoît, patron de l'Europe, de S. Colomban, régisseur de l'Irlande, est dans toutes les mémoires.

Au début du XVIIe siècle, François de Sales empruntera tout ce qu'il pourra à la vie collective des religieux et des religieuses et il présentera ce butin à Philothée qui mènera une vie de moniale hors du cloître, mais avec quelques soucis de taille, l'entente avec son époux, l'éducation des enfants, la responsabilité financière de la cellule familiale.

Dans ces conditions et dans cette perspective, la prière était facilement caractérisable. Elle s'appuyait sur un texte relativement fixe, destiné à la collectivité dont elle émanait, elle était guidée et protégée par une législation d'ailleurs très tolérante formulée par les conducteurs de la vie religieuse ou par les évêques.

Le type le plus noble, le plus solide et le plus harmonieux de la prière était l'office choral souvent retouché et réarticulé. Mais pour reprendre une formule doucement souriante d'Ernest Renan : « Le Moyen Âge imaginait le ciel comme un chœur de moines chantant. » N'est-ce pas dom Sableyrolles qui déclarait en 1935-1936, pour soutenir le courage des étudiants lazaristes cantonnés à Pontchevron au mois d'août qu'il soumettait à une semaine de chant grégorien : « Il faut apprendre à bien chanter car voyez-vous, au ciel nous ne cesserons pas de chanter ! » Dois-je rappeler qu'à ce moment certains étudiants jouissant d'une oreille et de cordes vocales lamentables se déclaraient candidats pour un autre paradis qui ne serait pas pour eux... infernal ?

Avec l'institution des « mendiants » au XIIIe siècle nous voyons apparaître une innovation dont les conséquences seront incalculables, c'est l'introduction de la « dispense » de l'office en faveur des prédicateurs ambulants, des étudiants, voire de certains enseignants. Au XVIe siècle, les réunions de prière des « réformés » seront toujours connotées par le chant des Psaumes. Extérieurement, la réforme protestante restera fidèle à cette célébration psalmique, de sorte que les protestants apparaîtront comme des chanteurs de psaumes. La prière demeurait enveloppée, soudée dans la gaine du texte vétéro-testamentaire.

Mais une tâche complexe, diverse restait à envisager, à entreprendre et à poursuivre indéfiniment. Après coup, nous pouvons mieux saisir sa double finalité.

Il importait d'abord de distinguer clairement pour les mieux comprendre et les harmoniser organiquement les éléments fort différents de l'humaine prière. Il n'est pas inutile de rappeler que la prière chrétienne est originellement et fondamentalement une des formes et un des modes de participation à l'œuvre que Dieu ne cesse d'accomplir dans sa création. De plus, le Dieu de la Révélation nous permet de percevoir l'abîme qui sépare l'Être infini de notre être fini, déficient et déformé. Il invite et stimule notre indigence à adopter une attitude de « recours à Lui », à formuler une demande de secours, à désirer une suppléance d'être et de vie. Ce Dieu de la Révélation s'oppose au mouvement d'emprisonnement sur soi-même que physiologiquement et psychologiquement l'être humain ébauche et souvent arrive à boucler. Le Dieu de la Révélation invite l'homme à s'ouvrir à plus grand et meilleur que lui. Discrètement, une invitation à participer à un mystère d'amour nous est ainsi faite. L'union à Dieu, la participation selon notre condition et nos limites à la vie divine est la raison dernière et déterminante de la Révélation comme de notre existence.

Mais la vision du terme définitif de l'évolution de la créature ne pouvait être reconnue, désirée et accomplie sans l'apport explicite des données de la Nouvelle Alliance. Celles-ci non seulement éclairaient les promesses de l'Ancien Testament, elles fournissaient des réalités nouvelles révélant ce que l'Ancienne Alliance avait pédagogiquement caché[10].

L'insuffisance doctrinale de la prière de l'Ancienne Alliance avait été perçue dès les premières prédications du Christ Jésus[11]. Les disciples savaient qu'ils devaient prier autrement que les pharisiens, autrement que les païens, autrement que les disciples de Jean Baptiste[12].

Si les membres de la communauté de Jérusalem participaient au Temple à la prière traditionnelle des Juifs, elle avait aussi, de bonne heure, organisé les réunions au cours desquelles la nouvelle prière enseignée par Jésus, la célébration de l'Eucharistie exprimaient originalement l'âme de la nouvelle communauté. Nous ne pouvons pas concevoir comment la primitive Église aurait pu subsister sans expliciter ce que l'Ancien Testament cachait, sans manifester que la vie du chrétien était essentiellement la vie « dans le Christ Jésus »[13]. La présence du Christ, l'identification au Christ transformaient radicalement l'existence, dessinant une nouvelle anthropologie[14].

Il va sans dire, et un peu mieux en le disant, que l'amplitude de cette entreprise explique les demi-réussites et certaines déviations que nous constatons dans l'histoire de la vie chrétienne entre le XIe et le XVIIIe siècle.

Nous voyons en effet les victorins, Hugues et Richard de Saint-Victor pour ne citer que les plus célèbres, organiser en dehors de l'office la *« lectio divina »* qui consiste essentiellement en une lecture attentive, réfléchie et pénétrante de l'Écriture et des écrits des Pères[15]. Mais cette « institution » n'atteignit en fait qu'un groupe restreint de moines doctrinalement bien équipés[16].

Plus tard nous pouvons constater qu'en raison du développement de la scolastique, du fourmillement des querelles du nominalisme, un mouvement d'intériorisation se déploie et exercera une singulière fascination sur les âmes les plus réfléchies et les plus religieuses du XVe et du XVIIe siècle. Je veux parler du mouvement de la « dévotion moderne ». Soucieux de se tenir à l'écart des discussions oiseuses, dédaignant les abstractions dévitalisantes, les adeptes de la dévotion moderne accélèrent et consomment sans le vouloir le divorce entre la prière d'union à Dieu et l'organisation technicienne, voire bureaucratique, de la « méditation ».

Bien vite intégrée à la vie religieuse institutionnelle la « méditation » exposait par son objectif principal, voire exclusif, « changer la vie, améliorer les mœurs », à sous-estimer l'élément dogmatique de la prière. Faisant surtout appel à l'affectivité, souvent à l'imagination, elle s'organisait en exercice concret d'ascèse destiné à se prolonger en bonne et solides résolutions. Il y avait là de quoi séduire des esprits secrètement acquis au stoïcisme de la Renaissance[17].

Si S. Bernard et le Pseudo-Bonaventure sont à l'origine d'une piété caractérisée par un appauvrissement intellectuel et une surestime de l'affectivité motrice, il est indéniable que Garcia de Cisneros (1455-1510) fut avec son *Ejercitatorio de la vida espiritual* (Montserrat, 1500) l'instituteur des schémas de méditation et qu'Ignace de Loyola (1491-1556) en fut le propagandiste auprès d'un très vaste public. En France, François de Sales et les maîtres de l'École française en furent les diffuseurs les plus ardents et les plus heureux[18].

Sans doute l'influence et l'expérience authentiquement mystique des instituteurs et des propagandistes, le rayonnement surnaturel de leur existence humanisèrent et rectifièrent ce que les schémas préfabriqués présentaient de rebutant et d'inassimilable. Mais une victoire partielle et précaire était remportée. En présentant la méditation comme un exercice d'ascèse pratique, en réduisant son contenu intellectuel pour vivifier rapidement l'affectivité religieuse, les promoteurs favorisaient un glissement de la religion vers un moralisme ou un psychologisme sans doute trop humains. La méditation accessible à tous et proposée à tous se défendait mal contre un humanisme singulièrement étranger à la Révélation et à la « folie de la Croix »[19].

La seconde conséquence matérielle, facilement constatable, fut un « changement de registre ». Au lieu du dialogue amoureux avec l'Hôte invisible et infini habitant et transformant les âmes, la prière se mua en dialogue utilisant au mieux l'affectivité. C'est elle qui devait soutenir l'adoration, s'exprimer en « exclamations », en « élévations ». Elle devenait la respectueuse mais insistante instigatrice des multiples demandes, des appels à la miséricorde, etc. Grande était la tentation pour les simples et les pauvres démunis des vérités nécessaires au salut de se représenter Dieu dans la lignée du maître des comptes ou du maître des requêtes à qui les sollicitations doivent être adressées sans cesse pour qu'il n'oublie pas d'être sempiternellement indulgent. Pour certains, avec la protection autorisée des casuistes, la morale ignorera la « dévotion » et la prière. L'homme religieux admirera les habiles tacticiens qui collectionnent les dispenses et utilisent honnêtement tous les « passe-droits ». « L'expérience, écrivait Pascal, nous fait voir une différence énorme entre la dévotion et la bonté[20]. »

Conséquences spirituelles.

Reconnaissons-le, elles furent et demeurent toujours ambiguës, c'est-à-dire capables d'engendrer des bienfaits ou des méfaits. Et cela soit dans le sujet priant, soit dans la doctrine qui soutient ou nourrit sa prière.

I. *Dans le sujet priant, c'est-à-dire nous-mêmes...*

Le fait de considérer la prière psalmique comme secondaire amène Vincent de Paul à placer au premier regard et au premier plan le mystère de la Très Sainte Trinité et de l'Incarnation, puis l'Eucharistie comme sacrifice et comme sacrement, le culte et l'imitation de la Vierge Marie[21].

L'office divin auquel les missionnaires sont tenus par leur sacerdoce sera récité « en commun » mais « à voix médiocre sans chanter ». Il est évident que cette récitation en commun a pour but d'aider à une honnête réglementation de la vie communautaire.

Mais il est facile de constater que pour M. Vincent l'essentiel n'est pas là. Il est dans cet « anéantissement, cet effort pour se vider de soi-même afin que

Dieu nous remplisse ». La vraie prière sera celle qui conduit à cet anéantissement et en surveille l'exécution[22].

C'est en fonction de ce pôle lumineux qu'il guide ses disciples, qu'il prie un clerc de ne pas utiliser le terme « écouter Dieu ». À d'autres moments, il ramène l'attention de ses dirigés sur la nécessité de traduire concrètement leur manière de servir Dieu en se mettant au service du prochain[23].

Mais, d'autre part, M. Vincent rappelle que Dieu n'a pas besoin de nos paroles.

> Il ne faut pas s'efforcer, former en son intérieur des paroles distinctes, par où l'on se gâte l'estomac : Dieu entend fort bien sans parler, il voit tous les ressorts de nos cœurs, il connaît tous nos sentiments jusqu'au moindre. [...] Ô Sauveur, nous n'avons que faire d'ouvrir la bouche pour vous découvrir nos besoins ; vous entendez le plus doux soupir, le plus petit mouvement de notre âme, et par un doux et amoureux élan on attire sur soi plus de grâces et de bénédictions sans comparaison qu'avec ces extrêmes violences. [...] Ô Sauveur, nous n'avons que faire d'ouvrir la bouche pour vous découvrir fontaine des miséricordes ; vous voyez nos désirs ah ! ils ne tendent qu'à vous, ils n'aspirent qu'à vous, ils ne veulent que vous. Disons-lui souvent : « Doce nos orare », donnez-nous, Seigneur, ce don d'oraison, apprenez-nous vous-même comment nous vous devons prier (répétition d'oraison du 4 août 1655 ; *E*, 179).

Nous apprenons ainsi à quelles sources profondes la prière personnelle devait s'alimenter.

Une image vivante éclaire son attitude envers Dieu : celle de la Vierge Marie : « elle parle pour ceux qui n'ont point de langue et ne peuvent parler » (*SV*, X, 105, conférence du 10 août 1655).

Quant à la répétition d'oraison qui peut de prime abord paraître un exercice disciplinaire de contrôle, le contenu des cinquante répétitions d'oraison que nous possédons, situées entre les années 1642 et 1655, nous permet de voir que M. Vincent utilisait cet exercice, « moins comme un procédé de gouvernement que comme une méthode de direction spirituelle, un moyen épisodique d'enseignement[24] ». Il savait d'ailleurs par expérience qu'il était parfois impossible de faire la répétition d'oraison lorsque le sujet était isolé ou en voyage. Lui-même entre le 15 janvier 1649 et le 20 juin 1649, durant six mois fut continuellement sur les routes de l'ouest de la France[25].

Suivant les sujets et en fonction des situations il conseille des modes de prières différents : l'offrande d'une présence (*SV*, IX, 50 ; IV, 390) ; l'action en la vue et la présence de Dieu (*E*, 275, 209, 367, 580) ; l'élévation à Dieu (*E*, 300) ; se détourner des hommes et se tourner vers Dieu ; s'offrir en hostie comme les malades[26] ; imaginer la Vierge Marie, son regard et son expression (*SV*, IX, 31, 426 ; X, 575) ; s'efforcer de voir au-delà des personnes le Christ et la Vierge Marie (*SV*, IX, 8 ; X, 386-387 ; XIII, 636 ; témoignage de M. de Fonteneil, 17 juillet 1662) ; s'inspirer des images pour fixer son attention et capter son imagination (*SV*, IX, 32-33)[27] ; passer de la beauté de la création à la splendeur du créateur[28] ; remonter de la bonté des créatures et des serviteurs de Dieu à la bonté indescriptible de Dieu[29] ; observer les mœurs et les attitudes des animaux qui peuvent instruire notre sagesse[30] ; discerner dans tous les états des hommes ce qui rappelle une disposition et une ordonnance de Dieu[31] ; considérer les personnes et surtout les pauvres avec le regard de Dieu et du Christ (*E*, 354-355 ; 895-896 ; *SV*, IX, 5).

Grâce à la sagesse extrêmement prudente de M. Vincent, bien des déviations et des troubles furent évités. Il suffit de penser et de restituer le décor dans lequel l'activité spirituelle de M. Vincent s'est déployée. Le désir de laisser plus de place et plus de liberté à l'Esprit de Dieu vivant en l'homme provoquait, ici et là, des phénomènes d'illuminisme[32], des épidémies de préternaturel aussi contestables que les « possessions » et les « exorcismes[33] ». Au début du siècle, la société de Jésus était secouée en France par une spiritualité nouvelle qui embarrassait singulièrement les supérieurs provinciaux[34].

II. *Dans la doctrine.*

L'orientation doctrinale ne pouvait rester invulnérable. Une volonté trop prompte d'adaptation amena rapidement à concevoir et à présenter une religion plus attentive à l'homme qu'à Dieu. En parlant d'anthropocentrisme ignatien s'opposant au théocentrisme bérullien, H. Bremond a sans doute forcé et durci les traits pour mieux dénoncer une tendance. Ce faisant, il ne faisait que relever et dénoncer la perpétuelle tentation de rechercher le bonheur plus que le salut, d'épanouir l'homme plus que de l'intégrer dans l'éternel mystère de Dieu.

Si M. Vincent ne mène pas son combat dans le domaine des principes théologiques, il livre bataille contre toutes les manifestations gourmandes ou accaparantes du moi. Non seulement il s'insurge contre toutes les manières de se prêcher soi-même (*E*, 67, 403, 435-437, 615, 638-639, 872, 966), il entend montrer qu'il n'y a de solution que dans le don à Dieu (*E*, 775, 17 octobre 1659 ; se donner à Dieu, remède suprême contre les illusions). Nous ne sommes que fumée et néant (*E*, 436, 960 ; voir Abelly, I, 93 ; *SV*, XIII, 36), joute du démon et de toutes les variétés d'illusion (*E*, 761-776, 17 octobre 1659), car plus que tout autre, les hommes de communauté sont victimes des apparences et fascinés par l'illusoire[35].

Il ne faut pas comprendre autrement sa patiente tactique de harcèlement et les humiliations qu'il pratique surtout en présence de ses missionnaires*. Il rappelle ses humbles origines, ses occupations de meneur de troupeaux de porcs, ses péchés, sa négligence de la grâce qui le rend pire que le démon[36].

* Les huit mille pages de l'édition Coste relèvent cent six actes d'humilité de M. Vincent en public.

L'EXTENSION DU MONDE

FAITS

Il serait fort imprudent d'oublier qu'au moment où M. Vincent vivait, organisait ses congrégations, surveillait leur développement, la vision qu'il avait du monde se transformait considérablement. Or c'est précisément cette profonde modification de la vision du monde qui allait tout au long des âges suivants amener les hommes et les religieux à concevoir autrement l'image de Dieu et à reconnaître d'autres relations entre Dieu et l'homme. Jusqu'à la fin du XVIe siècle, il était assez facile de situer Dieu, de le concevoir en complément et en prolongement d'un monde visible et stable. Même imparfaite cette présentation était apaisante. Le monde clos et stable affecté du coefficient « infini » fournissait une certaine idée du Dieu transcendant qui maintenait les intelligences et les imaginations dans un calme apprécié.

Or, en cette fin du XVe siècle et au cours du XVIe siècle l'image et l'idée du Dieu « infini » ou « indéfini » commencèrent à flotter, à ne plus s'accorder avec les affirmations et les propositions les plus courantes de la pensée populaire.

Un malaise sourd et inconsistant s'installait. L'énoncé « scientifique » de la vision du monde ne correspondait plus très bien avec l'énoncé dit « religieux » sommairement élaboré à partir de la révélation biblique. La méfiance paralysait le dialogue entre les « religieux » et les « scientifiques ». Personne dans les deux camps n'entrevoyait comment il serait un jour possible d'accorder ce que la « Révélation » présentait avec ce que l'observation semblait imposer. Ce qui dramatisait encore cette singulière situation, c'est que ni les « théologiens », ni les « scientifiques » n'arrivaient à discerner le lieu précis et l'exacte raison de leur désaccord. À trois siècles de distance nous pouvons mieux comprendre que le conflit provenait d'une double découverte : d'abord l'extension du monde, ensuite l'imprécision du mot « infini ». L'infini des mathématiciens ne correspondait plus à l'infini des théologiens.

L'extension spatiale du monde matériel.

Ne nous laissons pas retenir par les images et les dates de nos premiers manuels d'histoire. De 1492 à 1535*, les habitants de l'Europe apprennent lentement

* Christophe Colomb (Gênes, 1451-1506) effectue son premier voyage en quittant Palos le 3 août 1492. Le deuxième voyage dure de septembre 1493 à juin 1496. Le troisième fut effectué en 1498, le quatrième de 1502 à 1504. La Colombie fut découverte par Alonso de Hojeda en 1499 et par Christophe Colomb en 1502. Elle sera conquise par Gonzalo Jimenez de Quesada de 1536 à 1539. Le Brésil fut découvert en 1500 par Alvares Cabral. De 1519 à 1521, les navires de Magellan font le tour

et définitivement qu'il faut au moins tripler l'étendue des terres et des océans. Ils doivent se convaincre que la terre est ronde, qu'il n'y a plus de « finistère ».

Mais voici qu'une autre nouvelle les stupéfie : la Terre n'est plus un centre, le Soleil ne tourne plus autour de la Terre, c'est la Terre qui tourne autour du Soleil et celui-ci, accompagné de la Terre et de quelques astres, est lancé dans une course dont nul ne connaît la destination, la vitesse et moins encore la raison[37].

Disjonction entre « l'infini mathématique » et « l'infini métaphysique ».

Cette révélation d'un monde agrandi, sphérique, en mouvement autour du Soleil lui-même entraîné dans une course vers un autre inconnu, cette « vision » d'abord contestée, puis admise ne sera vulgarisée qu'à

du monde. De 1518 à 1524 Cortès conquiert le Mexique. De 1524 à 1541, Pizarre conquiert le Pérou. De 1539 à 1543, exploration du bassin du Mississipi. En 1542, les Portugais atteignent le Japon. En 1503, Paulmier de Gonneville pénètre dans le Brésil. En 1504, les Bretons visitent les parages du Saint-Laurent. En 1529, Jean et Raoul Parmentier sur le « Sacre » arrivent à Sumatra. En 1534, le 20 août, Jacques Cartier part pour Terre-Neuve, la baie des Châteaux, le golfe du Saint-Laurent. Il est de retour le 5 septembre. En 1535, deuxième voyage de Jacques Cartier qui remonte le Saint-Laurent et rentre après 15 mois, le 9 juillet 1536. — Voir LAVISSE (E.), *Histoire de France*, Paris, 1903, t. V, p. 277-286.

la fin du XVIIe et au début du XVIIIe siècle. Elle devait être presque aussitôt doublée d'une autre découverte, celle d'une différence « d'ordre », de « nature » entre l'indéfini mathématique et l'infini métaphysique utilisé par les philosophes et les théologiens.

L'indéfini des mathématiciens pouvait toujours s'accroître d'une unité, l'infini dans lequel Dieu se cachait n'était pas lié à l'espace et au temps, il était littéralement hors des prises de l'intelligence humaine outillée pour la connaissance dans l'espace et dans le temps. « Si Dieu existe, notait alors Pascal, il est incompréhensible[38]. » Or, voulant, nolant, les théologiens vont longtemps se maintenir dans l'ordre de l'indéfini mathématique. La différence d'ordre existentiel qui sépare le créateur de la créature, différence très justement rappelée par S. Thomas, sera pratiquement oubliée[39].

Plus encore, la *Concordia* de Molina (Lisbonne, 1588) en parlant de l'avant et de l'après, des mérites « prévus » qui justifient la prédestination au salut ou l'éternelle perdition va provoquer un climat extrêmement favorable à toutes les ambiguïtés. La congrégation *De Auxiliis* s'efforça d'imposer silence aux molinistes et aux thomistes. Mais quels que furent les efforts des uns pour rassurer l'homme et des autres pour justifier les apparentes injustices de Dieu, le mystère de Dieu n'en était pas éclairé, l'anthropologie chrétienne n'en serait ni enrichie, ni mieux présentée[40].

Fascinés et obsédés par les problèmes de la grâce actuelle et du concours divin, les moralistes allaient pendant plus d'un siècle s'affairer à résoudre les conflits des droits et des devoirs. À partir de 1600, les recueils de cas de conscience se multiplient. L'autorité romaine désireuse de maintenir les exigences de l'inspiration évangélique s'efforçait en vain de contenir les excès des opinions opposées[41]. Reconnaissons que tous ces écrits et ces disputes organisaient, innocemment, nous voulons bien le croire, une très facile et apaisante diversion.

LES CONSÉQUENCES

La double extension géographique et astronomique, la disjonction entre l'infini mathématique et l'infini réel et métaphysique vont provoquer au moins trois conséquences qui concernent immédiatement notre propos : l'une dans l'ordre actif ; la deuxième dans l'ordre doctrinal ; la dernière dans la vie personnelle et une manière différente d'appartenir et donc de se donner à Dieu.

L'ordre pastoral : l'évangélisation active.

Saint Vincent était, ne l'oublions pas, persuadé avec le grand nombre, voire même la quasi-totalité des théologiens de son temps que les élus étaient en très petit nombre. Est-ce que le grand nombre des catholiques français ne mouraient pas en état de damnation, n'osant confesser leurs fautes, ne trouvant pas les secours religieux nécessaires[42] ?

Il entrevoyait comme possible et même fort probable le déplacement de l'Église. Celle-ci pourrait avoir un autre siège central que Rome. Ses pressentiments s'appuyaient sur les inquiétudes du saint pape Clément VIII[43], sur les avertissements de l'abbé de Saint-Cyran, Jean Duvergier de Hauranne[44], sur les ruines causées par la Réforme luthérienne et calviniste[45] et même sur les événements de Pologne. « Charles Gustave, dira J. B. Bossuet, apparut à la Pologne surprise et trahie comme un lion qui tient sa proie dans ses ongles tout prêt à la mettre en pièces[46]. »

L'ordre doctrinal.

Si la figure de ce monde se transforme, l'idée de Dieu, son image et nos imaginations familières vont aussi se modifier. Les spéculatifs savent bien que l'indéfini n'est pas l'infini. Les desseins de Dieu, sa volonté ressemblent de moins en moins à nos idées, nos volontés et nos prévisions. Vincent de Paul est particulièrement sensible à cet aspect infiniment mystérieux de la réalité divine. Son attente, sa lenteur traduisent concrètement sa précaution de ne pas imaginer trop humainement le plan de Dieu. Les illusions nourries par les grands mouvements de la sensibilité sont fréquentes. Mieux vaut, pour ne pas enjamber sur la Providence, attendre l'évidence de la volonté de Dieu[47].

La vie religieuse personnelle.

Dans ce domaine mouvant et obscur, il est bon de se rappeler, nous dit M. Vincent, que tout ce qui n'est pas donné par la Révélation peut être sujet de controverse. Les sens peuvent nous tromper... et nous sommes tellement enclins à prendre pour vérité incontestable ce qui émane de notre pauvre cervelle[48]. Seule la vérité divine demeure, inattaquable, difficilement saisissable bien sûr, mais elle seule nous met en présence non d'une abstraction mais d'un Être éternel, vivant et vrai.

LES CONSIGNES PRATIQUES DE M. VINCENT

Toutes les consignes pratiques, toutes les mises en garde aussi bien que les orientations concrètes que nous pouvons trouver dans la vie et les écrits de M. Vincent relèvent de deux préoccupations majeures.

ÉVITER LES SPÉCULATIONS THÉOLOGIQUES QUI DISPENSENT D'AGIR ET NÉGLIGENT DE S'APPUYER SUR L'ÉVANGILE, DE PARTICIPER A SON ESPRIT, DE PERMETTRE AU CHRIST JÉSUS D'ÊTRE EN NOUS VIVANT ET AGISSANT

M. Vincent n'ignorait pas les dangers que faisaient courir certains spirituels uniquement attentifs aux relations entre Dieu et l'âme et de ce fait délaissant le mystère de l'Incarnation et l'humanité du Christ.

Plus que S. Jean de la Croix, il estime avec S^e^ Thérèse d'Avila qu'il lit, vénère et utilise qu'il ne faut jamais oublier l'humanité de Jésus. Lorsque les règles de la morale ne sont pas assez précises ni concrètes, la bonne méthode pour trouver la route et l'attitude qu'il faut prendre est de se demander : « Cela est-il conforme aux maximes du Fils de Dieu ? Seigneur, si vous étiez à ma place, comment feriez-vous en cette occasion ? Comment instruiriez-vous ce peuple ? Comment consoleriez-vous ce malade d'esprit ou de corps ? » (*E*, 311.)

Plus heureux et plus sûr que son maître Benoît de Canfeld, il ne se rangera pas entièrement sur les voies de l'école abstraite. Et cependant M. Duval, ce bon et saint M. Duval s'était porté garant de l'orthodoxie de l'œuvre canfeldienne[49]. Il s'écarte également des tendances stoïciennes alors en vogue et il ne cite le Pseudo-Denys que pour fournir un tableautin du monde des anges[50].

Alors que le mouvement théologique du XVIIe siècle ne parlait pas d'une manière très concrète de la doctrine du corps mystique du Christ et de son expression morale, lui, au contraire, se référant immédiatement à l'enseignement paulinien, il réintègre dans l'expression et l'activité religieuse la compassion, le cœur au sens biblique du terme et cela afin de vérifier la vitalité et l'authenticité de la charité[51].

Dans le même esprit, il réunit et pour ainsi dire ressoude la charité pour le prochain à la charité pour Dieu[52].

DOUCEMENT ET INVARIABLEMENT, À TEMPS ET À CONTRETEMPS IL RAMÈNE ET MAINTIENT L'ATTENTION SUR LE DIEU VIVANT ET SUR LE CHRIST AGISSANT

Quel vincentien pourrait oublier la formule que M. Vincent a frappée à l'intention de M. Antoine Portail et de quelques millions de disciples : « Ressouvenez-vous, Monsieur, que nous vivons en Jésus-Christ par la mort de Jésus-Christ et que nous devons mourir en Jésus-Christ par la vie de Jésus-Christ, et que notre vie doit être cachée en Jésus-Christ et pleine de Jésus-Christ, et que pour mourir comme Jésus-Christ, il faut vivre comme Jésus-Christ. »

Formule paulinienne éclairée par S. Augustin,

synthèse inspiratrice et directrice de toute la conduite humaine pour qu'elle soit la vraie vie (*SV*, I, 295, 1er mai 1635, lettre à A. Portail).

Spéculativement, nous pouvons placer M. Vincent de Paul dans le courant augustinien du XVIIe siècle. C'est dans cette mouvance et dans ce dynamisme que la renaissance catholique s'était enracinée. Elle y trouvait sa sève et y nourrissait son espérance. Nombre de jésuites augustiniens ne manquaient d'ailleurs pas en maintes circonstances de fraterniser avec Pascal et le mouvement port-royaliste[53].

Fréquemment Vincent de Paul en appelle à l'autorité de S. Augustin, mais il tient aussi à rappeler les diverses manières dont Dieu est présent et peut être retrouvé[54]. Son amitié pour le Docteur de l'amour perce discrètement en quelques occasions (*E*, 760, 779, 812 ; c'est un malheur de n'avoir pas un cœur aimant). Il professe comme le docteur d'Hippone et M. Pascal que la création tout à la fois cache et révèle Dieu[55]. Ce n'est que par les yeux de la foi que nous voyons plus justement les événements, les personnes et surtout les pauvres. Le visible est une diaphane image de l'invisible.

Concrètement, dans l'immédiat, deux vérités habituellement oubliées parce que inconcevables par l'esprit humain servent d'assise à sa pensée et d'inspiration à son expression.

Dieu n'est pas seulement le démiurge qui a mis le monde en chantier, Il ne cesse d'agir et de créer. La force, la toute-puissance de Dieu est en nous[56].

C'est parce que nous n'en tenons pas compte dans notre stratégie toute humaine que nos résolutions ne se prolongent pas dans des actes[57]. Dieu veille à tout et soutient tout dans l'ordre naturel comme dans l'ordre surnaturel (*E*, 314).

Comme le Père, avec qui le Christ ne fait qu'un, Jésus ne cesse d'agir[58]. Son Esprit est en nous et notre misérable état vient de ce que nous ne nous soumettons pas à son pouvoir déifiant[59].

Pour remédier à cet oubli insensé qui nous aliène et nous rend incompréhensibles à nous-mêmes, impénétrables aux autres, sans communion avec le Christ vivant en nous et dans les autres, il n'est qu'un remède : « Se donner à Dieu » et puis le laisser agir en nous, introduire dans notre vie trop naturelle le rythme vital que le Christ a révélé dans toute son existence[60]. À cette condition notre vie sera une continuation de la vie et de la mission de Jésus[61].

Témoignant au procès de béatification de M. Vincent, J. B. Bossuet, évêque de Meaux, écrivait :

« Quand attentifs, nous l'écoutions parler dans quelques conférences, nous sentions s'accomplir en lui le mot de l'apôtre : ''Si quelqu'un parle, que ses paroles soient comme des paroles de Dieu''[62]. »

Pouvions-nous désirer un théologien plus instruit de la Révélation, un « anthropologue » définissant plus rigoureusement ce qu'est l'homme, un prophète déclarant ce que nous sommes et surtout ce que nous serons, non à nos propres yeux, dans notre obscure clarté, mais dans l'éternelle lumière du Dieu d'amour ?

Notes

1. Éd. LAFUMA, 303 ; éd. BRUNSCHVICG, 799.

2. Entretien avec M. Antoine Durand, *E* (édition 1965), 305-320, d'après L. Abelly, III, 360-366. — P. COLLET, *La Vie de saint Vincent de Paul*, Nancy, 1748, t. II, p. 316-323, nous fournit le nom de l'interlocuteur, mais apporte quelques modifications mineures dans le texte qu'il ne reproduit pas en entier.

3. DODIN (André), « Lectures de Monsieur Vincent. L'*Introduction à la vie dévote », Annales de la congrégation de la Mission*, CVI-CVII (1942-1943), p. 239-248. — « Lectures de Monsieur Vincent. Le *Traité de l'amour de Dieu*. Témoignage de Monsieur Vincent », *Annales*, CX-CXI (1945-1946), p. 447-464. — « Lectures de Monsieur Vincent. Le *Traité de l'amour de Dieu*. Vie de charité et vie d'oraison », *Annales*, CXII-CXIII (1947-1948), p. 479-497.

4. DODIN (André), *En prière avec Monsieur Vincent*, Paris, Librairie Saint-Vincent de Paul, 1950. — Paris, 2e édition, 1951. — Traduction néerlandaise : *Mediteren met St. Vincentius*, Gand, 1952. — Traduction espagnole : *La oracion en la vida apostolica segun San Vicente de Paul*, Salamanque, 1966.

5. DODIN (André), « La Prière de Monsieur Vincent », dans *Prière et vie selon la foi*, Paris, Éditions ouvrières, 1976, p. 89-107.

6. Sur la diffusion de l'imprimerie voir à LABARRE (Albert), *Histoire du livre*, Paris, PUF, 1970, coll. « Que sais-je ? », n° 620. — FEBVRE (Lucien), MARTIN (Henri-Jean), *L'Apparition du livre*, Paris, Albin Michel, 1958, coll. « Évolution de l'humanité », IIe section, III-XLIX (XXIX-557 p.). — CAIN (Julien), ESCARPIT (Robert), MARTIN (Henri-Jean), *Le Livre français hier, aujourd'hui, demain*, Paris, Imprimerie Nationale, 1972, 406 p. — MARTIN (Henri-Jean), *Livres, pouvoirs et sociétés, à Paris au* XVIIe *siècle*, Paris-Genève, Droz, 1969, 2 vol. — Entre 1497 et 1499, 1 881 éditions (441 vénitiennes, 181 pari-

siennes, 95 lyonnaises). Au XVIe siècle, 200 000 éditions. Entre 1600 et 1700 la moyenne annuelle de production passe de 500 à 1 000.

7. FURET (François), OZOUF (Jacques), *Lire et écrire. L'alphabétisation des Français de Calvin à Jules Ferry*, Paris, Éd. de Minuit, coll. « Le sens commun », 1977, 2 vol. (voir LEROY-LADURIE, « Recension », *Le Monde*, 16 décembre 1977). — MANDROU (Robert), *De la culture populaire aux XVIIe et XVIIIe siècles*, Paris, Stock, 1964 ; voir BIBOLET (Françoise), « Que lisaient nos pères ? », *Mission et charité*, n° 18 (avril 1965), p. 202-208.

8. CHAUNU (Pierre), *Communiquer*, émission télévisée, 18 août 1978, 21 h 30. Voir *Télérama*, n° 1491 (12-18 août 1978).

9. LAVELLE (Louis), *La Parole et l'Écriture*, Paris, Renaissance du livre, 1942 (1947) ou Paris, L'Artisan du livre, 1959, p. 199-235.

10. Ce qui était caché dans l'Ancien Testament apparaît dans le Nouveau. Une note érudite de M. M. VANSTEENKISTE donne toutes les précisions nécessaires sur le sens, l'usage et le développement de cette formule : *Novum Testamentum in vetere latet Vetus Testamentum in novo patet.* C'est sous cette forme qu'on trouve fréquemment cité ce passage de S. Augustin. En réalité voici comment s'exprime S. AUGUSTIN dans son ouvrage *Quest. in Heptateuchum*, chap. 2, par. 73, lorsqu'il commente le verset 19 du chapitre 20 de l'Exode. Il commence par citer le verset : « *Loquere tu nobis et non loquatur ad nos Deus ne quando moriamur.* » Puis il poursuit : « *Multum et solide significatur, ad vetus testamentum timorem potius pertinere, sicut ad novum dilectionem : quanquam et in Vetere Novum lateat et in Novo Vetus pateat.* » P. L. 34, col. 623. — La constitution *Dei Verbum* sur la Révélation divine du concile Vatican II, du 18 novembre 1965, au n° 16, parle ainsi de l'unité des deux Testaments : « *Deus librorum utriusque Testamenti inspirator et auctor, ita sapienter disposuit, ut Novum in Vetere lateret et in*

Novo Vetus pateret » : « Inspirateur et auteur des livres de l'un et l'autre Testaments, Dieu les a en effet sagement disposés de telle sorte que le Nouveau soit caché dans l'Ancien et que, dans le Nouveau, l'Ancien soit dévoilé » (Concile œcuménique, Vatican II, édition bilingue, Éd. du Centurion, 1967, p. 138). — Dans son magnifique ouvrage *Exégèse médiévale. Les quatre sens de l'Écriture*, le Père DE LUBAC relève un grand nombre de formules semblables : « La définition [du lien entre les deux Testaments] nous est donnée dans une série de formules, qui toutes reviennent au même, mais dont l'abondance et la variété dans l'analogie sont significatives. Saint Augustin, stimulé par Tyconius (écrivain donatiste), semble en avoir été le principal artisan. Il dit dans le *De Catechizandis rudibus : In Veteri Testamento est occultatio Novi, in Novo Testamento est manifestatio Veteris*[1] ; dans un sermon : *Vetus Testamentum est promissio figurata, Novum Testamentum est promissio spiritualiter intellecta*[2] ; et dans un autre : *Vetus Testamentum in Novo revelatum, in Vetere Novum velatum vides*[3]... Puis saint Grégoire, empruntant à la première vision d'Ézéchiel une image qui deviendra particulièrement célèbre : *Rota intra rotam est Testamentum Novum, intra Testamentum Vetus, quia quod designavit Testamentum Vetus hoc Testamentum Novum exhibuit*[4]. Saint Bède constate que déjà tous les docteurs l'ont dit avant lui : *Vetus Testamentum in Novo dilucidatum, Novum in Veteri adumbratum*[5]. (Henri DE LUBAC, *Exégèse médiévale*, Aubier, coll. « Théologie » n° 41, tome I, première partie, p. 334-336.) — Le P. DE LUBAC fait encore beaucoup d'autres citations de Pères ou d'écrivains ecclésiastiques, connus ou moins connus : Beatus de Liebana, Ambroise Autpert, Raban Maur, Aimon d'Auxerre, Claude de Turin, Bruno de Segni, Richard de Saint-Victor, Wolberon, Letbert de Saint-Ruf, Hervé du Bourg-Dieu, Bérengaud (*ibid.*, p. 335-336).

a. Le Magistère chrétien (De Catechizandis rudibus), vol. 11, coll. « Biblioth. Aug. ». Introd., trad., notes, de G. Combès et J. Farges, p. 548-550.

b. Sermon 4, CVIII, n. 9, P. L. 38, col. 37.

c. In Ps. CVII, 36 ; CCL, XI, 1576.

d. In Ez., I, I, n. 6, n. 15, P. L. 76, col. 885 B.

e. De tab. I, II, c. VI, P. L. 91, col. 439 D.

11. Voir AUGRAIN (Charles), « La Prière du Christ », dans *Prière et vie selon la foi*, Paris, Éditions ouvrières, 1976, p. 59-76.

12. Lc 18, 9-14, parabole du pharisien et du publicain, et Lc 14, 7-11. Voir Mt 6, 5-8. — Mt 6, 7-8 : « Dans vos prières, ne rabâchez pas comme les païens. » — Lc 11, 1-2 : « Apprends-nous à prier comme Jean aussi l'a appris à ses disciples. »

13. Les Actes des Apôtres nous font constater au moins trois formes de prières dans la primitive Église de Jérusalem : 1° La prière au Temple avec les Juifs (Ac 3, 1) ; 2° La prière particulière entre chrétiens (Ac 1, 14 ; 2, 1) ; 3° La célébration de l'Eucharistie (Ac 2, 42 ; 20, 17) ; 4° Des prières et des hymnes exprimant le nouveau culte (Ép 1, 3-22 ; Col 1, 15-23 ; Ph 2, 5-11 ; 1 Tm 3, 16 ; Ép. 5, 14.

14. Voir DODIN (André), cahier « L'anthropologie chrétienne ».

15. COGNET (Louis), « Oraison et mystique », *La Vie spirituelle*, n° 357 (décembre 1950), p. 495.

16. LECLERQ (Jean), VANDENBROUCKE (François), BOUYER (Louis), *Histoire de la spiritualité chrétienne*, t. II, *La Spiritualité du Moyen Âge*, Paris, Aubier, 1961. — COGNET (Louis), « Oraison et mystique », p. 492-510.

17. ZANTA (Léontine), *La Renaissance du stoïcisme au XVIe siècle*, Paris, Champion, 1914. — Julien-Eymard D'ANGERS, *L'Humanisme chrétien au XVIIe siècle. Saint François de Sales et Yves de Paris*, La Haye, Martinus Nijhoff, 1960, et « Le Stoïcisme en France dans la première moitié du XVIIe siècle. Les origines (1575-1616) », *Études franciscaines*, nouvelle série, t. II (1951), p. 398-405.

18. COGNET (Louis), « Histoire de la spiritualité chrétienne », *La Spiritualité moderne*, Paris, Aubier, 1966, p. 274-309.

19. Voir COGNET (Louis), « Oraison et mystique », p. 490.

20. Édition LAFUMA 365 ; éd. BRUNSCHVICG 496.

21. *Règles communes*, Paris, 1658, chap. X, par. 1, 2, 3, 4.

22. « Dès que nous serons vides de nous-mêmes, Dieu nous remplira de lui », *E*, 860, 269. Voir *Imitation de Jésus-Christ*, livre IV, chap. XV, n° 3. « *Dat enim Dominus ibi benedictionem suam ubi vasa vacua invenit.* »

23. « Il ne me suffit pas d'aimer Dieu, si mon prochain ne l'aime » (*E* 30 mai 1659, 681. Voir 680, 544).

24. DODIN (André), *En prière avec Monsieur Vincent*, p. 70-72.

25. Du 14 janvier 1649 (voir COLLET Pierre, *La Vie*, t. I, p. 468-469) au 13 juin 1649 (voir *SV*, III, 454-457).

26. Voir DODIN (André), « Monsieur Vincent et les malades », *Impact*, Revue de l'université catholique de l'Ouest, nouvelle série, n° 3 (1973), p. 6-35.

27. Voir S[e] THÉRÈSE D'AVILA, *Chemin de la perfection*, Paris, Éd. du Seuil, 1948, chap. XXVII, p. 715 : « Voici un moyen qui pourra vous aider pour le point en question. Ayez soin d'avoir une image ou une peinture de Notre-Seigneur qui soit à votre goût. Ne vous contentez pas de la porter sur votre cœur sans jamais la regarder, mais servez-vous-en pour vous entretenir souvent avec lui ; et il suggérera ce que vous aurez à lui dire » (traduction Grégoire de saint Joseph).

28. Réflexion sur la beauté de Dieu d'après un écrit autographe reproduit par Abelly, I, 162 ; voir *SV*, XIII, 143.

29. Déposition au Procès de béatification de François de Sales (17 avril 1628) ; *SV*, XIII, 78-79.

30. Observation des mœurs des animaux. Voir DODIN (André), *Le Bestiaire de Monsieur Vincent*. — Exemple des abeilles, *SV*, I, 98 ; IV, 39 ; V, 172 ; IX, 391, 488-489, 494-495 ; *E*, 668. — Exemple des fourmis, *SV*, IX, 488 (28 novembre 1649) ; XIII, 161 (1653).

31. « Il regardait ce divin Sauveur comme pontife et chef de l'Église dans Notre saint-père le pape, comme évêque et prince

des pasteurs dans les évêques, docteur dans les docteurs, prêtre dans les prêtres, religieux dans les religieux, souverain et puissant dans les rois, noble dans les gentilshommes et autres officiers » (Abelly, I, 83). Même attitude dans PASCAL : « Je considère Jésus-Christ dans toutes les personnes et en nous-mêmes, Jésus-Christ comme Père en son Père, Jésus-Christ comme frère en ses frères, Jésus-Christ comme pauvre en les pauvres, Jésus-Christ comme riche en les riches, Jésus-Christ comme docteur et prêtre en les prêtres, Jésus-Christ comme souverain en les princes, etc. Car il est par sa gloire tout ce qu'il y a de grand, étant Dieu, et il est par sa vie mortelle tout ce qu'il y a de chétif et d'abject. Pour cela, il a pris cette malheureuse condition, pour pouvoir être en toutes les personnes et modèle de toutes conditions » (*Pensées*, éd. LAFUMA 946, éd. BRUNSCHVICG 785).

32. Voir DODIN (André), « Saint Vincent de Paul et les illuminés », Mélanges Marcel Viller, *Revue d'ascétique et de mystique*, 99-100 (août-décembre 1949), p. 445-456.

33. La défiance de M. Vincent à l'égard des cas de « possession » est originale en un siècle où les meilleurs esprits étaient si facilement crédules et abusés. C. MANDROU (Robert), *Magistrats et sorciers en France au XVIIe siècle*, Paris, Plon, 1968, coll. « Civilisations et mentalités ». La défiance de M. Vincent se manifeste dès mars 1638 avec le cas de Marie-Angélique d'Atri (*SV*, I, 472). M. Vincent n'ignore pas les possessions de Chinon (*SV*, II, 66, 81, 96), l'affaire des bénédictines de Cognac (*SV*, VII, 122) et l'affaire de Loudun (*SV*, X, 370).

34. DE CERTEAU (Michel), « Crise sociale et réformisme spirituel au début du XVIIe siècle chez les jésuites français », *Revue d'ascétique et de mystique*, XLI (1965), n° 3, p. 339-386.

35. « Comme Dieu nous a fait la grâce de nous retirer de l'embarras du monde, nous avons sujet de croire que nous sommes plus exposés aux illusions que les personnes du monde » (*E*, 764).

36. L'humble origine de son père, *SV*, IX, 84 ; Abelly, III, 293 ; *E*, 854. — De sa mère, Abelly, III, 204-205 ; *SV*, IX, 342.

— Porcher, *SV*, II, 3 ; IV, 215 ; VII, 138, 220 ; X, 681 ; *E*, 433, 689, 716-717. — Laboureur, *SV*, IX, 81, 342, 673 ; X, 681. — COLLET (Pierre), *La Vie*, t. II, p. 195. — Les péchés de M. Vincent, *SV*, II, 204, 205, 568 ; III, 110 ; IV, 165 ; V, 637 ; VII, 126 ; IX, 389 ; X, 263, 613 ; *E*, 367. — Le plus grand pécheur du monde, *SV*, III, 14, 297 ; V, 367. — Abominations, *SV*, II, 256, 280, 411 ; V, 178 ; X, 613 ; *E*, 268. — Pire que le diable, *SV*, X, 439 ; *E*, 57, 564, 655, 689. — Misérable, *E*, 709-713.

37. COPERNIC (Nicolas), Torun, 1473-1543, Frauenburg. Publie en 1543, *De revolutionibus orbium coelestium* (dédié à Paul III). — Voir KESTERN (H.), *Copernic et son temps* (1951). — KOESTLER (A.), *Les Somnambules. Kepler, Tycho-Brahé, Galilée*, Paris, 1960.

38. PASCAL, *Pensées*, éd. LAFUMA 418, éd. BRUNSCHVICG 233.

39. Saint THOMAS, *Somme théologique*, Ia P, q. 13. — Sur les deux infinis : PASCAL, *Pensées*, éd. LAFUMA 308 (éd. BRUNSCHVICG 793), éd. LAFUMA 199 (éd. BRUNSCHVICG 72), éd. LAFUMA 418 (éd. BRUNSCHVICG 233). — ORCIBAL (Jean), « Le Fragment "infini-rien" et ses sources », *Cahiers de Royaumont*, Philosophie, I. « Blaise Pascal, L'homme et l'œuvre », Paris, Éd. de Minuit, 1956, p. 159-186 et Discussion, p. 187-195. — JOVY (Ernest), *Études pascaliennes*, t. VII. « La sphère infinie de Pascal », Paris, J. Vrin, 1930, p. 7-58, et « Le cercle et la sphère dans la philosophie ancienne », *ibid.*, p. 225-227.

40. Sur le problème de la prédestination et de la grâce : PAUL V (1605-1621) : Décret du 5 septembre 1607 (DBU 1090) — Décret de l'Inquisition du 1er décembre 1611. — URBAIN VIII (1623-1644) : Décret de l'Inquisition du 22 mai 1625 et du 1er août 1641. — INNOCENT X (1644-1655) : Décret du Saint-Office du 24 janvier 1647 contre la doctrine des « deux chefs » (DBU 1091). — Constitution « Cum occasione », 31 mai 1653 (DBU 1092-1096). — Sur la grâce efficace. Décret du 23 avril 1654 (DBU 1097). — ALEXANDRE VII (1655-1667) : constitu-

tion *Ad sacram beati Petri Sedem* sur le sens de Jansénius, 16 octobre 1656 (DBU 1098). — Formule de soumission. Constitution *Regiminis apostolici*, 15 février 1665 (DBU 1099). — Il convient de se référer aux publications des sources effectuées par le P. Lucien CEYSSENS. En particulier : 1° *Sources relatives aux débuts du jansénisme et de l'antijansénisme (1640-1643)*, « Bibliothèque de la Revue d'histoire ecclésiastique », fasc. 31, Louvain, 1957, in-8°, LXVI, 694 p. 2° CEYSSENS-LEGRAND (A.), *La Correspondance antijanséniste de Fabio Chigi, nonce à Cologne, plus tard Pape Alexandre VII*, « Bibliothèque de l'Institut historique belge de Rome », fascicule 8, Bruxelles-Rome, 1957, in-8°, X, 244 p. 3° *Jansénistica. Études relatives à l'histoire du jansénisme*, t. III, Malines, Imprimerie Saint-François, 1957, 9-110. Le même volume contient : « l'abolissement de la première pierre tombale de Jansénius » (1655-1656), p. 111-154 ; « l'université de Louvain et la suspension de son privilège de nomination aux bénéfices dans la principauté de Liège (1667-1674) », p. 155-214. Et l'appréciation de J. ORCIBAL, « Les Origines du jansénisme d'après les récentes publications du R. P. Lucien CEYSSENS », *Revue d'histoire ecclésiastique*, vol. LXII (1958), n° 4, p. 830-838.

41. Sur le problème de la morale et des casuistes au XVIIe siècle :
Décision romaine.
ALEXANDRE VII (1655-1667) : Décret du 24 septembre 1665 et du 18 mars 1656 (DBU 1101-1128 ; 1129-1145). — INNOCENT XI (1676-1689) : Décret sur les erreurs morales. Saint-Office, 4 mars 1679.
Études.
VANSTEENBERGHE (Edmond) (1881-1943), art. « Molinisme », dans *DTC*, t. X, col. 2154-2166. — BROGLIE (Guy de), art. « Morale », dans *DTC*, t. X, 2393-2397. — DEMAN (Th.), o.p., art. « Probabilisme », dans *DTC*, t. XIII, col. 417-611. — PETIT (F.), « La Décadence de la morale, jalons d'une histoire », Supplément à *La Vie spirituelle*, n° 17 (mai 1951),

p. 144-152. — BOURKE (V.J.), *Histoire de la morale*. Traduite de l'anglais par J. Mignon. Paris, Éd. du Cerf, 1970, 518 p. — MANDONNET (Pierre), « Le Décret d'Innocent XI contre le probabilisme », extrait de la *Revue Thomiste*, sept. 1901, janvier 1903, Paris, 141 p. — BRUCKER (J.), s.j., « Le Prétendu Décret d'Innocent XI interdisant le probabilisme n'a jamais existé », *Études*, t. LXXV, p. 233, 779, n. 2.
Casuistique.
Voir PIROT, *Apologie pour les casuistes contre les calomnies des jansénistes*, Paris, 1657, in-4°. — Voir *SV* (avril 1659), VII, 481. Censure d'un livre anonyme intitulé *Apologie pour les casuistes* ; censure de la faculté de théologie, 16 juillet 1658 ; condamnation par Alexandre VII, 21 août 1659. — En plus de l'édition critique des *Provinciales* de PASCAL, consulter C. SOMMERVOGEL, Bibliothèque de la compagnie de Jésus, t. VI, 856 s.

42. Dans la pensée de M. Vincent, trois séries de causes incitent à croire au petit nombre des élus : 1° L'ignorance des mystères fondamentaux de la Trinité et de l'Incarnation (*SV*, I, 115, 121, 250) ; 2° La difficulté pour les chrétiens de faire de bonnes confessions (*E*, 861) ; 3° L'ignorance des prêtres qui parfois ne savent même pas la formule d'absolution (*E*, 25 janvier 1655, 125). Même constatation signalée par CLOYSAULT, *Vie du P.J.B. Romillon, dans le diocèse d'Aix*, Recueil de vies de quelques prêtres de l'Oratoire, t. I, p. 126. — Sur l'opinion des théologiens concernant le petit nombre des élus, voir A. MICHEL, art. « Élus », dans *DTC*, t. IV, 2350-2378. Soixante-treize Pères, soixante-quatorze théologiens, vingt-huit interprètes de l'Écriture seraient en faveur du petit nombre des élus. Saint François de Sales, d'après J. P. CAMUS, aurait été partisan du grand nombre des élus (*Esprit de François de Sales*, Paris, 1639, 1re partie, p. 356-357). — L'opinion de Vincent de Paul est très fréquemment et nettement exposée : *SV*, I, 115, 121, 164, 252, 344, 376, 432 ; III, 117 ; VI, 2-3 ; VII, 462-463 ; XIII, 814 ; *E*, 404 (25 novembre 1657) ; 542 (14 février 1659).

43. L'Église hors d'Europe. *SV*, III, 35 ; *E*, 319.

44. Prévisions de Jean Duvergier de Hauranne. *SV*, VII, 334-355 ; XIII, 96-91.

45. Ruines causées par l'hérésie. *SV*, III, 35-36.

46. BOSSUET (J. B.) : « Oraison funèbre d'Anne de Gonzague, princesse palatine » (9 août 1685), Éd. URBAIN (Ch.) — LÉVESQUE (E.) : *Œuvres oratoires de Bossuet*, Paris, Desclée de Brouwer, 1926, t. VI, p. 298.

47. Ne pas enjamber sur la Providence (*SV*, I, 69), d'après Abelly, III, 24. — Attendre l'évidence de la volonté de Dieu. Les affaires précipitées ne réussissent jamais (*SV*, I, 434 ; II, 207, 208 ; IV 122). — Les œuvres de Dieu se font peu à peu (*SV*, II, 226, 466). — Se hâter lentement car qui s'empresse recule (*SV*, II, 276, 473). — Émousser la pointe de la nature (*SV*, V, 534). — S'empresser est agir contre la Providence (*SV*, IV, 347-348).

48. Ne pas agir selon sa propre cervelle (*SV*, II, 285 ; *E*, 362).

49. Sur l'orientation de l'école abstraite, voir COGNET (Louis), *La Spiritualité moderne*, Paris, Aubier, 1966, p. 233-273. — DODIN (André), art. « Duval », dans D. S., t. III, col. 1857-1862.

50. Le Pseudo-Denys et les anges (*E*, 313) ; *SV*, III, 36 ; VII, 621 ; VIII, 197 ; IX, 143 ; X, 67, 597, 702-703 ; *E*, 555, 749, 965.

51. Voir « Saint Vincent et la compassion », *Mission et charité*, n° 18 (avril 1965), p. 182-188.

52. Union amour de Dieu et amour du prochain, conférence du 31 mai 1659 (*E*, 679-681). « Nous détacher de tout ce qui n'est pas Dieu et nous unir au prochain par charité pour nous unir à Dieu-même par Jésus-Christ » (*E*, 544, 14 février 1659).

53. Jésuites bérulliens et augustiniens, voir BREMOND (Henri), *Histoire littéraire du sentiment religieux*, t. II, 138-140. Introduction à la philosophie de la prière, Paris, Bloud, 1929, p. 253-279.

54. Saint Augustin et M. Vincent (*E*, 85, 1645). — « *O antiqua bonitas, sero te amavi.* » Voir S. AUGUSTIN, *Confessions*,

livre X, chap. XXVII. — « *O antiqua pulchritudo sero te amavi* » (P. L. XXXII, 795 ; Bibliothèque augustinienne, *Œuvres de saint Augustin*, t. XIV, deuxième série, 1962, p. 208-209). — « *Da quod jubes et jube quod vis* », ce que Monsieur Vincent traduit : « *Donnez-moi de l'amour pour vous et puis commandez ce que vous voudrez* » *(Confessions*, X, XXIX ; P. L. XXXII, 796, 804 ; Bibliothèque augustinienne, *Œuvres de saint Augustin*, t. XIV, deuxième série, 1962, p. 212-213). — Nécessité de la connaissance des mystères de la Trinité et de l'Incarnation pour opérer son salut. *SV*, X, 336 ; *E*, 136, 347, 497.— Nécessité de la grâce pour faire le bien. *SV*, XIII, 148-149. — La grâce ne nous manque jamais, mais c'est nous qui lui manquons. *SV*, XIII, 151, 153, 155, 156. — Ne pas renvoyer les conversions à l'heure de la mort. *SV*, XIII, 96. — Dieu auteur de tout ce qui porte au bien. *SV*, X, 97. — Les œuvres qui se font toutes seules viennent de Dieu. *SV*, IX, 209, 313, 455, 456, 601, 602, 683 ; *E*, 101, 419. — Le feu du purgatoire est plus cuisant qu'on ne peut l'imaginer. *SV*, IV, 613. — Les parents voient au ciel le bien que leurs enfants font sur terre. *E*, 372, 407.

55. Voir les choses comme elles sont en Dieu. *E*, 895-896.

56. Dieu ne cesse de créer. Nous avons la puissance de Dieu en nous. *SV*, IX, 489 ; IV, 115-116.

57. Résolutions inefficaces parce que non appuyées sur Dieu. *E*, 895-896.

58. Le Christ uni à son Père et comme son Père ne cesse de travailler. *SV*, IX, 491-492.

59. Les chrétiens ont reçu le Saint-Esprit mais n'obtempèrent pas aux ordres, aux conseils, aux inclinations de l'Esprit qui est en eux. *E*, 524-529.

60. « Se consommer pour Dieu, n'avoir de bien ni de forces que pour les consommer pour Dieu, c'est ce que Notre-Seigneur a fait lui-même qui s'est consommé pour l'amour de son Père » (*SV*, XIII, 179, 7 juin 1660). Voir Appendice : « L'expression se donner à Dieu. »

61. « *Qui censuimus eos viros qui ad continuationem Missionis ipsius Christi* » (épître dédicatoire des *Règles ou constitutions de la congrégation de la Mission*, Paris, 1658, p. 4).
62. Lettre de J. B. Bossuet, évêque de Meaux, au pape Clément XI (2 août 1702).

10

LE CULTE DE MARIE ET L'EXPÉRIENCE RELIGIEUSE DE SAINT VINCENT DE PAUL

« Bien sûr, il est de la famille, pouvaient penser les spirituels du grand siècle en regardant passer M. Vincent de Paul : mais c'est un parent pauvre ! »

Placés à trois siècles de distance, nous sommes tout prêts à reprendre sur un ton majeur cette antienne plaintivement modulée. C'est un fait : au moment où la vie religieuse française s'affirmait dans une surprenante efflorescence de la dévotion à la Vierge Marie, le Père Vincent cheminait tout bonnement sans paraître tellement attentif au printemps verdoyant que tout le monde célébrait. Dans les huit mille pages de textes, qui ne nous rappellent qu'une partie, un dizième sans doute, de son œuvre épistolaire et oratoire, à peine pouvons-nous compter quatre-vingts passages relatifs à la Sainte Vierge. Maigre butin pour les historiens de la spiritualité ; décevante cueillette pour les spécialistes de la mariologie. Vincent de Paul ne parle de la Vierge qu'en passant, en termes classiques et sur un ton modéré.

Son premier biographe, Mgr Louis Abelly, homme fort dévot et avocat notoire de la Vierge Marie, au point d'être pris à partie pour ses intempérances mariales, avait bien mobilisé tous ses efforts pour montrer en M. Vincent un remarquable fidèle de la Sainte Vierge[1]*. Après avoir scrupuleusement aligné toutes les « remarques » que le secrétaire de M. Vincent, le frère Robineau, lui avait fournies, il n'arrive qu'à un portrait de chrétien fervent, qui ne parvient pas à retenir longtemps notre attention. M. Vincent, nous dit-il, jeûnait la veille des fêtes de la Sainte Vierge, il officiait aux solennités, utilisait les antiennes de la Sainte Vierge pour prier durant les assemblées, récitait l'*Angelus* à genoux, visitait et engageait à visiter les églises de la Mère de Dieu, plaçait les confréries sous son patronage. L'originalité de S. Vincent de Paul serait-elle de n'être pas original à un moment où nombre de ses contemporains le devenaient, semble-t-il, sans effort ?

Pareil constat fait sourdre de multiples questions qui agitent et inquiètent la conscience d'un historien de la vie religieuse. Quelle a été la nature et la qualité de l'influence exercée par une spiritualité ainsi

* Les notes de ce chapitre sont p. 298-302.

appauvrie et « démarialisée » ? Existe-t-il un lien entre la piété vincentienne et la pitié mariale suscitée par les apparitions de la rue du Bac, en 1830, matérialisée par la médaille miraculeuse, entretenue par les associations mariales, périodiquement stimulée par les exercices de la « neuvaine » ?

À ces questions précises, dont l'importance n'échappe à personne, des éléments de réponse ne peuvent être donnés qu'à une condition : reprendre courageusement en main tout le dossier de la cause, le lire et l'examiner, autant que nous le pourrons, avec les yeux et l'âme de M. Vincent de Paul.

LA DÉVOTION MARIALE AU TEMPS DE M. VINCENT DE PAUL

Cela va sans dire, mais, pour comprendre plus sereinement, mieux vaut le répéter : les idées et les dogmes ne voyagent pas sous la forme desséchée des concepts. Leur cheminement et leur activité dépendent foncièrement des images qui les habillent et des passions qui les animent. Or, à l'aube du XVIIe siècle, il est bien évident que la plupart des expressions du culte marial catholique sont plus ou moins marquées par un sentiment de « réaction », par une volonté d'affirmation en face des jugements peu bienveillants que les partisans de la « religion réformée » avaient émis sur la Vierge Marie et sur son culte. Méconnaître cette secrète animosité, oublier cette légitime volonté de justification, nous empêcherait de percevoir les ressorts parfois très puissants de certaines dévotions mariales.

Reste à dire et à préciser en quoi le développement de la vie et des doctrines mariologiques du XVIIe siècle évoque la renaissance des XI-XIIe siècles, et se différencie de la vie mariale du XIXe siècle. Relevons donc quatre notes qui caractérisent l'originalité de la vie mariale du grand siècle.

DÉVOTION MARIALE, GOUVERNEMENTALE ET NATIONALE

Les dispositions de Louis XIII.

Au moment où Richelieu renforçait impérieusement l'unité du royaume de Louis XIII, au cours de cette « année terrible » qui vit les impériaux déferler jusqu'à Pontoise, le Premier ministre suggérait au roi de faire un vœu pour obtenir les secours de la Vierge Marie. « On prie Dieu à Paris, écrivait-il, par tous les couvents, pour le succès des armes de votre Majesté. On estime que si elle trouvait bon de faire un vœu à la Vierge avant que ses armées commencent à travailler, il serait bien à propos. On ne prétend pas que ce vœu soit de difficile exécution. Les dévotions qui se font maintenant à Notre-Dame de Paris sont très grandes ; s'il plaît à votre Majesté d'y donner une belle lampe et la faire entretenir à perpétuité, ce sera assez et je me charge du soin de faire exécuter sa volonté en ce sujet. Un redoublement de dévotion envers la Mère de Dieu ne peut que produire de bons effets[2]. »

L'affaire traîna quelque peu, et ce ne fut qu'au début de l'année 1638 que Louis XIII, par lettres patentes datées du 10 février, annonça la consécration projetée[3]. Après avoir fait allusion aux grâces nombreuses qu'il avait reçues au cours de son règne, le roi affirmait :

À ces causes, nous avons déclaré et déclarons que, prenant la très sainte et très glorieuse Vierge pour protectrice spéciale de notre royaume, nous lui consacrons particulièrement notre personne et notre État, notre couronne et nos sujets, la suppliant de vouloir nous inspirer une si sainte conduite, et défendre avec tant de soin ce royaume contre l'effort de tous ses ennemis, que, soit qu'il souffre du fléau de la guerre ou jouisse des douceurs de la paix que nous demandons à Dieu de tout notre cœur, il ne sorte point des voies de la grâce qui conduisent à celles de la gloire.

Et afin que la postérité ne puisse manquer à suivre nos volontés à ce sujet, pour monument et marque immortelle de la consécration présente que nous faisons, nous ferons construire de nouveau le grand autel de la cathédrale de Paris, avec une image de la Vierge qui tiendra entre les bras celle de son précieux Fils descendu de la croix ; nous serons représenté aux pieds du Fils et de la Mère comme leur offrant notre couronne et notre sceptre*.

La piété d'Anne d'Autriche.

Moins engagée dans les affaires de l'État, la reine Anne d'Autriche faisait grand usage des pèlerinages qu'elle effectuait parfois... par personne interposée. Elle avait mobilisé le frère Fiacre Antheaume, qu'elle avait constitué lieutenant et, pourrait-on dire, vicaire général en dévotion mariale. Déjà, le 7 février 1638, Louis XIII avait demandé au frère Fiacre de se rendre en pèlerinage à Notre-Dame de Grâce. Anne d'Autriche fait appeler le frère Fiacre et l'envoie, en 1644, à Notre-Dame de Grâce porter le tableau représentant le jeune dauphin, Louis Dieudonné, offrant à la Vierge sa couronne et son sceptre[4]. En 1647, Anne d'Autriche appelle encore le frère Fiacre et lui demande d'aller en pèlerinage à Chartres pour obtenir la guérison du jeune roi (novembre 1647). Un mois ne s'est pas écoulé que la reine régente délègue encore une fois son vicaire et lui demande d'aller à Chartres prier pour la paix. Nouvelle commande de

* Pour répondre à l'intention royale, Philippe de Champaigne composa un tableau du vœu de Louis XIII (actuellement à Caen). La réfection de l'autel de Notre-Dame de Paris n'eut lieu que sous le règne de Louis XIV, et le tableau de Philippe de Champaigne fut remplacé par une « *pietà* » due à l'aîné des Coustou (Nicolas).

pèlerinage, en 1649, pour obtenir la paix, et elle sera réitérée en 1658 quand le frère Fiacre effectuera un double pèlerinage à Chartres et à Lorette[5]. Entre-temps, la reine régente avait érigé, dans l'église des Augustins de Paris, la confrérie de Notre-Dame-des-Sept-Douleurs, le 24 mars 1657[6].

Consécration publique et pèlerinages demandés ou patronnés par la famille royale ont donc, pendant plus d'un quart de siècle, manifesté publiquement la confiance que les puissants de ce monde mettaient en la Vierge Marie.

LE DÉVELOPPEMENT THÉOLOGIQUE

Moins spectaculaire mais plus durable, l'activité des théologiens ne chômait pas. Lentement, les lignes majeures de la théologie mariale se dégageaient et s'harmonisaient. Si les meilleurs serviteurs de la Vierge Marie, tel S. Bernard, avaient hésité à lui reconnaître l'Immaculée Conception, l'Assomption, la médiation universelle, nombreux seront les théologiens qui, au cours du XVIe siècle, contribueront au progrès et à la formulation des dogmes futurs. Des humanistes, tels Josse Clichtove, disciple de Lefèvre d'Étaples, et Robert Gaguin, prennent position en faveur de l'Immaculée Conception[7]. Traitant de la question du péché originel, les Pères du concile de Trente avaient expressément réservé la question de la conception de la Vierge Marie[8]. C'est alors que les théologiens, non contents d'affirmer en passant cette opinion théologique, élaborèrent un système cohérent d'explication et s'efforcèrent de concilier l'universalité de la rédemption avec la préservation de Notre-Dame, grâce à un approfondissement de la notion de « dette » du péché originel chez la Vierge Marie. Tolet, Suarez, Vasquez, Gilles de la Présentation, ne sont pas les moins ardents à l'ouvrage. Indice d'un progrès très net dans les esprits, la fête de l'Immaculée Conception est déjà formellement acceptée par l'Église romaine, et Louis XIII va même jusqu'à demander que cette fête soit obligatoire pour l'Église universelle[9].

Déjà de nombreuses universités ont pris elles aussi position en faveur de l'Immaculée Conception (la Sorbonne dès 1495), les fondateurs d'ordres et les réformateurs de la fin du XVIe siècle et du début du XVIIe sont particulièrement explicites dans leurs affirmations. Tels S. Thomas de Villeneuve (mort en 1555), S. Charles Borromée (mort en 1584), S. François de Sales (mort en 1622). Ce dernier fonde même, à Annecy, une confrérie de l'Immaculée Conception, et ses belles pages du *Traité de l'amour de Dieu* répandront la créance chez tous les esprits cultivés[10]. Isambert et le bon M. Duval affirment pour leur part que si la doctrine n'est pas de foi, elle doit cependant être admise par tous.

LA LITTÉRATURE SPIRITUELLE

Mais ce qui retient le plus l'attention et témoigne d'une mobilisation générale de la sensibilité, c'est, d'une part, la propagation des confréries de la Vierge et du Rosaire, et, d'autre part, la surprenante littérature religieuse centrée sur la Vierge Marie. Maracci Hippolyte, dans sa *Bibliotheca Mariana* publiée à Rome en 1648, ne dénombre pas moins de trois mille six cents auteurs et six mille ouvrages imprimés ou manuscrits sur la Vierge Marie. Son *Polyanthea Mariana* (1re édition en 1683, 2e en 1694) ajoute, dans sa dernière édition de 1727, un millier d'auteurs qui n'avaient pas été signalés dans la *Bibliotheca Mariana*. Tout n'est pas de la même qualité dans cette énorme production et il faut, selon les remarques pertinentes de Charles Flachaire, distinguer deux courants qui semblent s'opposer, mais se complètent mutuellement.

D'une part, une école que l'on pourrait appeler théologique : elle a son centre d'inspiration à l'Oratoire du Père de Bérulle et elle compte parmi ses chefs de file des auteurs de toute première valeur, qui sont les formateurs de la génération du grand siècle : le P. Gibieuf, J.-J. Olier, S. Jean Eudes, ce dernier se signalant par un culte particulier envers le Cœur Immaculé de Marie. Cette piété spéculative situe la Vierge dans le prolongement de Jésus. « Elle voit Marie en Jésus et va chercher Jésus en Marie[11]. » Amorçant même une théorie de la médiation mariale,

M. Olier enseigne que Jésus ne demeure pas seulement en Marie pour la sanctifier, mais aussi pour sanctifier par elle les autres membres du Corps mystique. La prière *O Jesu vivens in Maria*, chère à la piété olérienne, résume les doctrines bérulliennes qui tendent à transformer le chrétien dans le Christ.

L'autre courant, plus ancien, peut se réclamer de S. Bernard. Son allure est plus populaire, sa tonalité affective beaucoup plus forte. Il est principalement alimenté par les ouvrages d'un groupe imposant de pères jésuites auquel il faut joindre un quarteron de capucins. Pour rendre la piété accessible à tous, ces auteurs n'hésitent pas à simplifier et à « chosifier » la dévotion. Disons même que le lecteur catholique du XXe siècle est quelque peu mal à l'aise après lecture des ouvrages des P. de Barry, Binet, Poiré. Pourquoi le P. de Barry décerne-t-il mille cent vingt-deux louanges à la Vierge et compte-t-il un jour soixante-trois questions curieuses sur la vie et la bonté de Notre-Dame ? Dans sa neuvième Provinciale, Pascal semoncera vertement le P. de Barry. Adam Widenfeld, dans ses *Avis salutaires de la bienheureuse Vierge Marie à ses dévots indiscrets* (Gand, 1673), élargira encore le réquisitoire, et J.-B. Thiers réagira encore aigrement dans son *Traité des superstitions*[12].

LA PROMOTION RELIGIEUSE DE LA FEMME

Mais un fait humain maintient l'attention sur la vie et les prérogatives de la Vierge Marie : c'est l'importance croissante que la femme a prise dans la société française depuis le milieu du XVIe siècle. La femme chrétienne, laïque ou religieuse, est en train d'obtenir ses lettres de créance régulière dans l'organisation de l'Église visible. Elle tient un rôle de premier plan dans la réforme catholique et dans les fondations nouvelles. Il suffit d'évoquer Se Thérèse d'Avila, Mme Acarie, Mme de Sainte-Beuve, Alix Leclerc, Jeanne de Chantal, Louise de Marillac, Angélique Arnaud, Marie Rousseau, etc. D'autre part, l'extraordinaire développement des instituts féminins nous permet de mesurer l'ampleur du terrain conquis. En 1668, les carmélites, arrivées en France le 15 octobre 1604, ouvraient leur soixante-troisième monastère. Au début du XVIIIe siècle, les ursulines comptaient trois cent cinquante maisons et neuf mille religieuses. La conscience chrétienne était ainsi invitée à découvrir un type nouveau de femme chrétienne et à spiritualiser les rapports entre Adam et Ève, en les éclairant par le visage du Christ, nouvel Adam, et de Marie, nouvelle Ève[13].

LE CULTE MARIAL DE M. VINCENT

Deux indications fournies par les premières démarches sacerdotales de M. de Paul doivent nous engager à ne pas nous fier aux apparences.

Dès le 23 août 1617, érigeant la confrérie de la Charité de Châtillon-les-Dombes, M. Vincent écrit de sa main le brouillon du règlement et déclare nettement : « Pour ce que la Mère de Dieu étant invoquée et prise pour patronne aux choses d'importance, il ne se peut que tout n'aille à bien et ne redonde à la gloire du bon Jésus son Fils, les dites Dames de la confrérie de la Charité la prennent pour patronne et protectrice de l'œuvre et la supplient très humblement d'en prendre un soin spécial » (*SV*, XIV, 125, n. 1).

Quelque temps après, au mois de novembre, il indique la manière d'assister et de nourrir les malades. La servante des pauvres « fera les mains aux malades et "dira le *Benedicite*..." puis conviera le malade charitablement à manger, pour l'amour de Jésus et de sa sainte Mère » (*SV*, XIII, 428).

Sans doute, il va lui aussi en pèlerinage et il conseille ces déplacements religieux qu'il considère tantôt comme des explorations de la volonté de Dieu, tantôt comme des signes extérieurs d'une sortie de soi-même afin de s'en mieux remettre à la bonté, et à la toute-puissance divine[14].

DÉVOTION ET SENSIBILITÉ DANS L'ÂME DE M. VINCENT

Toutefois sa dévotion mariale ne s'épuise pas en frondaisons stériles. S'enracinant au plus profond de son âme, elle ordonne ses forces spirituelles, donne à sa sensibilité religieuse une flamme particulière, fournit à sa vitalité une singulière vertu de renouvellement. Cet homme, qui n'aspire qu'à se consumer en travaillant au service des pauvres, se sent mystérieusement attiré vers la Vierge contemplative du silence, de la modestie. « Elle avait une si grande modestie, dit-il aux Filles de la Charité, que, quoiqu'elle fût saluée d'un ange pour être Mère de Dieu, néanmoins sa modestie fut si grande qu'elle se troubla sans le regarder » (*SV*, IX, 87, 25 janvier 1643). Aux servantes des pauvres il n'offre pas d'autre modèle que cette Vierge de religion, de paix, de dévouement silencieux. « La très sainte Vierge sortait pour les nécessités de sa famille et pour le soulagement et la consolation de son prochain ; mais c'était toujours en la présence de Dieu. Et hors cela, elle demeurait paisible au logis, conversant de l'esprit avec Dieu et les anges » (*SV*, IX, 340, 18 août 1647). Ce silence, il le sait, est beaucoup plus parlant que toute parole. La Vierge Marie est « celle qui parle pour ceux qui n'ont point de langue et ne peuvent parler » (*SV*, X, 105, 10 août 1655).

Dieu n'a pas besoin de nos paroles. « Il entend fort bien sans parler, il voit tous les ressorts de nos cœurs, il connaît tous nos sentiments jusqu'au moindre. Ô Sauveur, nous n'avons que faire d'ouvrir la bouche. Vous entendez le plus doux soupir, le plus petit mouvement de notre âme, et, par un doux et amoureux élan, on attire sur soi plus de grâces et de bénédictions sans comparaison qu'avec ces extrêmes violences » (*E*, 179).

Sainte Jeanne de Chantal, au cours de son oraison, détaillait minutieusement le visage de la Vierge ; elle regardait « ses yeux purs », « sa bouche ouverte pour donner louange à Dieu ». Vincent de Paul se tourne aussi vers le visage de Marie, mais il le contemple comme une image médiatrice. Par elle, il peut saisir dans les personnes tout ce qui ne se voit pas, tout ce que Dieu lui aussi contemple, tout ce qu'un surnaturel amour discerne et peut maternellement faire éclore. Par trois fois, il rappelle qu'il a ainsi, dans la visible image de M. et de Mme de Gondi, regardé et aperçu l'invisible figure de Jésus et de Marie (*SV*, IX, 31, 2 août 1640 ; IX, 8, 31 juillet 1634 ; XIII, 636-637, 20 juillet 1647 ; X, 386-387, 2 décembre 1657).

Saisissons, au passage, sa manière très concrète d'évangéliser la sensibilité et de surnaturaliser le « sensible ». Cette ingéniosité et, au vrai sens du mot, cette « économie », nous les retrouverons dans les deux consignes qui régissent souverainement les réflexes de sa vie intérieure. Elles écartent de sa dévotion les futilités infantiles et les vanités déprimantes.

Refuser les petites recettes et les pratiques faciles.

Avec des allures innocentes et des manœuvres industrieuses, l'arsenal de la dévotion peut rapidement masquer, voire étouffer, l'esprit et la vie de l'âme. Si facilement les petits moyens deviennent une fin. Il est piquant de voir l'apôtre et le publiciste de la « petite méthode », l'infatigable rédacteur de « petits règlements », proclamer le caractère très relatif des méthodes d'oraison et, pour en bien persuader ses auditeurs et auditrices, insister sur leurs diversités. En fin de compte, il ne recule pas devant l'éloge d'une oraison par simple présence et sans méthode (*SV*, IX, 50, 15 octobre 1641 ; IV, 390, 21 mai 1652).

Louise de Marillac se propose d'honorer Notre-Seigneur par trente-trois actes à la sainte Humanité du Fils de Dieu. Elle confie à S. Vincent son désir d'utiliser « une pratique » à l'égard de la Vierge Marie. Et son directeur de conscience lui répond : « Quant à ces trente-trois actes à l'Humanité sainte et aux autres, ne vous peinez pas quand vous y manquerez. Dieu est amour et veut que l'on aille par amour. Ne vous tenez donc pas obligée à tous ces bons propos. [...] La pratique envers la Vierge Marie m'agrée, pourvu que vous y procédiez doucement » (*SV*, I, 85-86, 1630). Nous voici renseignés : les ouvrages du P. Paul de Barry, *Le Paradis ouvert à Pélagie par cent dévotions à la Mère de Dieu, Les Saintes Intentions de Pélagie*, ne sont point ses livres de chevet. Sans souffler mot, il pense comme Blaise Pascal : « Et quoi, chacune de ces dévotions aisées suffit à ouvrir le ciel ?... Le Père Barry en répond, mais qui répondra pour le Père Barry[15] ? »

Nous sommes ici aux frontières de la superstition et de l'illusion. M. Vincent devient soucieux. « Vous connaîtrez qu'en cela et cela il y a de la superstition, quand il le faut faire tant de fois, en tel et tel temps, qu'il faut dire telles paroles, mêler certaines herbes les unes avec les autres, faire la chose en présence de telles personnes qui soient de telle qualité et de tel âge. Concluons donc : tout cela est illusion » (*E*, 771, 17 octobre 1659).

Refuser l'extériorisation.

Il convient de surveiller cette sorte de divertissement qui fait oublier Dieu. Rien de plus facile que de se contenter des imaginations et des grands sentiments. Ne pas aller jusqu'aux actes qui authentifient l'amour de Dieu, c'est se fourvoyer dangereusement (*SV*, II, 190, 1641 ; *E*, 905 ; *SV*, VII, 463, 5 mars 1659 ; Abelly, I, 82).

De bonne heure, M. Vincent s'est défié des manifestations trop tapageuses de la religion populaire. On sait qu'il a voulu éviter les « festivités profanes qui entouraient la célébration des premières messes » (Abelly, I, 11)[16]. Dès 1635, il demande à ses missionnaires de « fuir les pompes et apparats extraordinaires aux processions et communions de la jeunesse » (*E*, 41)[17]. « Fumée » que tout cela, n'hésite pas à déclarer M. Vincent, qui pense « que la sensualité se trouve partout, et non seulement dans la recherche de l'estime du monde, des richesses et des plaisirs, mais aussi dans les dévotions, dans les actions les plus saintes, dans les livres, dans les images : en un mot, elle se fourre partout » (*E*, 940). Le spectaculaire et le théâtral l'indisposent. Bien des maîtres du XVIIe siècle multipliaient les exorcismes. Ce n'est qu'à regret qu'il consent à ce que M. Charpentier fasse pour Mlle d'Atri « quelques exorcismes secrets » (*SV*, I, 472, mars 1638).

En chaire, il faut prêcher, sans doute, mais ne pas défier, encore moins argumenter ou batailler. « Il a fallu que Notre-Seigneur ait prévenu de son amour ceux qu'il a voulu faire croire en lui. Faisons ce que nous voudrons, l'on ne croira jamais en nous ni nous ne témoignons de l'amour et de la compassion à ceux que nous voulons qu'ils croient en nous. [...] Si vous en usez de la sorte, Dieu bénira vos travaux [...] sinon, vous ne ferez que du bruit et des fanfares, et peu de fruit » (*SV*, I, 295, 1er mai 1635). « Point de fanfares, point de brodures » (*E*, 729, 22 août 1659).

LES SOURCES D'UNE VÉRITABLE DÉVOTION MARIALE

Ces précautions générales et constantes permettent à M. Vincent de maintenir paisiblement son regard sur ce qu'il juge l'essentiel de la vie et du mystère de la Vierge Marie. Elles nous permettent aussi de constater que sa dévotion à la Vierge n'est pas une pièce accessoire et surajoutée au culte de la sainte Trinité et du Verbe incarné. Elle est une disposition fondamentale de son être.

Elle fait partie de sa religion la plus intime. Elle harmonise et vivifie son expérience religieuse tout entière.

Trois privilèges, trois mystères de Marie reviennent constamment dans sa méditation : l'Immaculée Conception, l'Annonciation, la Visitation. Il est très remarquable que ces trois mystères seront le point d'appui, la lettre et l'esprit des trois démarches foncières qui caractérisent son avance vers le Christ et sa vie avec Dieu.

L'IMMACULÉE CONCEPTION ET LES EXIGENCES DIVINES

La bulle d'érection de la congrégation de la Mission (bulle *Salvatoris nostri*, datée du 12 janvier 1633) déclarait que les « membres de la congrégation de la Mission devaient honorer spécialement l'auguste Trinité, le mystère de l'Incarnation, et vénérer la bienheureuse Vierge Marie ». Rappelant ces obligations et cet engagement, au chapitre X de la *Règle* des missionnaires, Vincent indiquait la façon concrète d'être fidèle aux indications du Saint-Siège : « Premièrement, rendre tous les jours, et avec dévotion particulière, quelque service à cette très digne Mère de Dieu et la nôtre. Deuxièmement, imiter autant que nous le pourrons ses vertus, particulièrement son humilité et sa chasteté. Troisièmement, exhorter ardemment les autres, toutes les fois que nous en aurons la commodité et le pouvoir, à ce qu'ils lui rendent toujours un grand honneur et le service qu'elle mérite[18]. »

Venant après la présentation des mystères de la très sainte Trinité, de l'Incarnation et de l'Eucharistie sacrement et sacrifice, le texte concernant la Vierge Marie éclaire un exemple, celui de la Vierge humble et chaste, et aussi les dispositions essentielles permettant d'accepter et de recevoir Dieu en soi : l'humilité et la chasteté.

Pour M. Vincent, l'humilité n'est pas seulement une affaire d'actes et de paroles ; c'est une attitude de tout l'être qui se présente devant Dieu, se reconnaît misère et péché, s'étudie à se vider de soi-même pour se remplir de Dieu (*E*, 269, septembre 1655 ; 307 : 1656 ; 860). Vincent discerne dans l'Immaculée Conception un privilège exprimant clairement et infailliblement ce que Dieu demande de « vide » et de

« pureté », d'humilité et de chasteté, pour qu'une créature puisse le recevoir et s'unir à lui. Dieu a parlé par des actes ; il suffit de voir et de lire par la foi. « Dieu prévit donc que comme il fallait que son Fils prît une chair humaine par une femme digne de le recevoir, femme qui fût illustrée de grâces, vide de péchés, remplie de piété, éloignée de toutes mauvaises affections. Il se ramena donc déjà pour lors devant les yeux toutes les femmes qui devaient être et n'en trouva pas une digne de ce grand ouvrage que la très pure et très immaculée Vierge Marie. C'est pourquoi il se proposa donc de toute éternité de lui disposer ce logis, de l'orner des plus rares et dignes biens que pas une créature, afin que ce fût un temple digne de la divinité, un palais digne de son Fils. » Et Vincent de Paul tire immédiatement la conclusion morale qui concerne le thème de son sermon : la communion sacramentelle réclame une préparation qui doit s'inspirer de la préparation que Dieu effectua en la Vierge qui devait recevoir son Fils. « Si la prévoyance éternelle a jeté la vue si loin pour découvrir le réceptacle de son Fils et, l'ayant découvert, l'a orné de toutes les grâces qui pouvaient embellir la créature, comme il le fit lui-même déclarer par l'ange qu'il lui envoya pour ambassadeur, à combien plus forte raison devons-nous prévoir le jour et la disposition requise à le recevoir ! Combien d'ailleurs devons-nous soigneusement orner notre âme des vertus requises à ce grand mystère et que la dévotion nous peut acquérir » (*SV*, XIII, 35, 1616).

À propos de la communion sacramentelle, c'est la note fondamentale de toute réception de Dieu qui est indiquée. « Accourez à la Sainte Vierge, demande M. Vincent aux Filles de la Charité, la priant qu'elle vous obtienne de son Fils la grâce de participer à son humilité qui l'a fait se dire la servante du Seigneur, lorsqu'elle était choisie pour sa mère. Qu'est-ce qui fit que Dieu regarda la Vierge ? Elle le dit elle-même : c'est mon humilité » (*SV*, X, 536-537, 14 juillet 1658). Et, poursuivant son propos en une prière : « Sainte Vierge, qui dites à tout le monde dans votre cantique que c'est l'humilité qui est cause de votre bonheur, obtenez pour ces filles qu'elles soient comme Dieu le demande : ornez-les de vos vertus. Vous êtes Mère et Vierge tout ensemble. Elles sont vierges aussi. Priez donc votre Fils, par les entrailles de votre ventre où il a logé neuf mois, qu'il nous donne cette grâce » (*SV*, X, 538, 14 juillet 1658).

La Vierge Mère est parfaitement accordée à Jésus parce qu'elle participe à son Esprit qui est amour du Père, estime, révérence et humilité (*E*, 526, 13 décembre 1658).

L'ANNONCIATION ET LE DON À DIEU

Le deuxième mystère, l'Annonciation, va permettre au deuxième mouvement de la vie religieuse de se manifester. L'humilité prépare et soutient l'offrande à Dieu.

Cette offrande suppose une correcte connaissance et une exacte reconnaissance de Dieu. Dieu, par l'intermédiaire de l'ange Gabriel, nous le rappelle, et il serait malheureux de ne pas retenir cette leçon que Dieu nous donne de parole et d'exemple.

Il faut reconnaître l'essence et l'existence de Dieu, et avoir quelque connaissance de ses perfections, avant de lui offrir un sacrifice. Cela est naturel, car, je vous le demande, à qui offrez-vous des présents ? Aux grands, aux princes, aux rois. C'est à ceux-là que vous rendez vos hommages. C'est si véritable que Dieu a observé le même ordre dans l'Incarnation. Quand l'ange alla saluer la Sainte Vierge, il commença par reconnaître qu'elle était remplie des grâces du ciel : *Ave, gratia plena* : Madame, vous êtes pleine et comblée des faveurs de Dieu. *Ave, gratia plena.* Il la reconnaît donc et la loue pleine de grâces. Et ensuite, que lui fait-il ? Ce beau présent de la seconde Personne de la très sainte Trinité : le Saint-Esprit, ramassant le plus pur sang de la Sainte Vierge, en forma un corps ; puis Dieu créa une âme pour informer ce corps, et aussitôt le Verbe s'unit à cette âme et à ce corps par une admirable union, et ainsi le Saint-Esprit opéra le mystère ineffable de l'Incarnation. La louange précéda le sacrifice (*E*, 747, 26 septembre 1659).

Seuls les humbles, seuls les pauvres connaissent bien Dieu. C'est dans les « pauvres gens que se conserve la vraie religion » (*E*, 157, 24 juillet 1655). Les pauvres sont de l'ordre du Christ humble et pauvre.

L'humilité génératrice de la véritable connaissance

de Dieu est aussi génératrice du véritable amour et du don de soi. Il n'est pour s'en convaincre que de regarder le Fils de Dieu. « Son amour, quel était-il ? Ô quel amour ! Ô mon Sauveur, quel amour n'avez-vous pas porté à votre Père ! Fils par nature, le Verbe égal à son Père n'avait pas à s'offrir à lui ; mais le Christ, le Dieu-Homme, s'est offert pour accomplir la volonté du Père » (*E*, 571-572, 7 mars 1659 ; 790, 7 novembre 1659).

Ainsi le Christ et la Vierge, en s'offrant à Dieu le Père, révèlent l'un et l'autre le mouvement de la vraie vie, dessinent l'itinéraire de ceux qui doivent continuer la mission de Jésus (*E*, 788, 7 novembre 1659). Pour M. Vincent, il ne pourra donc jamais être question de se porter directement à une activité, de se livrer au prochain, sans intermédiaire. L'itinéraire passe par Dieu : il faut se donner à Dieu pour qu'il nous livre au prochain. Invariable dans son intention, souple et varié dans ses expressions, ce disciple de Pierre de Bérulle ne perd pas de vue ce passage par Dieu et contrôle scrupuleusement les démarches :

Il faut d'abord regarder les intérêts et la gloire de Dieu, et puis, après, l'intérêt de la compagnie (*SV*, XIII, 629, 19 juin 1647).

Il faut d'abord rechercher le royaume de Dieu et sa justice, « comme le Fils de Dieu qui a déclaré qu'il n'a pas cherché sa gloire, mais celle de son Père (Jn 7, 18 ; 8, 50). Tout ce qu'il a fait, et qu'il a dit, a été pour le glorifier, ne s'étant réservé pour lui que le dénuement, la souffrance et l'ignominie » (*E*, 561, 21 février 1659).

« Il faut sanctifier ses occupations en y cherchant Dieu, et les faire pour l'y trouver plutôt que pour les voir faites » (*E*, 547, 565, 21 février 1659).

Au Christ, « Règle de la Mission », il demande donc humblement : « Mon bon Jésus, enseignez-moi à le faire et faites que je le fasse. » Puis s'adressant à ses auditeurs, il leur répète inlassablement : « Donnons-nous à Dieu pour faire son œuvre » (*E*, 776, 17 octobre 1659 ; *SV*, II, 64, 22 juillet 1640).

LA VISITATION ET LE DON DE DIEU AUX HOMMES

La Visitation, troisième étape, est aussi l'ultime phase du mouvement de l'âme s'unissant au mouvement de Dieu. Son appellation la plus commune est « service ».

On sait que Vincent de Paul a été le premier à mettre délibérément et définitivement « une compagnie » d'âmes consacrées au service des pauvres à domicile. « Dieu a permis, constatait M. Vincent, que des pauvres filles ont succédé à la place de ces dames » (*SV*, X, 102, 8 août 1655). Désormais, les Filles de la Charité seront les visitandines des pauvres, les visitandines du monde.

Cette mise en service public, un tantinet spectaculaire, n'est en vérité qu'une des conséquences de la conception de la charité surnaturelle qu'il réalise et qu'il proclame. L'amour en sa plénitude unit Dieu et le prochain, le dévouement et la prière, l'action et la contemplation. Paradoxe verbal, idéal plus que réalité, pourrait-on penser. Assurément non, car il ne s'agit pas d'une soudure artificielle de principes, opérée géométriquement après coup et pour les besoins d'une cause. Il n'est pas question non plus d'une savante alternance ou d'un minutieux dosage d'occupations. L'unité est à la source et au terme.

M. Vincent croit profondément et « voit » que Dieu est véritablement présent dans les pauvres, c'est-à-dire en tout homme ne se refusant pas à hospitaliser en lui le Christ pauvre et agonisant. Il croit aussi, et imperturbablement, que l'amour du Père, s'exprimant dans la mission du Fils, n'est pas seulement d'hier, qu'il est de *l'aujourd'hui de Dieu*, de toujours. Dès lors, à travers les humanités infirmes et pécheresses, dans le Christ méconnaissable, il entrevoit Dieu qui, sans se lasser, appelle ses enfants, s'ingénie à les rejoindre, se consume pour s'unir à eux. Se trompe-t-il ? Après tout, il n'est qu'une Visitation, celle de Dieu.

PERSPECTIVES ET APERÇUS

Cette analyse schématique, qui a réduit la dévotion mariale de M. Vincent à l'humilité, l'offrande, le service, ne peut prétendre donner une réponse aux questions énoncées en liminaire de notre propos : Quelle fut, durant trois siècles de tradition vincentienne, l'influence de l'expérience religieuse de M. Vincent ? Y a-t-il, entre cette expérience religieuse et la piété mariale dite de la « médaille miraculeuse », continuité ou discontinuité, progression homogène ou croissance parallèle ?

Elle peut du moins fournir quelques éléments d'explication et rappeler les orientations originelles.

Expérience religieuse de S. Vincent et tradition vincentienne.

Dans la mesure où les disciples de M. Vincent ont été attentifs à son expérience, fidèles à son enseignement, inspirés par sa prudence, ils ont essayé, plus ou moins parfaitement, de réaliser un certain idéal.

Il s'agissait d'abord de maintenir l'union en le Christ et sa Mère, c'est-à-dire de ne jamais exclure la Mère pour sauvegarder la transcendance du Fils, et de ne jamais oublier le Christ en s'éloignant de lui pour mieux célébrer la Vierge.

Il convenait ensuite d'entretenir et de fortifier la vie de piété en l'alimentant principalement aux vérités de foi et particulièrement à l'Immaculée Conception, à l'Annonciation, à la Visitation. De ce fait, ils étaient portés instinctivement à récuser les apports incertains de l'imagination ou les élans incontrôlés du cœur.

Il importait, enfin, d'associer la dévotion mariale à une vie active et charitable, et de donner à toute l'action son inspiration religieuse par une référence d'esprit, de prière et d'offrande à la Vierge Marie.

Piété vincentienne et piété de la « médaille miraculeuse ».

Une discontinuité historique, une différence de nature, une diversité de style séparent, de prime abord, la piété vincentienne de l'efflorescence mariale issue des apparitions de la Vierge à sainte Catherine Labouré.

Mais le rapprochement de ces deux « extrêmes » est, à tous égards, fructueux et vitalisant.

La piété mariale de la médaille, en ne s'écartant pas de la religion vincentienne, l'éclaire admirablement. Elle révèle une richesse permanente et fondamentale. Elle permet, après coup, de saisir et d'utiliser une solidité foncière capable de soutenir et d'alimenter les ramifications diverses de la dévotion et de la vie mariales.

La piété mariale de M. Vincent permet une constante « relecture » du message de S^e^ Catherine Labouré. Elle lui donne un sens plus profond et elle peut lui assurer sa vérité religieuse et ses meilleures chances d'avenir. Et cela de trois manières. D'abord, en unissant plus intimement le message de la médaille miraculeuse à la vie de la Vierge Marie et à celle de sa messagère qui demeura silencieuse, priante, humble servante des pauvres. Ensuite, en deuxième lieu, en attirant plus instamment l'attention sur la présentation dogmatique inscrite au revers de la médaille. Pour bien voir, disait M. Vincent, il faut « tourner la médaille ». Sainte Catherine Labouré disait aussi : « La croix et le M en disent assez. » Et, de fait, c'est l'union entre le Christ et sa Mère, la grâce et ses intermédiaires qui sont là, humblement et définitivement gravés. Enfin, en troisième lieu, en rappelant que la médaille est un « catéchisme condensé », le catéchisme des petits, des humbles et des pauvres, mis entre leurs mains afin de sauvegarder des richesses impérissables et toujours menacées : la grâce et la Croix, l'Incarnation et la Rédemption.

M. Vincent, un parent pauvre, disions-nous. Sans aucun doute. Il a tout fait pour l'être et il n'est riche que de ce qu'il cache. Depuis trois siècles, il n'enrichit que ses héritiers légitimes, qui, eux aussi, sont voilés sous deux espèces et subsistent en deux conditions de vie : celle des riches qui, comme la Vierge, se savent pauvres ; celle des pauvres qui demeurent avides des richesses de Dieu.

Notes

1. Abelly, III, 90-93. Les quatre-vingt-huit lignes de l'édition de 1664 sont réduites à vingt-trois lignes dans l'édition de 1667,

1668, 1684, 1696. En 1652, ABELLY avait publié *La Tradition de l'Église touchant la dévotion particulière des chrétiens envers la très sainte Vierge Marie, Mère de Dieu... ensemble la pratique de cette dévotion selon le véritable esprit du christianisme*, Paris, J. Langlois, 1652 ; rééditions en 1653 et en 1662, par Fl. Lambert. P. BAYLE, dans la deuxième édition du *Dictionnaire historique et critique*, Rotterdam, 1702, I, 25, signale une édition en 1675 et déclare : « M. Abelly se rendit le protecteur des pensées les plus outrées concernant la Vierge Marie. »

2. *Instructions diplomatiques et papiers d'État du cardinal de Richelieu*, éd. G. D'AVENEL, Paris, 1853-1877, t. V, p. 467.

3. Ces Lettres patentes furent suivies d'une lettre à l'archevêque de Paris, 26 mars 1638 (voir *Mercure françois*, 1638, t. XXII, p. 284).

4. GABRIEL DE SAINTE-CLAIRE, *Le Dévot frère Fiacre, Augustin déchaussé*, Avignon, 1711, in-12, réédité sous le titre *La Vie du vénérable frère Fiacre, Augustin déchaussé, contenant plusieurs traits d'histoire et faits remarquables arrivés sous le règne de Louis XIII et de Louis XIV*, Paris, 1722, in-12. C'est cette dernière édition que nous citons, p. 93. La lettre d'Anne d'Autriche est datée du 4 mai 1644.

5. GABRIEL DE SAINTE-CLAIRE, *La Vie du vénérable...*, p. 103, 124, 150.

6. *Ibid.*, p. 180-183.

7. Josse CLICHTOVE, *De puritate conceptionis beatae Mariae Virginis libri duo*, Paris, 1513. Robert GAGUIN, *Tractatus de conceptione beatae Virginis Mariae contra Vincentium de Castranovo.*

8. *Acta genuina S.S. œcumenici Tridentini concilii*, Agram, 1874, cités par X. BACHELET, art. « Immaculée Conception », dans *Dictionnaire de théologie catholique*, t. X, col. 1167.

9. Texte dans Auguste JAL, *Dictionnaire critique de biographie et d'histoire*, p. 1317. La minute est aux Vieilles Archives de la guerre, t. XII, p. 82.

10. Voir *Traité de l'amour de Dieu*, livre II, chap. VII ; *Sermons*, éd. d'Annecy, t. X, p. 403-404 ; t. IV, p. 384-385.

11. Voir Charles FLACHAIRE, *La Dévotion à la Vierge dans la littérature catholique au commencement du XVIIe siècle*, Paris, E. Leroux, 1916. La réédition de 1957, publiée avec une préface de Jean Guitton aux Éditions de l'Apostolat de la Presse, a supprimé les passages qui ne « s'adressaient pas à un vaste public de fidèles » (note de l'éditeur, p. 19).

12. La neuvième Provinciale est datée du 3 juillet 1656. Sur le sens des *Avis salutaires*, voir la thèse du P. HOFFER, *La Dévotion à Marie au déclin du XVIIe siècle*, Paris, Éd. du Cerf, 1938. — J.-B. THIERS formule ses critiques dans les premières éditions du *Traité des superstitions qui regardent les sacrements*, 1re éd., 1697-1704, réédition en 1712. La 4e édition revue, corrigée et augmentée, a été publiée à Avignon, chez Louis Chambeau, en 1777. Voir tout particulièrement le t. IV, livre VII, chap. IV.

13. Sur la promotion religieuse féminine, voir A. DODIN, « La Promotion de la femme à l'apostolat missionnaire », *Spiritus*, n° 28 (III, 1966), p. 266-279. E. JARRY, « Les Premières Missionnaires modernes », *ibid.*, p. 280-304. — Le développement des nouvelles congrégations nous est connu par les travaux de la Mère M. M. de Chantal GUEUDRE, *De l'institut séculier d'Angèle Merici à l'ordre monastique (1572-1650)*, Paris, Éd. St-Paul, 1957 ; *Les Monastères d'ursulines sous l'Ancien Régime (1612-1788)*, Paris, Éd. St-Paul, s. d. (1960). Les fondations du Carmel en France sont répertoriées par les *Chroniques de l'ordre des Carmélites de la Réforme de sainte Thérèse*, Troyes, 1846, t. I.

14. M. Vincent modère l'ardeur de certaines Filles de la Charité qui voudraient multiplier les pèlerinages à Notre-Dame des Vertus. Deux fois durant la conférence du 13 novembre 1654 (*SV*, X, 45, 51) et une fois pendant la conférence du 6 juin 1656 (*SV*, X, 168). Il leur prescrit de demander toujours l'autorisation. Personnellement, il ne néglige pas de faire certains pèlerinages : 1600 : c'est très vraisemblablement dans le sanctuaire de Notre-Dame de Remoulle, dont l'autel sera ensuite transporté

à Notre-Dame de Grâce, qu'il célèbre sa première messe (paroisse de Mezens). Voir Pierre COSTE, *Le Grand Saint du grand siècle*, Paris, 1932, t. I, p. 40, n. 3. — 1622 : pèlerinage à Notre-Dame de Buglose, pieds nus. P. COLLET, *Vie de saint Vincent de Paul*, Nancy, 1748, t. I, p. 109. Voir *SV*, XII, 219. — 1633 : M. Vincent délègue Louise de Marillac à Chartres pour qu'elle offre la Compagnie des Filles de la Charité à Notre-Dame (*SV*, I, 213). — 1636 : M. Boudet est envoyé à Chartres par M. Vincent pour que Notre-Dame protège les Filles de la Charité contre la peste (*SV*, I, 360). — 1639 : M. Vincent se rend à Chartres, en compagnie de Nicolas Pavillon qui refusait d'accepter le siège épiscopal d'Alet. Les deux prêtres célèbrent la messe et la lumière se fait dans l'esprit de M. Pavillon. Il fut sacré en la chapelle de Saint-Lazare, le 22 août 1639. L. Abelly signale le fait sans fournir le nom de l'évêque et la date du pèlerinage (Abelly, III, 92-93). Le renseignement lui était fourni par les « Remarques » du frère L. Robineau (voir « Remarques », ms., f° 76). L'attestation de Nicolas Boutillier, quatorzième témoin au procès de béatification de M. Vincent, nous indique en plus que le nouvel évêque consacra son diocèse à la sainte Vierge. — 1644 : Louise de Marillac est autorisée par M. Vincent à porter à Chartres de graves difficultés (*SV*, II, 436, 478, 479).

15. La première édition du livre Le *Paradis ouvert à Pélagie par cent dévotions à la Mère de Dieu aisées à pratiquer aux jours de ses fêtes et octaves qui se rencontrent à chaque mois de l'année* fut publiée à Lyon, chez Cl. Rigaud et Ch. Bordes, en 1636. Une troisième édition était déjà donnée en 1638 et le livre fut réimprimé dix-sept fois jusqu'en 1660. Édition latine en 1650, chez Adam Schirmbekh, Monachi (Bibliothèque de Peitang-Pékin, n° 944. Voir SOMMERVOGEL, « Bibliothèque des écrivains de la compagnie de Jésus », I, 946, n° 2 et VII, 989). — Les *Saintes Intentions de Philagie* furent publiées à Lyon en 1637. Elles eurent une deuxième édition en 1638 sous le titre *Les Saints Accords de Philagie avec le Fils de Dieu*. Une réimpression fut faite à Tournai en 1644 sous le titre *Les Saintes Intentions de*

Philagie déclarées en trente-trois conversations qu'elle fait avec le Fils de Dieu, et l'ouvrage fut également traduit en latin : *Sanctæ Hagiophilæ tribus et triginta pactis declaratæ*, Ingolstadii, typis Gregorii Haenlini, 1646. Voir SOMMERVOGEL, I, 948. — Le texte de PASCAL est au début de la Neuvième Provinciale.

16. Voir DIEBOLD (E.), « La Première Messe de saint Vincent de Paul, Notre-Dame de Grâces. Lueurs sur un point d'histoire », *Bulletin provincial de la Province lazariste de Toulouse*, novembre 1957.

17. L'édition de Pierre COSTE donne à tort : « Faire les pompes. » L'édition de 1960 restitue le texte primitif des manuscrits.

18. Bulle *Salvatoris nostri, SV*, XIII, 257-267. Traduction et commentaires par F. Combaluzier, « Annales de la congrégation de la Mission », t. 106-107 (1941), p. 25-41. Le texte des *Règles* reproduit par Abelly, III, 91, est légèrement différent. Abelly parle de « quelques services », et, au lieu de « la très digne Mère de Dieu et la nôtre », il écrit : « cette très digne Mère de Dieu, notre très pieuse Dame et Maîtresse ».

11

SAINT VINCENT DE PAUL, ÉDUCATEUR DE RELIGIEUSES

Un malicieux père jésuite affirmait naguère que M. Vincent avait été plus heureux en filles qu'en garçons. C'est évident. Les Filles de M. Vincent atteignent le chiffre de quarante-trois mille ; tandis que les Fils, ces mauvais garçons, ne dépassent pas de beaucoup, heureusement, les cinq mille. Toutefois comme le malin n'avait pas précisé davantage sa pensée, certains fils pouvaient quand même se consoler secrètement : « Nous n'avons pas la quantité, mais nous avons... » Je m'arrête bien vite. Échappons à ces parallèles qui nous hypnotisent, abandonnons à quelques bons matérialistes cette irritante pesée des âmes et... n'utilisons cette pointe du brave père jésuite que comme une flèche indicatrice. Elle nous amène, par le plus court chemin, devant la plus captivante des réalisations vincentiennes. Groupe des religieuses... oui, oui et non, car elles ne sont pas canoniquement des religieuses. Toutefois, elles sont destinées par leur fondateur à une perfection plus grande que celle des religieuses comme telles. Il faut bien ajouter, pour ne pas trahir la pensée du fondateur, qu'elles sont cependant dans un état inférieur à celui des religieuses (*SV*, X, 143, 145, 661 ; X, 96). Tout cela est donc très clair, assez curieux, et un peu intrigant.

Pour faire apparaître dans sa fraîcheur et sa naïveté première la communauté naissante des Filles de la Charité, j'aurais aimé vous relire les premiers dialogues de S. Vincent avec ses bonnes filles des champs. Ils nous auraient permis de saisir au vol et à l'improviste les difficultés de l'œuvre, l'étoffe des premières « religieuses ». Nous pourrions ainsi retrouver l'ambiance dans laquelle S. Vincent voulait « dresser » — entendons : tenir droites devant Dieu — les Filles de la Charité. Il eût été facile d'extraire des lettres et des conférences quelques bonnes formules marquées au coin du bon sens et nous les aurions titrées « grands principes d'éducation ». Mais j'aurais eu conscience de trahir M. Vincent et de laisser ignorer sa prudence et surtout sa grâce particulière, inoubliable alliance de finesse et de profonde bonté. Voyons donc M. Vincent tel qu'il fut : docteur sans bonnet carré, prophète sans fulguration oratoire, il avance doucement, éprouvant le terrain et se défiant de toutes les déclarations trop absolues ou trop rapides. Les règles écrites ne seront données aux missionnaires que trente-trois ans après la fondation de l'institut. C'est par le tâtonnement de l'expérience que M. Vincent se maintient en souplesse et défend victorieusement l'esprit contre les anesthésies de la lettre.

Ne nous arrêtons donc pas à des détails fort originaux sans doute, mais après tout, secondaires, prenons un peu de recul et pour plus de clarté, distinguons dans l'œuvre éducatrice de S. Vincent, d'abord, le point de départ, disons, le conditionnement de l'œuvre vincentienne ; puis, essayons de caractériser son effort éducateur qui s'exerce en deux sens ou sous deux formes qui réciproquement s'appellent et s'inspirent, c'est-à-dire une forme idéalisante, évoquant sans cesse le terme où chaque sujet doit prétendre, et une forme « réalisante », invitant les vues de l'esprit et les élans de la générosité à s'éprouver et à se vérifier dans l'action.

LE CONDITIONNEMENT DE L'ŒUVRE VINCENTIENNE

LE CADRE TEMPOREL

S'il ne faut écouter que Dieu et lui obéir diligemment, il faut aussi savoir que Dieu parle de bien des manières. « La nécessité et les événements sont des maîtres que Dieu nous donne de sa main », déclare admirablement Pascal pendant que M. Vincent professe : « J'ai particulière dévotion à suivre pas à pas l'adorable Providence de Dieu » (*SV*, I, 68, 241 ; II, 208, 419).

Quels étaient donc les événements inspirateurs ? Où lisait-on la volonté de Dieu ? Sur quoi M. Vincent s'appuyait-il pour réaliser ce que d'autres ne pouvaient concevoir ou se défiaient d'entreprendre ? Si nous nous mettons à sa place et adoptons pendant quelques instants sa vision du monde, Dieu s'exprimera dans deux « événements ».

Misère matérielle.

Le premier, c'est le désordre matériel, presque désespérant, qui règne en ces belles années, au printemps du grand siècle. Après la gestion de Concini et de Luynes, Richelieu de 1624 à 1642 va essayer de mettre partout un peu d'ordre. Mais, à l'intérieur comme à l'extérieur, il use de la manière forte : son énergie guerrière fauche tout ce qui résiste. À la mort du cardinal-ministre, le sang coule encore. La Fronde éclate, les guerres redoublent ; l'Île-de-France, la Picardie, la Lorraine sont ravagées et affamées. Peut-on alors, quand les humains s'assassinent de si bon cœur, quand les pauvres meurent de faim et se damnent, demeurer les bras croisés ? Non, non, il faut vite « courir à leur secours, comme on court au feu » (*SV*, XI, 31).

Misère spirituelle.

Un mal plus dissimulé commande aussi une voix de Dieu à M. Vincent. Le pacifiant édit de Nantes a stabilisé mais aussi consacré la rupture de la chrétienté occidentale. Il l'éternise pour ainsi dire en maintenant béante une blessure qui irrite, déconcerte, enfièvre les meilleurs esprits. Voici qu'à la guerre des armes succède la guerre des arguments. Et que de projectiles ! N'est-ce pas le cordelier Feuardent (il n'avait certes pas volé son nom incendiaire) qui disposait dix mille arguments pour réduire les calvinistes à la raison, à la religion romaine et aussi, très probablement, à l'oraison de quiétude ? Mais on a beau crier, se démener, les réformés en imposent par leur moralisme. Cet aspect de leur vie religieuse dictera même à S. François de Sales, missionnaire du Chablais, une tactique et aussi une conception très moralisante du christianisme et de la vie surnaturelle[1]*.

Conséquences religieuses.

Cette conjoncture, misère religieuse, misère matérielle, ne nous explique pas seulement la vue pessimiste que Vincent de Paul aura toujours de l'Église occidentale, elle invite tous les vrais fidèles du Christ à donner à leur vie religieuse une forme active et militante. « Hélas, écrit le fondateur de la Mission à un

* Les notes de ce chapitre sont p. 333-334.

de ses prêtres attiré par la vie des chartreux, hélas, l'Église a assez de personnes solitaires par sa miséricorde, et trop d'inutiles, et plus encore qui la déchirent ; son grand besoin est d'avoir des hommes évangéliques, qui travaillent à la purger, à l'illuminer et à l'unir à son divin époux » (*SV*, III, 202)[2].

Il faut, en même temps, réformer la vie chrétienne et mobiliser tous les responsables par un engagement apostolique. Réforme, mobilisation, ce sont là les thèmes majeurs, les génériques de l'action et de la pédagogie spirituelle de notre saint. Ce sont eux qui expliquent immédiatement l'engagement des laïques et spécialement de la femme dans l'apostolat[3], la valeur particulière que S. Vincent donne à l'action dans la vie religieuse.

Déjà S. Ignace de Loyola avait par l'organisation de la compagnie de Jésus modifié singulièrement le style de la vie apostolique, et religieuse. Çà et là, en s'inspirant de la structure de la nouvelle milice, quelques zélés essayaient de répondre aux besoins nouveaux par une nouvelle forme de vie, souple dans ses activités, dégagée des cadres de l'ancien monachisme. À Brescia, par exemple, les ursulines devaient, suivant le propos de S^e^ Angèle Merici, instruire les filles pauvres dans leurs foyers. Mary Ward, à Saint-Omer, avait groupé les « Dames anglaises » qui n'étaient soumises ni à la prière chorale, ni à la clôture, ni à l'habit religieux. Ces religieuses dans le monde eurent bientôt des communautés à Londres, Liège, Trèves, Munich, Vienne, Presbourg, Prague[4].

En France, Mgr de Genève destinait les Filles de la Visitation à la visite des pauvres[5].

Mais ces généreuses initiatives se heurtèrent à d'insurmontables difficultés. Le concile de Trente avait été formel. « Il ne sera permis à aucune moniale de sortir de son monastère après sa profession, même pour un peu de temps et sous quelque prétexte que ce soit si ce n'est pour une cause légitime approuvée par l'évêque[6]. » Pie V n'hésita pas à supprimer tous les ordres de femmes qui n'exécutaient pas ce décret[7]. Le dicton courait *« aut maritus, aut murus »*, « Ou un époux, ou une muraille ».

Les ursulines reçurent donc leurs élèves dans leurs couvents. Mary Ward fut âprement combattue, internée chez les clarisses de Munich du 7 février au 18 avril 1631. Les maisons fermèrent[8]. François de Sales cédant aux remontrances de Mgr l'archevêque de Lyon, Denis de Marquemont, maintint ses visitandines sans visites des pauvres. La dérivation de la vie religieuse sur la vie séculière se révélait impossible.

Or c'est précisément en l'année 1617, alors que l'archevêque de Lyon cloîtrait les visitandines de François de Sales que Vincent de Paul à une quarantaine de kilomètres de Lyon, à Châtillon-des-Dombes, érigeait la confrérie des Dames de la Charité que les Filles de la Charité auraient pour mission de seconder. En vue d'obtenir un dévouement apostolique inconditionné, le fondateur prenait une autre base. Au lieu de partir de la vie religieuse et d'aller vers le laïcat, il prétendait, lui, pour rassurer l'autorité et ne pas ameuter les canonistes, demeurer dans le laïcat. Toutefois, qu'on me pardonne l'expression, il le « religiosait ». Il pourrait ainsi, scandant ses avances avec des proclamations canoniques apaisantes : « Les Filles de la Charité ne sont pas des religieuses », « Si vous étiez religieuses, la compagnie serait à l'extrême-onction », il pourrait, ce bon saint de Gascogne, innover allégrement et obtenir un triple résultat :

— Intégrer substantiellement l'action apostolique à la vie religieuse féminine.

— Déplacer le lieu de l'apostolat. Il le fait passer du cloître à la rue, de la chambre de louage au champ de bataille et partout où l'on rencontrera un être souffrant d'une absence de vie ou d'un éloignement de Dieu.

— Diversifier les formes d'apostolat. On pourra joindre à l'instruction chrétienne les œuvres d'assistance. La compagnie des Filles de la Charité ne serait-elle pas l'unique congrégation féminine du XVIIe siècle ayant un autre but principal que l'éducation[9] ?

Nous obtenons ainsi la charte des Filles de la Charité.

Elles considéreront qu'elles ne sont pas dans une religion, cet état n'étant pas convenable aux emplois de leur vocation. Néanmoins, à raison qu'elles sont plus exposées aux occasions de péché que les religieuses obligées à la clôture, n'ayant pour monastère que les maisons des malades et celle où réside la supérieure, pour cellule une chambre de louage, pour chapelle l'église paroissiale, pour cloîtres les rues de la ville, pour clôture l'obéissance, ne devant aller que chez les malades ou aux lieux nécessaires pour leur service, pour grille la crainte de Dieu, pour voile la sainte modestie, et ne faisant point d'autre profession pour assurer leur vocation, et que par cette confiance continuelle qu'elles ont en la divine Providence et par l'offrande qu'elles lui font de tout ce qu'elles sont et de leur service en la personne des pauvres [*SV*, X, 661].

Cette constitution d'une religion de laïques, cette refonte de la sociologie de l'apostolat ne se réalisa pas en un jour et sans grande peine. Ne faudrait-il pas se souvenir aussi que Vincent de Paul lorsqu'il met la dernière main à cette tâche n'est plus un jouvenceau*. Il porte gaillardement ses cinquante-deux printemps. Depuis seize ans, il mène avec succès l'œuvre des Charités qu'il adapte et multiplie. Depuis onze ans, il gouverne la Visitation de Paris dont il possède le mécanisme et n'ignore aucune des ressources. Il a même déjà essayé depuis huit ans une formule mixte — séculier-régulier — avec les prêtres de la Mission, ces missionnaires qui eux aussi sans être religieux sont tenus à la perfection religieuse.

De plus, à cette connaissance juridique et tactique des choses extérieures s'ajoute l'expérience des cho-

* François de Sales (1567-1622) fonde la Visitation en 1610 (à 43 ans). Bérulle (1575-1629) fonde l'Oratoire en 1611 (à 36 ans). Saint Vincent (1581-1660) fonde les Charités en 1617 (à 36 ans), la Mission en 1625 (à 44 ans), les Filles de la Charité en 1633 (à 52 ans).

ses intérieures, cette connaissance savoureuse qui console aux jours d'affliction et le prémunit contre les excès d'un activisme révolutionnaire.

LE MILIEU SPIRITUEL

Le milieu spirituel, comment le passer sous silence, comment aussi se résigner à le caractériser grossièrement par deux mots : « augustinisme », « valorisation mystique de l'action » ?

Augustinisme.

Augustinien, au sens large du mot, Vincent de Paul l'est et le sera non par ses attaches à Port-Royal, mais par sa formation, sa fréquentation de Pierre Lombard, la lecture des œuvres de S. Augustin et même par la tournure morale de son expérience religieuse.

Écoutons-le malmener durement la petite nature qui triche toujours avec Dieu. De quoi est-elle digne ? « après que nous nous serons bien examinés sur la corruption de notre nature, la légèreté de notre esprit, les ténèbres de notre entendement, le désordre de notre volonté et l'impureté de nos affections, et après que nous aurons pesé au poids du sanctuaire nos œuvres et nos productions, nous trouverons que tout cela est digne de mépris. [...] Que peut-on attendre de la faiblesse de l'homme ? Le néant que peut-il produire ? Le péché que peut-il faire ? Et que sommes-nous autre chose ? » (*SV*, XII, 207.)

Dès lors, comment ne pas donner en éducation religieuse la priorité aux exercices d'humilité ? « Qui aura cette vertu, déclare S. Vincent, obtiendra facilement toutes les autres ; mais celui qui ne l'aura point sera privé aussi de celles qu'il paraît avoir, et vivra dans des inquiétudes continuelles » (*SV*, XII, 195-196).

C'est aussi en référence aux tables augustiniennes et à la vision des deux cités que Vincent de Paul aime à présenter les situations. D'un côté, masse corrompue du monde, de l'autre le Christ et sa grâce (*SV*, X, 136 ; XII, 114, 457 ; XIII, 146). Il lit S. Jean sous la surveillance de l'évêque d'Hippone et dénonce les trois concupiscences qui gouvernent tout ce qui est en ce monde. Aux maximes du monde s'opposent les maximes de Jésus-Christ (*SV*, IX, 428, 438). On verra juste si l'on aperçoit dans l'homme, au tout premier plan, le conflit chair-esprit, si l'on conçoit le travail de la perfection comme une mortification vivifiante qui réussit pleinement lorsqu'on se vide de soi-même pour se remplir de Dieu (*SV*, XI, 1-2 ; voir XIII, 36-37)[10].

Pareille présentation clarifie à l'extrême, mais en les simplifiant extrêmement, tous les problèmes de la vie intérieure. Si elle facilite l'exposition auprès des simples, il faut reconnaître qu'elle favorise aussi, et dangereusement, un durcissement de la pensée, une sclérose familière à l'homme d'action.

Disons tout de suite que cette manière de décrire la « spiritualité » était heureusement corrigée par une facilité d'esprit à se replier sur soi-même, à s'ausculter. Cette tendance était très remarquable et donnait même au comportement extérieur de M. Vincent une allure sèche et rebutante dont, plus d'une fois, Mme de Gondi eut à souffrir[11]. Tempérament bilieux et mélancolique disait-on au XVIIe siècle, tempérament secondaire, profondément émotif dirions-nous aujourd'hui. Quels que soient les qualificatifs, cette pente de l'esprit et du caractère permet plus facilement à la vie surnaturelle d'être intérieure. « Il faut tendre à la vie intérieure, proclame S. Vincent, et si on y manque, on manque à tout » (*SV*, XII, 131). C'est pourquoi il aime faire retraite chez les chartreux et donne comme mot d'ordre à ses prêtres, « missionnaires à l'extérieur, chartreux à la maison[12] ». Saint Augustin l'a rendu particulièrement attentif aux réalités secrètes : l'univers visible n'est qu'une image invisible, c'est une discrète introduction à l'autre monde. Personnes et choses ne sont pas seulement elles-mêmes, elles sont des signes évoquant alternativement le Christ qu'elles doivent prolonger, la richesse de Dieu qu'elles transposent ou qu'elles reflètent (Abelly, III, 51)[13].

Valorisation de l'action.

Cette vue surnaturelle de l'univers commande tout l'enseignement sur l'action apostolique et nous permet de ne pas nous méprendre quand nous entendons M. Vincent nous parler de l'action. Sa pédagogie surnaturelle comporte en effet des régimes très variés : période d'inaction, de non-faire, période d'activité absorbant les exercices de piété[14]. L'activité est par elle-même neutre et incolore. Elle peut servir l'amour et... nourrir l'amour-propre ; tantôt elle fera sortir de soi, tantôt elle équilibrera les âmes timorées et leur permettra de se fixer en soi et en Dieu. Que veut donc désigner M. Vincent quand il parle de l'action ?

Remarquons d'abord qu'il ne vise à aucun moment une agitation ou une activité purement extérieure à l'individu. Une certaine profondeur, un degré de conscience est absolument nécessaire à l'action humaine surnaturalisable. Pour l'obtenir, cet engagement minimum commence habituellement par inviter le sujet à se freiner, à se contenir et à se tenir lui-même au niveau où Dieu pourra le prendre. D'où les préceptes d'inaction. « Il faut attendre l'évidence de la volonté de Dieu, il faut suivre la Providence pas à pas et ne pas enjamber sur elle », « Soyez plutôt pâtissant qu'agissant », etc.

Ces consignes sont inspirées et parfois littéralement extraites du plus passif des mystiques du XVIIe siècle, du capucin Benoît de Canfeld (chapitre X de la troisième partie de la *Règle de perfection*) (*SV*, II, 226, 276, 466, 473 ; IV, 347-348). Toutefois, n'arrachons pas ces aphorismes de leur contexte : ils seraient inexplicables et dangereux. Dans la pensée de S. Vincent, ils doivent jouer le rôle de contrepoids régulateur, ils équilibrent la poussée du zèle que le chrétien doit sans cesse nourrir et porter à son plus haut degré.

Quant à l'action elle-même, Vincent de Paul ne la considère pas seulement comme le canal d'un déploiement de forces. Sa structure est plus secrète. Et ici, autant par ses exclusions que par ses préceptes, M. Vincent nous invite à considérer l'action non comme une réalité solide et définitive, mais comme un moyen de révélation, comme une industrie si on veut bien employer ce terme selon sa signification du XVIIe siècle, pour que les intentions se complètent, s'affirment, existent en plénitude. L'intention est l'âme, la forme ; l'action est la matière en qui elle se réalise.

Sur le plan de la grâce, l'action est envisagée comme une expression, un épanouissement et donc, d'une certaine manière, comme un moyen de développer la grâce. Encore faut-il que l'action soit accomplie dans la ligne de cette grâce, c'est-à-dire qu'elle vise à étendre l'humanité mystique de Jésus, à prolonger l'action du Verbe incarné en opérant ce qu'il aurait fait. « Quand il sera question de faire quelques bonnes œuvres, dites au Fils de Dieu : Seigneur si vous étiez en ma place, comment feriez-vous en cette occasion ? » (*SV*, XI, 349-351.)

Enfin, dans l'ordre extérieur, l'action est une médiation. À travers l'agir humain, Dieu agit et se manifeste « providentiellement ». « Il faut faire les actions, non pour les avoir faites, mais pour avoir accompli la volonté de Dieu en elles » (*SV*, XII, 132).

L'expérience du fondateur.

Tous les éléments jusqu'ici envisagés — cadre temporel, milieu spirituel — sont des éléments objectifs et, en somme, communs. Nullement distinctifs par eux-mêmes, puisqu'ils peuvent caractériser bien des sujets du XVIIe siècle commençant, ils devront pour qualifier vraiment une personne et son action éducatrice être intégrés et assumés grâce à une expérience.

Nous ne pouvons ici décrire en détail les différents aspects d'une expérience religieuse particulièrement complexe. Du moins devons-nous éclairer et interpréter tout l'enseignement vincentien, sa sagesse et sa politique par un événement intérieur qui lui permit, peut-on dire, de fondre au creuset de sa propre souffrance tous les éléments épars de son moi, et par là, de discerner ce que Dieu demanderait toujours.

On connaît les phases de ce drame intérieur si mystérieux et humainement parlant, invraisemblable. Entre 1613-1616, Vincent de Paul a voulu prendre sur lui les tentations d'un théologal qu'il n'arrivait pas à apaiser. Alors Dieu s'est prêté à ce jeu tragique et charitable. Vincent a été lui-même harcelé par le doute, livré sans recours à une nuit de l'esprit qui délabrait son être et murait son horizon. Mme de Gondi, qui l'observait, ne savait que penser. Or, un jour, Vincent de Paul ayant éprouvé quelque apaisement en soulageant les pauvres, conçut le dessein de se consacrer toute sa vie à leur service. Par les pauvres, il s'évada de son enfer intérieur, « Dieu ne se trouve que par les voies enseignées dans l'Évangile ».

« Il ne se conserve que par les voies de l'Évangile », écrira Pascal en 1654 dans son mémorial. Vincent de Paul a lui aussi gravé en son cœur une conviction qui est la mémoire d'un acte de donation autant que la mémoire de ce qu'il est devant Dieu : le serviteur des pauvres. C'est en allant aux pauvres qu'on retrouvera l'esprit de celui qui fut envoyé aux pauvres, c'est en rapport avec cette mission divine qu'il faut tout comprendre, tout aimer, tout organiser (*SV*, XII, 79-80 ; XI, 32 ; IX, 49-60, 324, 594 ; VII, 341).

Veut-on un exemple ? Quand Vincent de Paul demandera la pauvreté à ses Filles, il ne considérera pas la pauvreté comme une abstraction même personnifiée, ce sera pour lui la disposition qui apparente le cœur à celui des pauvres, permet d'être de leur famille et par là de se sauver avec eux en se familiarisant davantage avec le Christ.

Au terme de notre première étape, nous arrivons à camper devant nous une silhouette d'éducateur qui manifeste une prodigieuse richesse intérieure. Nous sommes à même de mieux comprendre l'ascendant permanent que M. Vincent exerça sur les sensibilités féminines de son temps. Si le « physique » pouvait, de prime abord, provoquer quelques « répugnances » à Mlle Legras, le caractère humain et religieux exerçait une mystérieuse et surnaturelle aimantation. Un caractérologue, même novice, le qualifierait rapidement : « émotif, actif, secondaire ». Sans doute, mais complétons aussi vite : « constitution prodigieusement robuste, plancher instinctif particulièrement résistant et discipliné, vouloir vivre fondamental dominateur se traduisant, malgré toute la modestie religieuse, dans la carrure et dans la démarche ».

Disons aussi que ce caractère rude est travaillé par une surnaturelle douceur. À l'approcher, nous découvrirons une admirable conjugaison « d'extrêmes » qui nous surprendra : volonté d'acier trempé — invariable dans la fin dira-t-il souvent — et aussi tendresse aux harmoniques déconcertantes. Voyons-le s'attendrir, pleurer, demeurer sans parole à cause de sa grande admiration, puis encore se mettre à parler rapidement, à gesticuler, à lever les bras au ciel, à mimer ses interlocuteurs, à rentrer dans leurs sentiments au point de se mettre à leur place, et d'emprunter leur patois et leur ton. Que ne ferait-il pas pour se communiquer et se livrer ? Il baise les fers des forçats et pour l'inconsolable Mère de Chantal, il pastiche les épîtres de l'irremplaçable François de Sales (*SV*, IV, 53)[15]. Malgré sa grande prudence et son air gascon, il devait donner à tous l'impression d'une « solidité évoquant l'Éternel », mais aussi, d'une compréhension presque infinie parce que précédée d'une inconfusible bonté. « Notre Seigneur, confiait-il à M. Portail, a prévenu de son amour ceux qu'il a voulu faire en Lui. Nous ne croyons pas quelqu'un parce qu'il est bien savant, mais parce que nous l'estimons bon et l'aimons » (*SV*, I, 295 ; Abelly, III,

268). Et se livrant dans une parole : « Il y a deux choses en moi, la reconnaissance et que je ne puis m'empêcher de louer le bien. » Reconnaissons à ces signes un éducateur particulièrement gracié !

Les principes d'éducation religieuse que nous allons inventorier ne devront pas nous laisser oublier un seul instant la prodigieuse vitalité de l'éducateur.

L'EFFORT ÉDUCATEUR

Ce qui constitue essentiellement l'éducateur, ce ne sont pas les idées abstraites ou les recettes « techniques » qu'il partage ou échange avec l'instructeur. C'est le don singulier qu'il possède de faire épanouir une personnalité religieuse, c'est aussi la richesse morale qu'il infuse et distribue par la seule présence. À ce degré d'accomplissement, le pouvoir de l'éducateur s'apparente à celui du créateur qui tire l'être du néant, le visible de l'invisible, la force de l'inertie.

Ce travail créateur, S. Vincent de Paul l'a accompli d'une double manière : d'une part, il a idéalisé, c'est-à-dire, il a montré dans l'œuvre qu'il proposait un pôle attirant, un centre illuminateur de toute la vie ; d'autre part, il a fait réaliser, c'est-à-dire, il a secondé les efforts en les disposant, les coordonnant, les réglant harmonieusement.

À la source comme au terme de ce double effort,

c'est le secret de son art qui se dévoile, l'âme de sa réussite qui se révèle.

L'EFFORT D'IDÉALISATION

Si personne n'imagine Vincent de Paul sous les traits et l'allure d'un doux rêveur, nombre d'hagiographes bienveillants et mal informés nous le présentent comme un technicien besogneux et en somme comme le visible contremaître de l'invisible Providence. La comparaison peut être retenue, mais il serait plus juste de caractériser le travail vincentien par référence à l'ingénieur, ou à celui qui trouve son génie en le donnant aux choses qu'il façonne.

Au vrai, Vincent de Paul exerce sa puissance bénéfique d'abord, en prolongeant les qualités des êtres qu'il aborde, ensuite, en insérant de l'idéal, de l'éternel, dans le « matériel humain ».

Prolongement.

Le premier mouvement, allant, dirait-on, de bas en haut, consiste à partir d'un type commun de femme, mais embelli, puissamment éclairé, idéalisé. Ce travail de prolongement a été magistralement accompli dans la conférence du 23 janvier 1643 où Vincent de Paul proposa à ses Filles l'imitation des filles des champs (*SV*, IX, 79-94). Il en parle, confie-t-il, à cause de la connaissance qu'il en a par expérience et par nature. Puis, le tableau s'illumine et se purifie dirait-on de toute matérialité. Ces filles de village, ne sont-elles pas simples, et humbles, et sobres, et pures, et modestes, et pauvres, et confiantes en Dieu, et obéissantes, et laborieuses ? En somme, elles réalisent et intègrent dans le même dessin idéal les vertus du Fils de Dieu qui devait avoir allure paysanne, et les perfections de sa mère, la Vierge Marie.

Remarquons avec quelle finesse M. Vincent aborde les candidates à la vie religieuse. Il les saisit, non en ce qu'elles sont présentement, mais par l'avenir qu'elles désirent, par le rêve qui peut les séduire et les tirer d'elles-mêmes. Les trois vertus qui doivent caractériser les Filles de la Charité sont ainsi des manières de se prendre soi-même dans l'avenir auquel on prétend.

La charité.

La charité que Vincent de Paul demande à ses filles n'est pas une vertu abstraite, incolore, sortie de l'herbier des vertus théologales. Elle est dans le prolongement et l'épanouissement du sens inné que la femme possède pour s'offrir, se donner, se dévouer. Mais, comme cette donation se réalise au maximum dans la mère, c'est au dévouement maternel, cultivé et purifié de S^e^ Louise (« vous n'êtes femme qu'en cela », lui écrivait-il), dévouement transposé et embelli chez les jeunes filles des champs, qu'il fait appel et qu'il propose comme la vie plénière.

L'affectivité féminine tentée de se replier sur elle-même, de se complaire en son propre mouvement et de jouir de sa propre chaleur, Vincent de Paul ne veut pas la considérer. L'amour en son meilleur, c'est l'amour effectif, marqué d'une certaine virilité. Il a visage besogneux, ouvrier et paysan. Son allure déconcerte et neutralise les rêves inutiles. « Aimons Dieu, mes frères, mais que ce soit à la force de nos bras, à la sueur de nos visages. » Pareil langage, il faut en convenir, laissera dépérir, par sous-alimentation, la folle du logis.

À qui pense M. Vincent en dressant ce portrait de la charité paysanne ? Sans aucun doute au visage longtemps disparu, mais de plus en plus vivant et vivifiant de cette vieille paysanne sa mère, Bertrande de Moras. Ses mains arquées et durcies passaient de temps à autre, à la fois pour la protéger et la montrer, devant une face taillée de rides inoubliables. « Elle n'avait pas de servante, étant servante elle-même », dira doucement M. Vincent.

Il se souvient aussi de cette pauvre vachère de Suresnes, Marguerite Naseau. « Sa charité a été si grande qu'elle est morte pour avoir fait coucher avec elle une pauvre fille malade de la peste. Atteinte de ce mal, elle dit adieu à la sœur qui était avec elle comme si elle eut prévu sa mort et s'en alla à Saint-Louis, le cœur plein de joie et de conformité à la volonté de Dieu » (*SV*, IX, 77-79).

Mais ces figures du présent ou de la veille sont souvent rejointes et éclairées par des personnages qui sortent de l'Évangile et se mêlent eux aussi de servir les pauvres. Avec les Filles de la Charité, dans la lumière du même amour, elles veillent à l'éternelle subsistance du corps mystique du Christ (*SV*, IX, 20, etc.).

La simplicité.

La simplicité que M. Vincent demande, ce n'est pas seulement la pureté d'intention, c'est aussi l'état de la sensibilité qui accompagne, entretient, enveloppe, préserve la pureté d'intention. Elle en est le conditionnement concret, le visible reflet.

Par cette culture de la sensibilité, Vincent de Paul atteint et exalte ce goût inné que la femme « bien née » possède pour l'ordre, la netteté, voire l'élégance. Il affecte cette sensibilité pour l'ordre et le « rangement » au style des paroles et des mouvements. Il sait que pareille politique pourra sinon expulser, du moins affaiblir la tentation trop commune au caprice, à la discontinuité affective, à la sensation pour soi et en soi qui guette la sensibilité trop vive de la femme quand elle n'est pas orientée.

Et puis, n'est-ce pas en étant simple qu'on aborde plus facilement les pauvres gens des champs ?

La référence typique de cette vertu aimée plus que toute autre par M. Vincent est à trouver dans Mme de Gondi qui était, nous dit S. Vincent, « la personne la plus simple que j'aie jamais vue : elle ne pouvait ouvrir la bouche ni faire une action qu'en simplicité de cœur ; mais elle avait l'adresse de séparer de la nature des choses, les circonstances nuisibles et inutiles, car elle était aussi des plus prudentes » (*SV*, XII, 173-174).

Faut-il rappeler que M. Vincent aimait à considérer Marie dans Mme de Gondi et qu'à cette dernière, il obéissait « comme à la Sainte Vierge » (*SV*, IX, 8) ? « Dieu sait comme cela m'a fait du bien », dira-t-il à ses filles en 1634.

L'humilité.

Enfin les Filles de la Charité devront être humbles. L'humilité sera leur mot de passe, leur signe distinctif dans l'Église de Dieu. Elle devra normalement leur faire ouvrir toutes les portes et les faire marcher tête inclinée, modestes, dociles dans un monde insolent d'orgueil.

Vincent de Paul essaie ici de cultiver et de surnaturaliser le sens que la femme possède de son insuffisance et de sa complémentarité. En se subordonnant, elle sera plus et mieux qu'elle-même. Elle ne remplira sa mission qu'à ce titre.

N'est-ce pas en s'humiliant que l'on convertit les pauvres ? Ils ne se laissent toucher que parce qu'on a pris leur état d'humilité. N'est-ce pas aussi par l'humilité que la femme par excellence, la Vierge Mère, a donné le Christ aux âmes ? N'est-ce pas en s'humiliant que le Christ Jésus s'est révélé à l'humanité pécheresse ?

Par l'humilité, Vincent essaie de barrer la route aux vices majeurs qui guettent les groupements de sensibilité féminine : manque de support, caprice, compétition, jalousies, etc. C'est aussi par l'humilité qu'il s'efforcera de supprimer les poussées clandestines de la nature tricheuse.

Au-delà des filles des champs, c'est dans la Vierge servante de l'Annonciation que Vincent de Paul contemple la plus pure transposition de l'humilité de Jésus (*SV*, X, 395, 536, 538. Voir *SV*, X, 570, 620 ; XII, 327).

Insertion de l'idéal.

Ce travail d'idéalisation des sujets pourrait facilement aboutir à des exagérations ou à des caricatures. Heureusement, M. Vincent complète ce travail de prolongement par une idéalisation très objective.

Son mouvement va pour ainsi dire de haut en bas, il vise à insérer l'éternel dans l'actuel. Disons brièvement que sa réussite est ici particulièrement heureuse et originale. Alternativement, M. Vincent éclaire le présent par un dogme concret et historique : l'Incarnation ; par un dogme abstrait, spiritualisant : la Providence.

EFFORT DE RÉALISATION

Si nous essayons maintenant de voir comment M. Vincent faisait passer pratiquement son idéal et celui des autres dans le concret et le quotidien, nous constatons encore que son génie se diversifie pour mieux s'affirmer.

D'une part, il organise originalement les Filles de la Charité.

Ensuite, à un degré supérieur, il dose judicieusement les activités régulatrices des servantes des pauvres.

Enfin, il rythme avec beaucoup de doigté leurs impulsions.

L'organisation.

Qu'il suffise ici de rappeler que l'organisation de la compagnie des Filles de la Charité était marquée par la préoccupation de ne pas verser dans la vie religieuse. Mais, en même temps, elle était inspirée par la volonté de maintenir un peu contre tout le monde : pape, évêques, curés, religieux, confesseurs, l'originalité et l'indépendance des Filles de la Charité ou des Filles de Dieu[16].

Cet état de défense explique les barrages que M. Vincent dresse contre les incursions de tous ceux qui ne sont pas de la famille. Mais on voit vite comment, en sauvegardant une certaine liberté, il exposait ses Filles à une certaine suffisance, voire à un égocentrisme dont seule l'humanité pouvait les protéger.

Les activités régulatrices.

L'organisation n'est qu'une défense extérieure. Vincent de Paul ne l'ignore pas et il attend la persévérance des Filles de la Charité d'un épanouissement intérieur et surnaturel qu'il veut alimenter et soutenir par quatre activités qui se complètent, se conditionnent mutuellement et constituent la mentalité religieuse des Filles de la Charité.

Service des pauvres.

La première de ces activités est le service des pauvres. Elle polarise la psychologie des servantes des pauvres. C'est dans ce service que la Fille de la Charité, au-delà de ses souffrances et de ses fatigues, trouve sa joie, au point que certaines d'entre elles se reprochent d'avoir eu trop de plaisir à servir les pauvres (*SV*, IX, 684).

Les pauvres calquent et définissent la vraie vie religieuse. Images de Celui qui fut pauvre, les miséreux réclament un état de sensibilité, ils « mentalisent » les Filles de la Charité, engendrent de secrètes affinités, sensibilisent aux grâces humiliantes et inspirantes.

L'obéissance.

Toutefois, ce qui donne au service des pauvres sa note religieuse et l'empêche de verser dans une pitoyable philanthropie, c'est l'obéissance. Elle fournit une tonalité à toute la vie et aide l'activité humaine à se référer à l'obéissance du Fils de Dieu, à sa volonté de ne faire que la volonté de son Père.

Par son insistance sur cette vertu, par les actes d'obéissance qu'il provoquait, Vincent de Paul obligeait ses Filles à dépasser leur individualité, à surmonter leur sensibilité, à transcender tout l'humain.

L'effort de sympathie et de vie commune.

Mais comme on ne va pas vers Dieu en s'isolant du milieu humain, il faut prévoir la constitution d'une communauté. Plus encore, il faut faire naître et cultiver l'amour réciproque sans lequel on ne peut s'unir à Dieu. Car la communauté n'est pas seulement un rassemblement, c'est une manière de s'unir pour mieux faire le travail du Christ, c'est aussi un moyen de rendre Dieu présent, de solliciter sa bienveillance et de s'offrir à sa grâce. Cette idée religieuse de la communauté explique l'importance que M. Vincent donne aux conférences spirituelles au cours desquelles ses Filles prennent conscience de la communauté qu'elles forment.

L'oraison.

Enfin M. Vincent délègue à l'oraison la mission d'approfondir la vie religieuse des servantes des pauvres. Malgré les difficultés que cet exercice rencontrait chez les filles des champs, en majorité sans culture, Vincent de Paul insiste pour que par l'oraison, Dieu lui-même s'empare de l'âme et divinement l'instruise. « L'oraison, disait-il, c'est un pourparler de l'âme avec Dieu, une mutuelle communication où Dieu dit intérieurement à l'âme ce qu'il veut qu'elle sache et qu'elle fasse, et où l'âme dit à son Dieu ce que lui-même lui fait connaître qu'elle doit demander » (*SV*, IX, 419).

Par le service des pauvres, l'exercice de l'obéissance, la culture du sens de la communauté, l'exercice de l'oraison, S. Vincent pouvait équilibrer l'effort des servantes des pauvres. Sans le savoir, mais peut-être quand même en le rêvant, il burinait un type de sainteté paysanne modelée à son image et à celle du Fils de Dieu.

Le rythme de l'impulsion.

Pour nous rapprocher encore du concret et nous emparer du secret de M. Vincent, essayons maintenant de déceler le rythme qui anime et scande l'action.

Au début, un temps majeur de silence, de prière, de conseil. C'est le barrage indispensable contre l'esprit propre et les illusions. Temps perdu dira-t-on ! Non. M. Vincent ne connaît rien de si commun que le mauvais succès des affaires précipitées. Ce qui ne peut être remis, différé, n'est guère éternisable. Cette règle de prudence, de douceur à l'égard du temps, Vincent de Paul l'applique avec encore plus de finesse et de circonspection lorsqu'il s'agit d'aborder le mystère des sensibilités humaines, de faire un reproche, d'imposer un amendement.

Ensuite, deuxième temps, la proposition. À l'égard des choses comme à l'égard des personnes, elle doit être discrète, humble. La grâce a de petits commencements, chacun le sait. Mais il faut aussi se souvenir des mœurs divines, des propositions que Dieu fait à l'humanité quand il veut commencer quelque chose. Avant d'aborder quelqu'un, il faut s'inspirer de la pédagogie divine, utiliser la même méthode que Dieu qui, par ses anges, nous propose sans violence le bien que nous devons librement accomplir (*SV*, XI, 349 ; I, 361 ; III, 361 ; VII, 621 ; VIII, 197).

Enfin, dès que l'action sera commencée il faudra la mener jusqu'au bout. Ici encore, qu'on se réfère aux mœurs divines, à Dieu qui ne change pas dans ses desseins. Et M. Vincent de répéter en adaptant le verset de la Sagesse : « Invariable pour la fin, doux et maniable pour les moyens. » Cette invariabilité et cette douceur qui selon Vincent de Paul définissaient exactement la bonne conduite, caractérisent finalement son style et son œuvre d'éducateur.

Au terme de cet exposé trop scolaire, est-il imprudent de vouloir brièvement dégager de toutes ces données fort diverses et variables, la sagesse incorruptible ? Peut-on encore reconnaître ce qui demeure au milieu de tout ce qui meurt ?

L'œuvre éducatrice de S. Vincent de Paul est à la rencontre d'une situation, d'une doctrine, d'une conduite de l'action.

De ces trois éléments, le premier, la situation, fut le plus impératif et le plus déterminant. Or, c'est celui qui a le plus changé... même si les circonstances présentes ressemblent beaucoup à celles du XVIIe siècle, il faut reconnaître que la structure même de notre temps nous apparaît profondément différente. L'infidélité à une enveloppe transitoire issue de la situation historique est donc la meilleure fidélité à l'esprit. Disons, complémentairement, que l'esprit du fondateur n'est vivant et vivifiant que pour celui qui le capte au-delà de son expression historique transitoire.

Les deux autres éléments, doctrine, conduite de l'action, sont beaucoup plus solides. Ce qui donne force et originalité à S. Vincent, c'est le jeu même de ses oppositions, sa facilité à passer rapidement d'un extrême à l'autre, de l'abstrait au concret, de l'activité à la passivité, de la fermeté à la douceur.

Par ces références opposées, M. Vincent nous invite à nous hausser au-dessus de notre sujet d'étude et à réapprendre deux lois fondamentales de l'éducation en général, de l'éducation religieuse en particulier.

La première régit l'éducation. L'éducation n'est vraie que si elle sait dépasser son sujet, voir l'éternité qui se cache sous des apparences, deviner l'avenir que sournoisement le présent dissimule.

La seconde concerne l'éducateur. L'éducateur n'est vraiment éducateur que s'il sait à la fois dépasser les principes de son éducation et s'oublier assez lui-même pour qu'en vivant auprès de lui, tout naturellement, on se sente sous l'emprise de l'Esprit. Sa puissance s'affirmera comme une création qui s'achève ou comme une éducation qui se prolonge jusqu'à l'éternité.

Notes

1. L. COGNET, *La Spiritualité française au XVIIe siècle*, Paris, La Colombe, 1949, p. 42-43.

2. Saint Vincent pense que l'Église n'existera peut-être plus en Occident d'ici cent cinquante ans, *SV,* III, 35, 31 août 1646. Voir *SV*, III, 153, 182 ; V, 418 ; XI, 309, 352-356. Il rejoint ainsi certaines assertions de Saint-Cyran. Voir *SV*, XIII, 90-91 ; VII, 334-335. Sur toute cette question, voir A. DODIN, « La Spiritualité missionnaire de M. Vincent », *Bulletin des missions des Lazaristes et des Filles de la Charité*, janvier 1942, p. 3-12.

3. Voir Marie CHALENDARD, *La Promotion de la femme à l'apostolat*, 1540-1660, Paris, Alsatia, s. d. (1950).

4. Henri CHIRAT, « Mary Ward, le dur chemin d'une initiatrice », *Jeunesse de l'Église*, fasc. V (1945), p. 155-178.

5. *SV,* X, 202. « Monseigneur l'Archevêque lui-même l'a ainsi ordonné, de peur que si le nom de Congrégation vous était donné, il s'en trouvait qui voulussent à l'avenir changer la maison en cloître et se faire religieuses, comme ont fait les filles de sainte Marie. Dieu a permis que de pauvres filles ont succédé à la place de ces dames » (8 août 1655). Voir « Histoire

chronologique de tout l'ordre de la Visitation sainte Marie », bibliothèque Mazarine, ms. 2 430, f° 10, 19-20, 101-102.

6. Concile de Trente, session XXV, chap. V (4 décembre 1563).

7. Bulle *Circa pastoralis officii*, 29 mai 1566.

8. H. CHIRAT, p. 177-178.

9. Mgr Jean CALVET, Préface de *La Promotion de la femme à l'apostolat*, p. 11.

10. Même pensée dans *Imitation de Jésus-Christ*, livre IV, chap. XV, v. 3.

11. Abelly, III, 177 : « Cette bonne dame était parfois en peine. »

12. *SV*, II, 107 (retraite à Valprofonde, dans la commune de Béon, Yonne).

13. Bonté humaine image de la bonté divine : *SV*, III, 493 ; IV, 486 ; I, 548.

14. *SV*, VI, 496-497. « La pratique de la charité quand elle est nécessaire comme celle d'assister les membres affligés de Notre-Seigneur, est préférable à tout autre exercice. C'est pourquoi, ma sœur, vous ne devez vous mettre en peine de la retraite ni des autres usages de la Compagnie, si vous ne les pouvez faire commodément » (Lettre à sœur Fr. Ménage, 29 septembre 1657).

15. BREMOND a justement noté « une curieuse puissance de mimétisme » (*Histoire littéraire du sentiment religieux en France*, Paris, t. III, p. 250).

16. L'attitude de S. Vincent à l'égard des confesseurs des Filles de la Charité est particulièrement significative. Voir *SV*, X, 226 ; 514-516, 654-655 ; XIII, 641.

12

MONSIEUR VINCENT ET LES HOMMES D'AUJOURD'HUI

Situé à trois siècles et demi de notre existence, évoluant dans un monde qui commençait à peine à prendre les dimensions de l'Univers et à se douter de son mouvement, M. Vincent de Paul est-il encore qualifié pour nous adresser la parole, nous suggérer même timidement un petit conseil ? Bien entendu, par bref du 12 mai 1885, Léon XIII a proclamé Vincent de Paul patron universel de toutes les activités charitables du monde. Sa coopératrice, Louise de Marillac, a été proclamée, elle aussi, « patronne de tous ceux qui s'adonnent aux œuvres sociales chrétiennes » (Jean XXIII, 10 février 1960).

Mais les présidents-directeurs généraux ne bénéficient pas tous les jours de la cote d'amour !

Rassurons-nous, M. Vincent ne possède ni la stature imposante, ni l'allure princière et encore moins le ton impérieux d'un « maître d'œuvre ». Il propose plus qu'il n'impose, il suggère plus qu'il ne déclare, en somme, il mime le style du service des anges. Comme Dieu les a façonnés sur mesure pour assurer l'irréprochable service de la divine Providence, nous n'oserions pas avancer que M. Vincent n'est pas en bonne situation et ne dispose pas de la meilleure politique pour conquérir notre cœur rebelle.

Pour que tous les discours et les articles consacrés à la vie et l'œuvre de M. Vincent de Paul ne jouent pas le rôle d'un divertissement religieux, il n'est pas inutile de le bien ou de le mieux connaître ; de se rappeler les secrets de sa réussite, ou mieux le secret de la réussite de Dieu dans sa vie. Nous pourrions ainsi, sans grands frais, ou le lui emprunter ou même, car son indulgence est extrême, le lui prendre.

LE BIEN CONNAÎTRE

Bien sûr, nous n'avons pas de photographies de M. Vincent. Toutefois nous possédons un excellent portrait exécuté du vivant même de M. Vincent et à son insu, par un bon peintre, Simon François de Tours. À partir de ce tableau, les graveurs ont multiplié les images : Pittau (1660), Van Schuppen (1663), R. Lochon (1664), Edelinck (1700).

Un religieux malicieux remarquait que M. Vincent avait été beaucoup plus heureux en « filles » qu'en « garçons ». Bien entendu ! Tous les enseignants savent bien que les filles travaillent plus jeunes que les garçons, mais qu'elles perdent le goût de l'étude à l'approche du mariage ! Nul n'oserait sermonner M. Vincent qui sait comme tout le monde « qu'il faut de tout pour faire un monde ». Il a institué et minutieusement guidé deux organismes masculins : la congrégation de la Mission (17 avril 1625) et la conférence des Mardis (juillet 1633).

« L'Église dépend des prêtres, ce sont les mauvais prêtres qui causent la ruine de l'Église » pensait, déclarait et martelait sans cesse le Père Vincent. Fondés d'abord pour donner des missions, puis pour seconder l'instruction et la formation du clergé, les prêtres de la Mission ne furent jamais condamnés au chômage. Qu'on en juge sur pièce : la seule maison de Paris avait donné, entre 1625 et 1660, plus de huit cents missions. On peut estimer que durant cette même période elle avait donné plus de mille cinq cents missions en France et à l'étranger.

L'aide aux futurs prêtres fut mise en route dès 1628, plus de douze mille cinq cents ordinands firent retraite dans la maison de Saint-Lazare entre 1628 et 1660 (trois cent quatre-vingt-dix ordinands en moyenne par année). Dès 1641, ils commencèrent à ouvrir des séminaires dans lesquels la physionomie du prêtre français que nous connaissons encore aujourd'hui commença à se façonner. À la veille de la Révolution de 1789, la congrégation de la Mission dirigeait cinquante-cinq séminaires en France.

Quant à la conférence des Mardis, elle avait réuni, en 1660, deux cent cinquante noms et, réalisant le vœu de Louis XIII mourant, vingt-deux participants avaient été ou allaient être élevés à l'épiscopat.

Mais comme les prêtres ne peuvent rien faire sans l'aide des laïcs, Vincent de Paul constitua Saint-Lazare en centre de retraites spirituelles. Vingt mille retraitants passèrent par ce Saint-Lazare que Vincent de Paul appelait « l'arche de Noé ».

LES SECRETS DE SA RÉUSSITE

N'essayons pas de trouver le secret de cette œuvre gigantesque et de sa singulière postérité. La Société de Saint Vincent de Paul, fondée par Frédéric Ozanam, compte actuellement plus de sept cent cinquante mille membres dispersés dans cent douze pays. Les religieux de Saint Vincent de Paul, les Fils de la Charité se réclament de M. Vincent. Plus de cinq cents communautés religieuses féminines lui ont demandé son patronage.

Est-ce parce que M. Vincent a vécu plus de trente ans de plus que ses contemporains ? Est-ce parce que durant cinquante-deux ans (1608-1660) il régissait ses œuvres à partir de la capitale, ce Paris que Vincent de Paul appelait une « éponge » et qui bénéficiait de la centralisation administrative et économique ébauchée par Henri IV et Sully, installée par Richelieu (1624-1642), puis étatisée par Louis XIV ? Mais tous les octogénaires qui ont vécu jusqu'en 1660, qui ont su prendre le tournant de 1630-1635 n'ont pas réalisé ce que le Père Vincent a réussi à construire solidement.

Pour mieux comprendre, il faut à la fois, voir de plus près, regarder plus loin, observer de plus haut.

VOIR DE PLUS PRÈS : PORTER L'EFFORT SUR L'ESSENTIEL

Nous avons le nom de quatre cents de ses correspondants et nous savons qu'il a écrit près de trente mille lettres. Nous n'en possédons plus que quatre mille (huit volumes publiés par Pierre Coste, un volume publié en 1970 par André Dodin). Il a abordé, conversé, s'est personnellement intéressé à plus de six mille personnes (prêtres de la Mission, visitandines, « mardistes », etc., sans oublier les Filles de la Charité, les Dames, les religieuses et les religieux de toutes catégories). Dans ce monde divers et prodigieusement bariolé, dépassant ses « institutions et ses œuvres » il ne perdait de vue à aucun moment deux faits essentiels et dominateurs, polarisant toutes ses énergies, éclairant tous ses efforts, inspirant toutes ses initiatives : le peuple meurt de faim ; le peuple se damne.

En abordant ces deux problèmes vitaux, l'un visible, l'autre mystérieux, en parlant au cœur, il avait toutes les chances de se faire entendre, écouter, obéir. Son mérite ne consista pas seulement à voir. Il fut prophète pacifique parce que constructeur. À l'inverse des prédicants révolutionnaires qui réforment avant d'agir et de créer, Vincent agit, expérimente avant de réformer ou de modifier. Sa vocation fut de capter, d'organiser les pulsions généreuses et de leur donner ainsi le maximum de puissance et de réalisme.

Il a été le Descartes de la sensibilité française. Parmi les grands commis qui ont façonné la physionomie de la nation et de la société française, il a été le pédagogue de la sensibilité surnaturalisée. Son rôle et sa grâce furent de la guider, de l'aimanter sur le Christ vivant dans les pauvres. Sans doute, il n'a composé aucun « Discours de la méthode » pour conduire sagement son esprit et son cœur dans l'amour pratique du Christ vivant dans les pauvres. Il n'a fait aucune « Déclaration des droits des pauvres », mais il prépara par des actes et des faits la promotion de ceux qui sont en détresse matérielle ou spirituelle.

Après lui, les pauvres ne constituèrent plus une vague catégorie de subsistants. Ce furent des vivants reconnus et qui avaient des droits à être reconnus, secourus, concrètement aimés. Quand J. B. Bossuet déclarera solennellement dans la chapelle des Filles de la Providence à la fin de l'année 1659 : « L'Église est bâtie pour les pauvres, les riches n'y entrent que pour servir les pauvres, les pauvres ouvrent la porte du paradis aux riches », il orchestra dans cette symphonie tripartite la synthèse de la pensée vincentienne.

Si le Père Vincent n'a fait aucune déclaration, édicté aucune loi, prôné aucun principe, c'est sans doute par humilité, pour ne pas gonfler son personnage, c'est aussi pour sauvegarder la complexité humaine.

Il se refuse à séparer l'esprit du cœur et le cœur de l'action. Sa gaucherie dans le maniement des catégories abstraites est autant un malaise qu'une volonté de retrouver l'homme à la racine du cœur et de l'esprit. Il ne voit pas l'homme dans une addition ou une superposition d'idées, de concepts et de définitions, mais comme une réalité qui n'est elle-même qu'en se donnant à Dieu. L'homme n'est pas ce qui se voit, mais ce que Dieu retrouve et utilise pour son Royaume.

De cette vision, de cette conviction et de cette foi dépend la dialectique concrète : « se donner à Dieu pour le service des pauvres, se donner au prochain pour se donner à Dieu ». Nul ne saisira et même ne devinera ce qu'est l'homme, si préalablement il ne s'est converti à Dieu. L'homme d'ailleurs ne perçoit, ne devine ce qu'il est que lorsqu'il s'est résigné à être « rempli de Dieu ».

C'est aussi de cette vision fondamentale que dépendront les préoccupations majeures et leur ordonnance :

D'abord, s'assurer toujours de la fin qui donne à toute l'action sa solidité, sa continuité, son invariabilité foncière malgré la variété des situations et la diversité des moyens. Ces derniers devant toujours être doux, flexibles pour mieux faire accepter l'invariabilité de la « fin ».

Ensuite, préciser très concrètement la succession des moyens.

Enfin, fixer le comportement, la tonalité affective que la douceur, le sourire, l'enjouement pourront profondément transformer.

Nous nous expliquons ainsi le rythme caractéristique du dynamisme vincentien. Les témoins de la vie de Vincent de Paul étaient frappés par une apparente lenteur, une retenue, les multiples rédactions des règlements, la préoccupation de toujours demander conseil, le tutiorisme surnaturel et l'acuité de son esprit critique soupçonnant au-delà des bonnes intentions la sournoise fertilité des illusions.

REGARDER PLUS LOIN : UN HUMANISME CONCRET

Vincent aborde l'homme par la sensibilité et par l'amour. Cette manière de se présenter et de se rendre les autres présents, d'établir malgré les différences une réciprocité fondamentale, cette tentative lui fait adopter avec une aisance surprenante des variétés de ton et de présentation que nous n'aurions jamais soupçonnées.

Première constatation : il dispose d'un sens extraordinaire de détection et de discernement. Il n'est pas embarrassé par la diversité des personnes, des tempéraments, des caractères, des vocations, des missions. À l'égard de tous, il manifeste un respect, une estime qui ne sont point affectés. Il est parfaitement libéré de tout complexe et de toute manœuvre de réduction et de simplification.

Avec la même aisance, il conduit dans leur style propre et original les visitandines, les Filles de la Charité, les Dames, les prêtres de la Mission, les ordinands. Faut-il lui donner un mot d'ordre qu'il n'a jamais prononcé, mais qu'il a toujours vécu ? « S'ordonner dans l'amitié », pour mieux répondre aux diverses vocations et aux tâches aussi déconcertantes que les situations.

Deuxième constatation : M. Vincent possède au plus haut point le sens et la passion de la continuité et en même temps le sens de la nécessité des longs mûrissements qui permettent de fructueuses adaptations.

Ce double sens de la permanence et de l'évolution s'enracine dans une foi particulièrement lucide et éclairante. Le plan de Dieu ne se révèle pas brusquement et lorsqu'il devient évident il n'est pas réductible à un schéma géométrique. La volonté de Dieu est tout à la fois dans l'événement qui la matérialise, la solidifie et l'impose, elle est aussi dans l'appel imprévisible des pauvres et des miséreux que Dieu nous envoie. Nous n'avons pas à choisir nos pauvres, c'est Dieu qui pour nous les choisit et nous les présente comme « nos maîtres ».

Troisième constatation : M. Vincent possédait le don de prudence, déclarait le Père Charles de Condren. Mais pour lui, la prudence n'est pas un choix minutieux et l'utilisation d'une mécanique invariable. La prudence est tension, dynamisme, recherche soigneuse du royaume de Dieu.

Vincent de Paul fut considéré comme la prudence de son siècle, non seulement parce qu'il aidait à discerner le possible de l'impossible, l'apparent et le réel, mais parce qu'il avait le don de suggérer les moyens, de stimuler les esprits et de réchauffer les cœurs, de louer le bien réalisé quel qu'en soit l'ouvrier. Grâce à lui, au-delà des obstacles et des duretés de l'existence, il dévoilait les présences de Dieu, innombrables, impérieuses et divinement réconfortantes.

OBSERVER DE PLUS HAUT : L'UTILITÉ DE L'EXISTENCE

De temps à autre nous nous en souvenons : « C'est en vain que les bâtisseurs se fatiguent et s'exténuent, si Dieu lui-même ne bâtit la maison » (Ps 126, 1). Même ceux qui lisent superficiellement les écrits de M. Vincent et parcourent sa biographie première sont gênés par son insistance exaspérante à s'humilier.

À tout instant, il s'évertue, et reconnaissons-le, avec un demi-succès à confesser ses défauts physiques (« le maroufle » !), son ignorance, ses erreurs, ses fautes passées. Il se déclare inutile et gênant : « Je prie Dieu tous les jours deux ou trois fois qu'il nous anéantisse si nous ne sommes utiles pour sa gloire. »

À la lumière de la Révélation, M. Vincent nous aide à préciser courageusement l'inquiétante question que nous ne pouvons pas esquiver : À quoi sert l'existence humaine ? Sans doute, Dieu ne nous a pas créés par hasard, dans un moment de distraction. Pour Lui, notre existence a un but, un sens. Mais lesquels ? Discrètement, M. Vincent nous éclaire. « Il faut tendre à la vie intérieure. Si on y manque, on manque à tout. »

Notre furtif passage d'acteur sur la scène de ce monde, entre « une éternité antécédente et une éternité conséquente », ne peut être autre chose qu'une brève et pauvre épiphanie du Dieu d'amour et de miséricorde.

Dieu opère sans cesse cette démonstration et cette re-création. Lui seul voit assez loin, jouit de cette puissance souveraine capable de conduire notre existence au sein de la caravane humaine jusqu'au terme où Dieu sera tout en tous (1 Co 15).

Léon Ollé-Laprune dans les *Sources de la paix intellectuelle* affirmait sereinement que nous n'agissons pas par nos paroles et par nos actions, mais par ce que nous sommes. M. Vincent pense que l'homme qui passe infiniment l'homme, car les apparences sont trompeuses, est riche de la toute-puissance de Dieu qu'il détient en lui-même.

Il doit donc centrer toutes ses préoccupations en vue d'aider Dieu, de lui permettre d'agir en nous. « Il faut se vider de soi-même pour se remplir de Dieu. » « Nous ne devons pas faire nos actions pour les avoir faites, mais avoir accompli la volonté de Dieu en nous. » « Si nous accomplissons nos actions en Dieu, elles deviennent actions de Dieu, elles sont divinisées. »

Que la pauvreté de notre existence ne nous abuse pas : invariable dans sa patiente fermeté, M. Vincent de Paul, montrant qu'il faut mourir les armes à la main, nous rappelle que le Dieu d'amour utilise ingénieusement « ces défroques et ces travestis d'humanité » afin de cacher « merveilleusement » sa présence immanente, transcendante et perpétuellement régénératrice.

Immanence.

Caché au creux de notre misère, c'est Dieu qui nous permet de ne pas nous arrêter stupidement aux apparences des personnes, des situations et des choses. Saint Paul nous avait déjà livré une précieuse invitation : « À nous qui ne regardons pas aux choses visibles, mais aux choses invisibles ; les choses visibles en effet n'ont qu'un temps, les invisibles sont éternelles » (2 Co 4, 18). Le même S. Paul dit encore

(Ph 3, 20) : « pour nous, notre cité se trouve dans les cieux ».

Sur cette lancée, M. Vincent poursuit ; il faut « regarder ces choses-là comme elles sont en Dieu et non comme elles paraissent hors de lui, parce que autrement, nous pourrions nous tromper et agir autrement qu'il ne veut ». « Je ne dois pas considérer un pauvre paysan ou une pauvre femme selon leur extérieur, ni selon ce qui paraît de la portée de leur esprit, d'autant que bien souvent ils n'ont pas presque la figure ni l'esprit de personnes raisonnables, tant ils sont grossiers et terrestres. Mais tournez la médaille, et vous verrez par les lumières de la foi que le Fils de Dieu qui a voulu être pauvre nous est représenté par ces pauvres, qu'il n'avait presque pas la figure d'un homme en sa passion et qu'il passait pour fou dans l'esprit des gentils et pour pierre de scandale dans l'esprit des Juifs » (*E*, 1965, 895-896). Voilà pourquoi il faut les servir en Dieu et pour Dieu, les aimer, les honorer (*SV*, IX, 249 ; *E*, 814...).

Tout comme le faisait Pascal à la même époque, « Il regardait ce divin Sauveur comme pontife et chef de l'Église dans notre Saint Père le pape, comme évêque et prince des pasteurs dans les évêques, docteur dans les docteurs, prêtre dans les prêtres, religieux dans les religieux, juge et très sage politique dans les magistrats, gouverneurs et autres officiers. Et le royaume de Dieu étant comparé dans l'Évangile à un marchand, il le considérait comme tel dans les hommes de trafic, ouvrier dans les artisans, pauvre dans les pauvres, infirme et agonisant dans les malades et mourants... » (Abelly, I, 83)[1]*.

Transcendance.

Mais cette présence secrète et silencieuse remplit de lumière nos yeux malades. Le Christ n'est pas dans le chrétien un cadavre enveloppé dans un linceul de pourpre, c'est le Christ glorieux manifestant son pouvoir en nous proposant un singulier transfert d'observation. Alors que spontanément nous ramenons tout à nous, voyant et jugeant tout à partir de nous-mêmes, il nous demande de remettre tout à la vraie place : c'est-à-dire dans l'Évangile.

Plus encore, puisque nous ne sommes qu'une humanité de surcroît tout à fait transitoire, il nous demande de nous donner de telle façon à Lui, qu'il agisse en nous et que nous agissions en Lui. C'est pour assurer l'harmonisation de notre être mortel que M. Vincent multiplie ses applications et ses injonctions : « Donnons-nous à Dieu ».

Régénération.

Notre intégration à Celui qui est la vraie Vie, la présence ininterrompue du compagnon de route par

* Les notes de ce texte sont p. 356.

qui tout a été fait, injecte en notre humanité anémiée un sang neuf et vigoureux. La crispation sur soi-même, qui aboutit à un recroquevillement mortel, est combattue par une aspiration, une entreprise à « élargir notre cœur ». La magnanimité que M. Vincent associe toujours à l'humilité révèle et consacre la montée et l'expansion de la sève divine dans l'âme humaine.

Quelle que soit la misère de l'homme, si radicale que soit sa déchéance, si envahissant que soit le cancer qui le dévore, à aucun moment la créature chérie de Dieu ne perd sa noblesse, une noblesse inaliénable et imméritée. Tout être humain est avant tout « une capacité de Dieu ».

UN SECRET RÉVOLUTIONNAIRE

Si notre regard se maintient paisiblement sur la vie et l'enseignement de M. Vincent de Paul, nous parviendrons à détecter le secret de la réussite de Dieu dans sa vie. Il est facile de se rappeler que M. Vincent demande de ne construire son existence qu'en s'appuyant sur la doctrine de Jésus-Christ : elle ne trompe jamais, poursuit-il, le Christ est le seul fondement de l'existence. C'est un rocher indestructible. En s'exprimant ainsi il évoque aussi bien S. Paul que l'Ancien Testament.

Mais ce que nous devons observer avec une attention renouvelée, c'est qu'il ne se borne pas, comme beaucoup d'autres, à signaler les poutres maîtresses de l'édifice, il montre autant par son existence personnelle que par son enseignement que ces poutres maîtresses mutuellement se tiennent, se renforcent et que c'est à la clef de voûte de leur convergence que nous pouvons percevoir l'opportunité de la révélation de chacune de ces vérités révélées. « La révolution est un bloc » affirmait G. Clemenceau, nous traduirions assez bien l'expérience surnaturelle de Vincent de Paul en déclarant « la Révélation est un bloc ». Tout se tient, tout se « comprend » ensemble.

Nous pouvons énumérer les cinq poutres maîtresses que Messire Vincent nous invite à ne pas oublier : le mystère de la sainte Trinité, le mystère de l'Incarnation rédemptrice, le mystère eucharistique qui est mystère de présence et de sacrement, la dévotion à la Vierge Marie, le culte de la Sainte Écriture. Si nous voulons traduire exactement la pensée vincentienne, ne pas manquer de caractériser son originalité, il faut retenir que M. Vincent insiste sur l'union qui existe entre ces mystères.

Qui oubliera ce que nous pouvons appeler au sens large la « circumincession des mystères », leur présence l'un dans l'autre, s'exposera à ne fournir du catholicisme qu'une pâle et injustifiable idéologie. La Trinité n'est plus alors qu'une pure spéculation héritée du platonisme, le Christ le plus grand des personnages historiques, admirable, mais aussi préhistorique et « dépassé », l'Eucharistie, une petite cérémonie commémorative d'un incident historique, la dévotion à la Vierge Marie, une fantaisie concédée aux féministes ou bien une ingénieuse tractation avec une personne compréhensive facilitant les tractations avec un Dieu particulièrement tatillon, l'Écriture sainte, la Bible, une bibliothèque variée destinée à orner le salon des personnes de condition ou à fournir un thème de culture ou de mondaine conversation.

Ne vous laissez pas prendre à ce manège de dissociation et de dislocation : vous anéantiriez toute la Révélation. Les vérités dogmatiques sont vitalement intégrées les unes dans les autres. Nul ne comprendra l'Incarnation rédemptrice, ne la laissera subsister comme mystère qui nous fait vivre s'il la considère à part, dissociée du mystère de la Trinité sainte dont elle n'est que l'expression visible. « Le Père et moi nous sommes un », déclare le Christ Jésus. L'Esprit Saint n'est pas une réalité évanescente, c'est l'Esprit du Père et c'est aussi l'Esprit du Fils.

Si vous séparez le mystère eucharistique du mystère de l'Incarnation rédemptrice et du mystère de la sainte Trinité, l'Eucharistie qui est présence et sacrifice perdra son identité, elle ne vous permettra plus de vous unir à la mort et à la Résurrection glorieuse du Fils de Dieu. Nous n'apprenons bien à souffrir, à vieillir et à mourir qu'en compagnie du Christ agonisant qui a secrètement été ressuscité par la Puissance de l'Esprit.

Gardez-vous bien, ajoute M. Vincent, de pratiquer

la dévotion mariale comme beaucoup sont tentés de s'en servir. Ils multiplient les petits actes, certains en demandent trente-trois, d'autres cent, l'inflation aidant, nous entendrons des propositions de plusieurs centaines d'actes de dévotion.

La dévotion véritable, ne l'oublions pas puisque Mgr de Genève nous l'a si bien définie, c'est un amour de Dieu opérant « soigneusement, fréquemment, promptement ». La Vierge Marie associée à l'Incarnation et à la Rédemption est notre « divine institutrice ». Dieu l'ayant excellemment façonnée pour recevoir « Celui que le Ciel et la terre ne peuvent contenir », il nous la donne aussi comme médiatrice secourable dans notre instruction et notre éducation de fils adoptif de Dieu. Elle qui selon la formule de S. Bernard a engendré par son humilité et plu à Dieu par sa virginité, demeure éternellement le modèle des dispositions à adopter pour recevoir le Fils de Dieu présent sous les espèces eucharistiques et poursuivant dans chacun de ses membres son agonie et sa passion rédemptrice.

Quant à la sainte Écriture, ne la dénaturez pas. M. J. B. Bossuet a toujours voulu réunir pour les comprendre toutes deux : l'Eucharistie et la parole de Dieu. Il est bon, pour ne pas dire indispensable, de vénérer la sainte Écriture et de la lire « à genoux et tête nue faisant du moins à la fin les trois actes suivants dont le premier sera d'adorer les vérités contenues dans ce même chapitre, le second de s'exciter dans les sentiments dans lesquels Notre-Seigneur ou les saints les ont prononcées, le troisième de se résoudre à la pratique des conseils ou préceptes qui y sont contenus et à l'imitation des exemples de vertu qu'on y trouve[2] ».

L'Écriture et l'imprimerie qui ont immobilisé la parole ne l'ont pas détruite, mais réduite à une extrême discrétion. L'Esprit qui a soutenu les écrivains sacrés demeure enclos dans leurs récits. Si l'Esprit de Jésus est en nous, il rejoindra l'Esprit de l'Écriture et c'est de cette union entre l'Esprit de l'Écriture et l'Esprit de Jésus vivant dans le chrétien et dans l'Église que naissent les inspirations vivifiantes parce que rédemptrices et régénératrices.

Nous n'avons pas besoin de l'apprendre, M. Vincent en convient avec nous. Il est toujours facile et souvent rapide d'esquiver une loi, de tourner un précepte, de modeler et moduler un principe ou une doctrine pour satisfaire toutes les exigences du moi aussi affamé que le lion rugissant et dévorant. Mais toute l'humaine politique est anéantie lorsqu'elle est mise en présence d'une Personne qui n'est pas seulement extralucide, mais qui est la Vérité vivante.

Le secret de la réussite de M. Vincent de Paul est de ne jamais brandir un texte, un principe, même une belle citation de l'Évangile. Sa pudeur extrême le rend ingénieux : il nous conduit et nous accompagne pour que dès à présent, dans notre condition mortelle, nous soyons en présence du Fils de Dieu, dans un face-à-face avec celui qui s'est déclaré : la voie, la vérité, la Vie. « Vous voyez bien, peut murmurer M. Vincent, la Règle, oui, la Règle et la seule Règle de la Mission, c'est Jésus-Christ. »

Notes

1. Voir PASCAL, *Pensées*, éd. LAFUMA 946 ; éd. BRUNSCHVICG 785.
2. *Règles communes de la congrégation de la Mission.*

Annexe

ÉTAT DES ÉTUDES VINCENTIENNES AU MOMENT DU QUADRICENTENAIRE DE LA NAISSANCE DE M. VINCENT DEPAUL

Pour éviter toute déconvenue, la vôtre et la mienne, il est indispensable de fixer préalablement ce que les bons vieux philosophes appelaient l'objet matériel et l'objet formel de cette modique communication.

L'objet matériel désigne l'inventaire critique de ce qui a été écrit représenté (image en couleurs ou en noir et blanc, sculpture, mise en scène et films, etc.), concernant la personne, la vie et l'œuvre de Messire Vincent de Paul, né à Pouy (Landes), le 24 avril 1581, décédé à Saint-Lazare-lès-Paris, le 27 septembre 1660.

Ce rappel des « frontières » est d'autant plus nécessaire que depuis trois siècles nombre de mouvements religieux ou simplement de « fraternité compatissante » sont nés et se sont rattachés à la personne ou à l'inspiration vincentienne. Ces mouvements qui se sont prolongés en « traditions », essayons de les repérer très exactement et de les caractériser car Vincent de Paul est d'une certaine manière présent dans cinq traditions différentes qui ne sont pas de même nature.

I. — *La tradition institutionnelle* qui est facilement caractérisée par le fait que Vincent de Paul, durant sa vie terrestre en a été le créateur, l'instituteur, l'inspirateur.

Deux institutions majeures constituent fondamentalement cette tradition institutionnelle.

Une institution féminine : les confréries de la Charité. Elle émerge à Chatillon-les-Dombes, le mercredi 23 août 1617 et elle fonctionne uniquement avec des laïques, les Dames de la Charité entre 1617 et 1633. L'association des Dames de la Charité, récemment appelées Équipes Saint Vincent, compte actuellement plus de deux cent mille personnes disséminées dans le monde entier*.

En 1633, le 29 novembre, 21, rue Monge, à Paris, au logis de Louise de Marillac, l'organisation des Dames est complétée par la compagnie des Filles de la Charité. À cette date la « petite compagnie » réunissait une douzaine de servantes des pauvres et l'actuelle compagnie des Filles de la Charité dont la supérieure réside 140, rue du Bac, à Paris, compte plus de quarante mille sujets dispersés sur les cinq continents**.

Une institution masculine, la congrégation de la Mission « conçue », pour employer les termes mêmes de Vincent de Paul, à Folleville (Somme) le 25 janvier 1617. Le contrat de fondation est signé à Paris, rue Pavée, Paroisse Saint-Sauveur le 17 avril 1625, après-midi, par Philippe-Emmanuel de Gondi et Françoise Marguerite de Silly d'une part et Vincent de Paul d'autre part devant les notaires Le Boucher et Dupuys (*SV*, XIII, 197-202). Le 4 septembre 1626, avant midi, la petite congrégation était consti-

* Les Dames de la Charité se firent appeler « Équipes Saint-Vincent » en 1966. Elles peuvent compter sur un effectif français de sept mille cinq cents membres actifs et sept mille cinq cents membres associés, coopérant diversement (nombre de décembre 1981).

** Nombre approximatif, en décembre 1981.

tuée par quatre membres, Vincent de Paul, François du Coudray, Antoine Portail et Jean de la Salle (*SV*, XIII, 203-205). Elle compte en 1981 plus de quatre mille membres présents dans le monde entier.

Ce qui caractérise cette tradition institutionnelle c'est moins les fonctions fort variables des membres qui ont vocation de servir les pauvres et tous ceux qui sont en détresse de salut, que l'organisation interne du groupement, les rapports des membres entre eux et leurs relations avec les responsables. Durant trente-trois ans, M. Vincent a élaboré, expérimenté, formulé de multiples directoires dont l'aboutissant est le mince livret des *Règles ou constitutions de la congrégation de la Mission* (cent cinquante petites pages, 110 × 65 mm).

La radiographie de ce mince volume qui condense et définit l'esprit de l'organisation et le sens de l'institution révèle une double composante. D'une part, horizontalement dirait-on, les membres sont liés les uns aux autres par une familiarité affectueuse et respectueuse. Plus qu'un gérant provisoire, le supérieur est le père responsable des biens de l'âme et du corps. Une ambiance d'amitié doit caractériser la subsistance du groupe et exclure toute compétition, toute concurrence. La vie commune, quelle que soit sa forme, doit s'alimenter dans une surnaturelle humilité. D'autre part, verticalement pour utiliser toutes les ressources de la géométrie, chaque membre et l'ensemble de la communauté jouissent d'une certaine indépendance sereine. Les personnes et les activités n'ont leur idéal et leur vérité qu'en devenant l'expression de l'Esprit et de la volonté de Dieu.

« Il faut faire les actions, non pour les avoir faites, mais pour avoir accompli la volonté de Dieu en elles[1]*. »

* Les notes de ce chapitre sont p. 375-377.

Quels que soient les caractères, les situations, les fonctions, le but suprême est de poursuivre l'œuvre créatrice, rédemptrice et régénératrice du Fils de Dieu. Il s'agit moins de le mimer que de faciliter son action, d'adopter irrévocablement ses intentions que le Christ des évangiles nous révèle en nous éclairant sur les « événements », ces maîtres que Dieu nous donne de sa main. Au-delà de toutes opérations de prospectives, chaque membre sait et parfois peut expérimenter que la Trinité sainte toujours en « action » mène l'évolution jusqu'à ce que Dieu soit tout en tous (1 Co 15, 28).

De même que l'organisation féminine de la confrérie des Dames de la Charité avait été complétée par la constitution des Filles de la Charité, de même l'organisation masculine, huit ans après sa fondation, fut assistée et développée par la conférence des Mardis. Elle eut, cette « conférence d'abord parisienne, puis ensuite provinciale, ses fonctions citadines, son règlement et elle participa au même esprit » (Abelly, I, 123-127).

Dès 1667, la nouvelle rédaction de la Vie de M. Vincent par Louis Abelly affirmait que la prudence de M. Depaul s'était manifestée non seulement en ce qu'il avait organisé les œuvres en « institutions » mais que pour la vitalité des institutions, il avait greffé toutes les institutions sur la congrégation de la Mission, en qui elles trouveraient sans cesse leur vitalité et maintiendraient leur finalité et leur originalité (Abelly, II, 196-197).

II. — *La tradition « spirituelle »* ne fut pas soumise à des réglementations aussi précises. Après la mort de M. Vincent, tous les sujets ou tous les groupes religieux qui se préoccupèrent de la charité envers le prochain et surtout envers les pauvres, se tournèrent instinctivement vers celui dont l'existence pouvait apparaître comme la plus belle incarnation de la Providence au XVIIe siècle. Ils demandèrent à M. Vincent d'être le modeleur de leur comportement et, plus encore, leur patron protecteur et leur intercesseur auprès de Dieu.

Ces enfants désireux d'être adoptés et qui voulurent s'adapter et suivre les directives de M. Vincent sont particulièrement nombreux et divers.

On sait que les religieux de Saint Vincent de Paul, jadis appelés Frères de Saint Vincent de Paul fondés par M. Le Prévost, puis les Fils de la Charité regroupés par le P. Anizan se réclament de l'inspiration vincentienne. Déjà certaines congrégations, telles celles des rédemptoristes, les oblats de Marie Immaculée, les salésiens empruntèrent discrètement certaines réglementations données par Vincent de Paul en 1658.

Les religieuses sont encore plus nombreuses à demander à M. Vincent son inspiration et ses directives. Près de cinq cents congrégations féminines mettent Vincent de Paul — qui se laisse faire — au frontispice de leurs maisons et de leurs constitutions : Sœurs de la Divine Providence de Ribeauvillé, Sœurs de la Charité de la Toussaint, Sœurs de Saint Paul de Chartres. Le diocèse de Bruges a compté vingt-sept congrégations ayant Vincent de Paul comme patron, nous en trouvons une trentaine en Hollande, une quinzaine en Allemagne.

Les associations de laïques se vouant à l'entraide et voulant non seulement protéger leur foi par l'exercice de la charité, mais encore vivre plus profondément leur existence surnaturelle se mirent sous l'égide de Messire Vincent de Paul. L'initiative de F. Ozanam qui en 1833 organise la

Société de Saint Vincent de Paul comptant actuellement près de sept cent cinquante mille membres dans cent douze nations est particulièrement révélatrice de l'universalité de l'inspiration vincentienne.

III. — *La tradition « psychologique »* est constituée par des groupes extrêmement différents tant dans leur orientation que dans leurs bases « métaphysiques ». Mais nous pouvons cependant remarquer que malgré leurs divergences, les « philosophes du siècle des lumières » — qui ne pense à Voltaire ? —, les révolutionnaires qui chantaient des hymnes en l'honneur de Vincent de Paul et de Franklin, les francs-maçons du XIXe siècle mettant le portrait de Vincent sur le brevet d'adhésion à leur société, l'Assistance publique elle-même, tous ces hommes désireux de montrer leur bonne volonté et une certaine bonté ne dédaignent pas d'en appeler à M. Vincent pour justifier leurs actions et la permanence nécessaire de son influence[2].

IV. — *La tradition légendaire* extrêmement variable et ondulante dans sa nature comme dans ses contours a tenu un rôle inappréciable pour permettre à M. Vincent de continuer son œuvre dans des milieux extrêmement différents. Le légendier qui utilise les contes, les romans, le cinéma, la télévision, la radio et la bande dessinée entretient une atmosphère souvent romantique, mais toujours sentimentale et par là même accessible à tous, favorable au développement de la compassion, de la « fraternité humaine », voire du sentiment de l'égalité de tous devant Dieu.

V. — *La tradition documentaire* opère le rassemblement de plus en plus difficile de pièces aussi diverses que les portraits, les images, les objets communs et utilitaires, les pièces folkloriques, les affiches, les écrits satiriques, les chansons. Tous ces éléments à la fois nous enseignent et nous renseignent sur la diversité de l'influence de M. Vincent. Ils nous aident à reconnaître la présence active et silencieuse des images intérieures qui colorent et transforment notre manière de penser, d'agir et de réagir[3].

L'objet formel est l'aspect selon lequel la réalité est considérée. Concrètement, il est opportun de préciser que nous nous intéressons à M. Vincent Depaul comme à un être capable plus que tout autre de nous aider à découvrir et à réaliser notre identité surnaturelle, comme au médiateur et à l'instrument de Dieu en nous et à travers notre existence terrestre.

Cette perspective doit être précisée et expliquée.

M. Vincent est révélateur de notre identité surnaturelle et concrète car, pour emprunter les termes et suivre la pensée de Mgr J. Calvet, il est un témoin de la conscience française, et plus encore une expression de la conscience catholique.

En oubliant ou en délaissant la vie, l'œuvre, l'esprit de M. Vincent, nous appauvrissons notre existence catholique. Nous courons le risque considérable de la tartuferie qui consiste à nous installer dans une morale purement rationnelle, paisiblement égoïste. D'abord moi, puis Dieu et secondairement, à l'occasion, les autres. Radicalement opposé à cette pseudo-sagesse, M. Vincent nous déclare et nous montre que l'union à Dieu est le seul moyen de rendre notre être cohérent. Il n'y a d'union entre les hommes que si elle est engendrée et conservée par l'union à Dieu.

Médiateur et instrument de Dieu.

Pendant soixante-dix-neuf ans, M. Vincent a fait partie de l'Église militante et s'il est actuellement de l'Église triomphante bénéficiant de la lumière divine, il n'en demeure pas moins partie et membre de l'Église et donc en union mystérieuse avec les militants d'hier, d'aujourd'hui et de demain. Loin de le dissocier des autres membres de l'Église, il est, en raison de son union plus parfaite avec le Christ qui est d'hier, d'aujourd'hui et de tous les siècles, en union plus profonde avec ceux qui furent et qui demeurent ce qu'il fut. Comment pourrait-il se désintéresser de ceux qui dans leur captivité terrestre reprennent les armes qui lui sont tombées des mains et continuent inlassablement la lutte qu'il a menée ? Georges Duhamel dans *Cécile parmi nous* se refusait à imaginer Vincent de Paul jouissant de la béatitude céleste et demeurant inactif. De même que S^e^ Thérèse de l'Enfant-Jésus et de la sainte Face disant qu'elle voulait passer son ciel à faire du bien sur la terre, nous pouvons croire que M. Vincent perpétue « sa bienfaisance » en exerçant sur ceux qui croient à l'amour une mystérieuse et transcendante activité. Paul Renaudin déplorait que le peuple de France qui admire toujours Vincent de Paul oublie de le prier. Discret reproche et bénéfique invitation. Puisque nous sommes peu ou prou en pénurie d'énergie, rappelons-nous que de jour et de nuit, M. Vincent demeure le distributeur souriant, non de supercarburant, mais d'une énergie trop souvent inexploitée, celle de la Toute-Puissance divine. De jour et de nuit, il nous attend, nous regarde et parfois nous fait signe. Il peut dans nos peines nous rendre l'éternité familière, et dans nos joies faire affleurer une éternité sereine et apaisante.

À cette précision, je dois ajouter une remarque concluante. Le mot « état » précisant « études vincentiennes » possède en français quatorze sens différents. Je n'en retiens que trois destinés à caractériser la finalité de cet exposé : détermination de ce qui a été fait, de ce qui se fait, de ce qui est à faire pour répondre aux questions que nous nous posons aujourd'hui.

SURVOL DES ÉTUDES VINCENTIENNES DEPUIS 1660 JUSQU'EN 1981

DEUX CONSTATS PRIMORDIAUX

Prenant un peu de hauteur pour survoler ces trois siècles, deux constatations doivent être minutieusement retenues.

Ignorance des contemporains.

Nous possédons aujourd'hui beaucoup plus de documents que n'en détenaient les contemporains et le premier biographe de M. Vincent, L. Abelly, en 1664.

D'une part, nous pouvons nous rappeler qu'au moment du décès de M. Vincent (27 septembre 1660) aucun des premiers compagnons de la Mission ne pouvait donner de renseignements. M. Antoine Portail qui connaissait M. Vincent depuis 1612 était mort le 14 février 1660. Louise de Marillac était retournée à Dieu le 15 mars de la même année.

D'autre part, la surprise du frère Bertrand Ducournau peut servir non seulement d'illustration, mais de preuve irrécusable de la singulière pénurie d'information des contemporains. Lorsque ce frère, secrétaire de M. Vincent depuis 1643, prit connaissance du contenu de la copie de la lettre que le 24 juillet 1607 Vincent adressait à M. de Comet, copie qu'en cette année 1658 M. le chanoine Saint-Martin avait eu l'idée d'envoyer à M. Vincent, il fut gagné par l'émotion en voyant M. Vincent brûler la copie et demander par lettre à M. le chanoine Saint-Martin de lui faire parvenir l'original de cette lettre énigmatique. Pour éviter que l'original subisse le même sort que la copie, de concert avec MM. Antoine Portail, Jean Dehorgny et René Alméras, le frère Ducournau écrivit au chanoine Saint-Martin d'adresser les pièces concernant la captivité au supérieur de la maison des Bons-Enfants, à Paris. Parvenues dans la capitale, en cette même année 1658, elles y demeurèrent à l'insu de M. Vincent qui derechef, le 18 mars 1660, conjura le chanoine Saint-Martin, par toutes les grâces que Dieu lui avait faites, « d'envoyer cette misérable lettre qui fait mention de la Turquie. [...] Je vous prie derechef, par les entrailles de Jésus-Christ Notre-Seigneur, de me faire au plus tôt la grâce que je vous demande[4] ».

Les pièces fournies par le chanoine Saint-Martin eurent le don d'éveiller et d'exciter une avide curiosité. Tous ceux qui avaient eu connaissance de l'incroyable aventure voulurent en savoir davantage. Pour eux, le frère Ducournau écrivit au bon chanoine « Ces Messieurs voudraient bien savoir : comment il se sépara du légat d'Avignon, qui le mena à Rome, ce qu'il fit en cette cour-là, où il alla en sortant d'Italie, en quel temps il vint à Paris et pourquoi, en quelle année et en quel lieu il a été fait prêtre ». Ce simple fait illustré par les questions qu'il fit jaillir est suffisamment suggestif : M. Vincent extrêmement secret ne révéla jamais même à ses vieux compagnons de labeur bien des étapes et des aspects de son existence.

Le caractère institutionnel des quatre grandes biographies.

De 1664 à 1934, c'est-à-dire durant deux cent soixante-dix années, quatre grandes biographies furent livrées au public. Elles devaient servir de réservoir d'information aux biographies partielles, secondaires, ou aux ouvrages de vulgarisation.

Or ces quatre grandes biographies sont doublement caractérisées : disons qu'elles sont « institutionnelles » et moralisantes voire discrètement apologétiques.

Institutionnelles, c'est-à-dire inspirées et garanties par l'autorité du supérieur général de la congrégation de la Mission. L'autorité gouvernementale s'érigeait sereinement en autorité scientifique et historique se prononçant péremptoirement sur l'authenticité des documents utilisés et sur la véracité du récit livré à l'impression.

Moralisantes et secrètement apologétiques, c'est-à-dire que ces biographies, mal dégagées du genre hagiographique dont elles sont les filles clandestines, s'efforçent de répondre en priorité aux requêtes morales, dogmatiques ou édifiantes, dont les vincentiens ou le grand et bon public semblent avoir particulièrement besoin.

Un examen lucide de ces grandes biographies nous en convainc facilement.

La biographie de M. Vincent composée par L. Abelly

en 1664 est garantie par un « certificat d'authenticité » signé par M. René Alméras supérieur général de la Mission. L'auteur qui dédie son livre à Anne d'Autriche montre que M. Vincent s'est toujours montré très désintéressé, qu'il a religieusement servi la famille royale. Prévoyant les critiques qu'un changement de régime politique va provoquer et entrevoyant la « gloire de la canonisation », L. Abelly réunit le plus grand nombre possible de témoignages favorables, signale que même les défauts de M. Vincent seraient en d'autres personnes des qualités éminentes et que, soucieux de ne relater aucun miracle, le biographe a suffisamment montré que l'existence elle-même de M. Vincent est un singulier miracle[5].

Pierre Collet, cm, en raison de ses positions ultramontaines opposées au gallicanisme jansénisant des parlementaires, montre en M. Vincent l'adversaire perpétuel de tout ce qui pouvait d'une façon ou d'une autre exhaler un relent de « jansénisme ». La *Vie* qu'il publie anonymement, hors de France, à Nancy, est dédiée à Stanislas, duc de Lorraine. Même si l'ouvrage est combattu et critiqué par une « cabale », il constituera un solide appui et un arsenal dont les supérieurs de la Mission, accusés par Rome de n'être pas assez efficacement des ultramontains et mal vus par les évêques français parce qu'ils ne se montrent pas assez gallicans, pourront quotidiennement se servir*.

* Pierre COLLET né le 31 août 1693 à Ternay, décédé à Paris, le 6 octobre 1770, avait à la demande du cardinal Fleury continué le *Cours de théologie* de Tournely, décédé le 26 décembre 1729. Clément XIII accueillit très favorablement P. Collet quand épuisé par son travail, P. Collet ayant terminé le *Cours de théologie* en 1761, se rendit en Italie et à Rome pour recouvrer la santé. Le Père Emmanuel, chartreux, fait allusion

Mgr le chanoine Maynard entraîné dans la mouvance et le mouvement conquérant et constructeur de J. B. Étienne, appelé le second fondateur de la congrégation de la Mission, présente en 1860 la vie et l'œuvre de S. Vincent de Paul comme une synthèse de toutes les œuvres de charité. Il préparait ainsi la proclamation de Léon XIII déclarant dans son bref du 12 mai 1885, « S. Vincent de Paul, patron de toutes les associations de charité* ». En somme, Vincent de Paul avait au XVIIe siècle réalisé la synthèse et l'organisation de la charité, tout comme Thomas d'Aquin avait, au XIIIe siècle, construit la synthèse harmonieuse de la théologie en utilisant l'aristotélisme, émondé, purifié et baptisé.

L'œuvre de Pierre Coste, cm, ne peut être comparée à la somptueuse synthèse historico-littéraire du chanoine Maynard[6]. Ce Landais complexe et silencieux se révéla d'abord comme un archiviste consciencieux qui donna une édition critique en quatorze volumes, *Correspondance, entretiens, documents*, relatifs à Vincent de Paul (Paris, Gabalda, 1920-1925). Il ne parvint pas à devenir « historien ». Son monumental travail, *Monsieur Vincent, le grand saint du grand siècle* (Paris, 1932), réimprimé en 1934 demeure malgré tout le « bréviaire des études vincentiennes ». Les trois volumes qui le composent sont plus une accumulation de documents juxtaposés qu'un récit soigneusement centré et organiquement organisé. Le grand public demeura fasciné par l'immensité de l'œuvre accom-

à la cabale dans une lettre adressée à Pierre Collet (Chartreuse de Rouen, 31 octobre 1748) et reproduite dans P. COLLET, *Histoire abrégée de saint Vincent de Paul*, Paris, 1764, p. XII.

* Le décret favorable de la congrégation des Rites est daté du 16 avril 1885, le bref de Léon XIII du 12 mai 1885.

plie, il ne pouvait connaître les critiques des historiens de métier soigneusement rédigées dans les revues spécialisées[7].

L'attitude de Pierre Coste restait d'ailleurs énigmatique, car sa position était inconfortable. Secrétaire général de la congrégation de la Mission, il se devait d'être toujours en accord avec les convictions du supérieur général, le Père François Verdier qui ne lui ménageait pas sa confiance. Il devait aussi tenir compte de l'opinion commune des « vincentiens » qu'il ne pouvait heurter de front. Pour satisfaire ces derniers et ne pas mécontenter les « idées » du Père Verdier, il détruisit paisiblement quelques légendes et attaqua vigoureusement les thèses émises par Raoul Allier dans la *Cabale des dévots* (Paris, 1902). Mais il garda inviolablement le secret sur certaines de ses découvertes et sur ce qu'il pensait de la véracité de certaines pièces. Il cacha soigneusement à son entourage les conclusions qu'il en tirait et se contenta de publier dans des revues étrangères à l'obédience vincentienne, et parfois en signant simplement ses articles par des initiales ne correspondant en rien à son nom, ce qu'il était juste et bon de conclure et de penser[8]. Après le décès de M. Coste, l'inventaire de ses papiers, et de patientes recherches permettent aujourd'hui de déceler la duplicité innocente et quelque peu naïve de l'œuvre de M. Pierre Coste[9].

DEUX COURANTS PARALLÈLES : LÉGENDE ET DÉCOLONISATION

En dehors et parallèlement au fleuve majestueux des quatre grandes biographies, nous pouvons, nous maintenant sur les hauteurs, apercevoir deux autres courants parfaitement autonomes et totalement dégagés de la tutelle institutionnelle. Ces deux traditions parallèles ont joué un rôle primordial sur la vision communément répandue de M. Vincent. Même les biographies officielles ont dû en tenir compte soit pour les rectifier, soit pour les utiliser. Pour déterminer l'exacte nature de ces deux traditions parallèles, nous les étiquetterons, car il n'est pas licite de les baptiser, la tradition légendaire et la tradition décolonisatrice.

La tradition légendaire.

Comment l'existence mystérieuse, l'activité multiforme de M. Vincent n'auraient-elles pas favorisé la germination des légendes, ces légendes partant de menus détails, de fragments de récits perçus clandestinement aux portes de l'histoire ? Ces épopées enchanteresses nourrissent gratuitement la faim et la soif du merveilleux qui calment la douleur des déceptions quotidiennes.

Bien avant la mort de M. Vincent, la légende commença à se former et à prendre consistance. Le silence de M. Vincent permettait de lui prêter des trésors de « secrets ».

Ainsi en janvier 1649 alors que les dépêches officielles parlaient de l'exil de M. Vincent à Troyes, le bonhomme Vincent faisait route dans l'ouest de la France vers Nantes, Luçon, Rennes et ne réapparaissait à Paris qu'au mois de juin 1649. La croyance populaire lui attribuait le mariage secret de Mazarin et d'Anne d'Autriche, elle savait que M. Vincent avait écrit une « mazarinade » destinée au confesseur d'Anne d'Autriche. Le bruit courait que Vincent allait être nommé cardinal.

Après 1660, la légende prit un essor héroïque et prodigieux : M. Vincent avait pris les fers d'un galérien, il était détenteur d'un précieux secret sur l'avenir de la France et en avait confié la garde à M. d'Argenson qui ne pourrait en prendre connaissance lui-même mais que les membres de sa famille avaient ordre de divulguer en 1760, cent ans après la mort de Vincent de Paul. Beaucoup pouvaient penser que M. Vincent avait abandonné la « confession catholique » et qu'il était devenu, secrètement bien sûr, un membre de la famille socinienne. Les chantres de la Révolution de 1789, reconnaissant dans Vincent de Paul un révolutionnaire d'excellente qualité, l'associèrent dans les hymnes de marche vers les lendemains qui chantent en compagnie de Fénelon, Franklin et J.-J. Rousseau. Au début du XIXe siècle la franc-maçonnerie l'adopta, mit son portrait sur les actes d'adhésion et s'évertua à répandre des fac-similés de ses lettres. De bonne heure l'Assistance publique le prit comme patron. En 1947, Maurice Cloche se servit de Pierre Fresnay pour doter M. Vincent de la langue acide de Jean Anouilh et il le confronta avec des situations que Vincent de Paul n'avait jamais connues. Anne et Serge Golon contant les folles aventures de la *Marquise des Anges*[10] font apparaître M. Vincent à Poitiers dans un colloque de la marquise avec son fiancé. Très complaisamment, et comment aurait-il pu faire, M. Vincent servit de trame à un roman « très historique » *Antoine de Bonneval ou Paris au temps de S. Vincent de Paul*[11], traduit de l'anglais, du Dr Anderdon. Avec la bande dessinée, toutes les licences furent données et une malédiction mal formulée se faisait entendre « Malheur à qui essaiera de domestiquer la folle du logis ».

Cette tradition légendaire mariant clandestinement l'imaginaire et l'espoir déçu a si bien protégé M. Vincent Depaul qu'elle lui a facilité la continuation, sous d'autres « espèces », de son pèlerinage terrestre. Reconnaissons-le, aucun récit historique, scientifiquement ajusté, n'aurait comblé M. Vincent de ces grâces inattendues et ne l'aurait doté d'une telle subsistance.

La tradition décolonisatrice.

Nous aurions pu le pressentir : la manière autoritaire manifestée dès les origines par l'*institution* désireuse de protéger un certain patrimoine, les procédés rédactionnels de L. Abelly c'est-à-dire son goût pour les adoucissements onctueux, ses omissions semi-volontaires, toute cette tactique préservatrice devait susciter une réaction d'agacement et de contradictions. Puisque aucun mortel n'est parfait, n'était-il pas opportun de montrer qu'il existait des ombres ? D'autre part, M. Vincent comme tout le monde n'avait pas que des amis. Il avait dû comme tout chrétien payer le bien qu'il entreprenait de faire avec cette monnaie si courante que l'Évangile appelle : persécution et calomnie. Pierre de Bérulle essaya de faire échouer la fondation de la Mission. Jean Duvergier de Hauranne, en certaines occasions, répondit au Père Vincent avec une brutalité toute basquaise. Le poète Voiture souriait du discrédit du Père Vincent au cas où il entrerait en compétition avec Buckingham. En 1649, les « mazarinades » drainèrent des rumeurs désagréables sur la politique du ministre-ami de la régente Anne d'Autriche. Martin de Barcos par deux fois monta sur la brèche pour attaquer la *Vie de Monsieur Vincent* écrite par un suppôt des jésuites, entendez L. Abelly. Lancelot dans ses *Mémoires* relate quelques propos assez sévères de l'abbé de Saint-Cyran vexé de voir M. Vincent jouir d'une telle influence et d'un tel crédit. Et puis, dans la coulée de cette longue procession voici qu'en 1743, l'abbé Adam, curé de Saint-Barthélemy lance son *Avocat du Diable ou Mémoires historiques et critiques sur la vie et sur la légende du pape Grégoire VII. Avec des mémoires de même goût sur la bulle de canonisation de Vincent de Paul*[12]. Les *Nouvelles ecclésiastiques* ne sont pas tendres pour les « traditions vincentiennes jugées injustes et toutes jésuitiques ». Musson, dans *Ordres monastiques*[13], critique vertement l'organisation vincentienne et en particulier attaque la validité des vœux demandés par Vincent de Paul.

Au début du XXe siècle l'entreprise de décolonisation prit une allure plus scientifique. Raoul Allier dans *La Cabale des dévôts,* le P. Albert Bessières dans *Au temps de saint Vincent de Paul, deux grands méconnus, précurseurs de l'action catholique et sociale, Gaston de Renty et Henry Buch*[14], et surtout Alex Féron dans *La Vie et l'Œuvre de Ch. Maignart de Bernières (1616-1662)*[15] s'efforcèrent de restituer à leurs héros tout ce qui avait été attribué en général et sans grande précision à Vincent de Paul.

Même décapées et réduites, les affirmations de ces trois auteurs eurent l'immense mérite d'inviter les historiens, non seulement à continuer à rechercher ce que M. Vincent devait à ses contemporains et à son environnement, mais à engager le travail historique sur de nouvelles voies.

C'est dans le sens de la nouvelle histoire que nous sommes invités à nous engager. Nul doute que bien des aspects de la réalité vincentienne ont été oubliés, voire intentionnellement négligés. Nous savons déjà que grâce aux données financières, économiques, juridiques, politiques qui sont à notre disposition, une histoire moins mutilée et plus proche de la réalité, c'est-à-dire de la personne et de l'événement vincentien, peut être construite et présentée.

À leur insu, les ouvriers de la décolonisation institutionnelle nous ont rendu le plus grand service que nous n'osions espérer. Ils nous ont indiqué l'existence et la situation de nouvelles terres à explorer, ils nous contraignent aussi et fort heureusement à continuer à labourer, à nous donner de la peine. Qui oserait les blâmer ? Qui surtout refuserait de les féliciter et de les remercier très cordialement ? Secrètement nous ne pouvons que balbutier : Mille fois merci ! Bénis soient ceux qui nous forcent à travailler.

Notes

1. (*SV*, VII, 348.) « Le bon Dieu fait toujours nos affaires lorsque nous faisons les siennes » (lettre à Jacques Pesnelle, 8 novembre 1658). « Il faut sanctifier ses occupations en y cherchant Dieu et les faire pour l'y trouver plutôt que pour les voir faites » (*E*, 548, 21 février 1659).

2. Voir GAUDEUL Bernard, *Saint Vincent de Paul, précurseur de l'Assistance publique*, Paris, Fernand Sorlot, 1938. En 1960, l'Assistance publique de Paris organisa à l'occasion du troisième centenaire de la mort de M. Vincent une exposition présentant un magnifique catalogue critique.

3. Voir le catalogue de l'exposition organisée par le centre culturel à Dax, 12 septembre - 4 octobre 1981.

4. *SV*, VIII, 272. La lettre du frère Bertrand Ducournau au

chanoine de Saint-Martin et datée d'août 1658 est reproduite dans *SV*, VIII, 513-515, d'après la notice du frère Bertrand Ducournau composée par le frère Chollie son aide, puis son successeur au secrétariat de Saint-Lazare. Voir *Notices sur les prêtres, clercs et frères défunts de la congrégation de la Mission*, 1re série, t. I, p. 423.

5. Le certificat de M. Alméras daté du 20 août 1668 est reproduit par P. COSTE, *Monsieur Vincent, le grand saint du grand siècle*, Paris, 1932, t. III, p. 548-549. Il est extrait du livre de L. Abelly répondant aux attaques de Martin DE BARCOS et intitulé *Défense de feu Monsieur Vincent instituteur et premier supérieur général de la congrégation de la Mission contre les faux discours du livre de sa vie publié par M. Abelly*, Paris, 1668. Le livre de L. ABELLY est intitulé *La Vraie Défense des sentiments du vénérable serviteur de Dieu Vincent de Paul*, Paris, 1668, in-8° ; le certificat est transcrit, p. 10. — Services rendus à la famille royale : Abelly, II, 465-480. — Les défauts de M. Vincent seraient des vertus en d'autres personnes : Abelly, I, p. 75. — Absence de relations de miracles, Abelly, III, 366-372. Sur la composition et la valeur de la biographie de M. Vincent par L. Abelly, voir A. DODIN, *L. Abelly, biographe de saint Vincent de Paul*, Paris, 1968.

6. Le chanoine Michel-Ulysse MAYNARD, né à Saint-Maixent en 1814 et décédé à Poitiers le 20 janvier 1893, publia en 1860 *Saint Vincent de Paul, sa vie, son temps, ses œuvres et son influence*, Paris, 4 vol. in-4°.

7. Sur Pierre Coste né à Tartas le 3 janvier 1873, décédé à Paris, le 29 décembre 1935, voir *Annales de la congrégation de la Mission*, t. LXXXIX, p. 12 ; t. XCIII, p. 74. Notice biographique et bibliographique, *Annales*, t. CI, p. 227-262 ; t. CII, p. 603-604. Fernand THOUVIGNON, « Notre revue et saint Vincent de Paul. Son historien : un Landais, M. Pierre Coste », Société de Borda, Dax, 1960, p. 101-110. — Appréciation critique de *Monsieur Vincent, le grand saint du grand siècle*, voir Henri HAUSER, *Revue historique*, n° 171 (1933), p. 639-641 et

A. VILLIEN dans la *Revue d'histoire de l'Église de France*, t. XIX, (1933), p. 73-76. De même, Pierre DEFRENNES dans *Études*, 20 novembre 1932, p. 399-411.

8. Voir la recension du livre d'Antoine RÉDIER, *La Vraie Vie de saint Vincent de Paul*, signée P. Coste dans les *Annales*, 1928, p. 207-210, et celle, assez différente dans sa conclusion, du même Pierre Coste, signée A.G.R.H.E.F. (XIV, 1928, p. 231-235).

9. Sur l'innocente duplicité de M. P. Coste, voir Antoine RÉDIER, « Histoire d'une controverse sur les débuts de M. Vincent », *Revue hebdomadaire*, 12-19 août 1939, p. 186-215, titrée en outre « Péchés de jeunesse de M. Vincent ». — M. Joseph GUICHARD dans sa défense de la captivité de M. Vincent (*Saint Vincent de Paul, esclave à Tunis*, Paris, D.D.B. 1937) signale, p. 187, la communication de Pierre Coste à Grandchamp, *La France en Tunisie au XVIIe siècle*, t. VII, préface et tiré à part : *Observations nouvelles*, p. 1, et aussi les notes manuscrites de P. Coste écrites sur son lit de malade quelques semaines avant de mourir : « Je crois à l'argument du silence parce que Vincent de Paul a eu mille fois l'occasion de parler de sa captivité et qu'il avait intérêt à en parler. Cela étant, ce n'est plus un argument négatif mais positif. »

10. Paris, 1956, t. I, p. 111-112.

11. Paris, Leipzig, Tournai, 1878.

12. Saint-Pourçain, chez Tansin, 1743, 3 vol. in-12.

13. *Histoire*, t. V, Berlin, 1751, p. 224-261.

14. Paris, 1931.

15. Rouen, 1930.

Origine des textes

« Spiritualité de S. Vincent de Paul » : *Mission et charité*, n° 1, janvier 1962, p. 54-75.

« Théologie de la charité selon S. Vincent de Paul » : *Humanisme et foi chrétienne*, Mélanges du centenaire de l'Institut catholique de Paris, 1975 ; Beauchesne, 1976, p. 633-647.

« M. Vincent et la Bible » : *La Bible de tous les temps*, t. VI, *Le Grand Siècle et la Bible*, Beauchesne, 1989, p. 627-642.

« S. Vincent de Paul et le merveilleux » : *Mélanges René Laurentin*, 1990, p. 483-497.

« S. Vincent de Paul et les illuminés » : *Revue d'ascétique et de mystique*, « Mélanges Marcel Viller », n° 99-100, avril-décembre 1949, p. 445-456.

« Esprit de M. Vincent, esprit de la Mission » : *Mission et charité*, n° 31-32, juillet-décembre 1968, p. 135-143.

« Les Vœux dans la spiritualité vincentienne » : *Mission et charité*, n° 35-36, juillet-décembre 1969, p. 129-135.

« La Prière de S. Vincent de Paul » : *Prière et vie selon la foi*, Éditions ouvrières, 1976, p. 89-109.

« L'Évolution de la prière vincentienne » : *Annali della Missione*, juillet 1978, p. 209-234.

« Le Culte de Marie et l'Expérience religieuse de S. Vincent de Paul » : *Cahiers marials*, n° 68, 15 juin 1969, p. 169-182.

« S. Vincent de Paul, éducateur de religieuses » : *Forma gregis*, octobre 1954.

« M. Vincent et les hommes d'aujourd'hui » : *Esprit et*

vie, n° 35-36, 30 août - 6 septembre 1990, IIe partie, p. 273-278.

« État des études vincentiennes au moment du quadricentenaire de la naissance de M. Vincent Depaul » : *Actes du colloque international d'études vincentiennes (Paris, 25-26 septembre 1981)*, Edizioni vincentiane (Rome), 1983, p. 115-128.

Table des matières

Liste des sigles utilisés 6
Lettre-Préface, *par Richard McCullen* 7

1. Spiritualité de saint Vincent de Paul 9
   La spiritualité d'une histoire 14
   L'expérience religieuse 19
   La doctrine spirituelle de M. Vincent 24

2. Théologie de la charité selon saint Vincent de Paul 47
   Deux réponses à deux questions préalables ... 49
   Structure fondamentale de la charité évangélique 60
   Théologie et charité d'après M. Vincent 65

3. Monsieur Vincent et la Bible 83
   Une herméneutique inventive 90
   Ancien Testament 94
   Nouveau Testament 104

4. Saint Vincent de Paul et le merveilleux 115
   Les merveilles surnaturelles 116
   Les merveilles ensorcelantes 129
   Les merveilles de la miséricorde divine 137

5. Saint Vincent de Paul et les illuminés 145
   La chronologie des faits 147
   Extension et signification de l'illuminisme 157

6. Esprit de Monsieur Vincent, esprit de la Mission 167
   L'esprit de M. Vincent 169

L'esprit évangélique dans son essence, selon M. Vincent 172
L'esprit dans sa réalisation historique 174
La tradition comme tentation et comme inspiration 178

7. Les vœux dans la spiritualité vincentienne 183
Introduction 183
Les vœux dans l'institution 187
Les vœux dans l'expérience religieuse de S. Vincent 188
Les vœux dans l'expérience religieuse du prêtre de la Mission 190

8. La prière de saint Vincent de Paul 195
Expérience de la prière de M. Vincent 199
La doctrine de la prière 219

9. L'évolution de la prière vincentienne 229
La situation ou la conjonction culturelle 232
L'extension du monde 247
Les consignes pratiques de M. Vincent 253

10. Le culte de Marie et l'expérience religieuse de saint Vincent de Paul 271
La dévotion mariale au temps de M. Vincent de Paul 273
Le culte marial de M. Vincent 282
Les sources d'une véritable dévotion mariale . 288
Perspectives et aperçus 295

11. Saint Vincent de Paul, éducateur de religieuses 303

Le conditionnement de l'œuvre vincentienne .. 305
L'effort éducateur 320

12. Monsieur Vincent et les hommes d'aujourd'hui 335
Le bien connaître 336
Les secrets de sa réussite 340
Un secret révolutionnaire 351

Annexe. État des études vincentiennes au moment du quadricentenaire de la naissance de M. Vincent de Paul 357
Survol des études vincentiennes depuis 1660 jusqu'en 1981 365

Origine des textes 378

Dans la collection « Épiphanie »

M. Acarie : *Lettres spirituelles*
Michel Albaric : *Le Temps d'attendre*
R. Alves : *Je crois en la résurrection du corps*
J.-É. Anizan : *Quand la charité s'empare d'un homme*
Ph. Baud : *Nicolas de Flue (1417-1487). Un silence qui fonde la Suisse*
Marie Baudouin-Croix : *Léonie Martin, une vie difficile*
Dom Godefroy Bélorgey : *Sous le regard de Dieu*
M. Berthon : *De Solesmes à Auschwitz : Marguerite Aron*
M. -R. Bous : *Apprendre à aimer*
L. Bouyer : *Figures mystiques féminines*
Édouard Brion : *Un étrange bonheur*
B. Bro : *La Meule et la Cithare*
B. Bro : *Le Secret de la confession*
B. Bro : *Les Portiers de l'aube*
B. Bro : *La Stupeur d'être*
B. Bro : *Jean-Marie Vianney, Curé d'Ars*
B. Bro : *Marie, espoir de Dieu*
B. Bro : *La foi n'est pas ce que vous pensez*
B. de Jésus Marie : *Le Sang du Carmel*
W. Bush : *La relation du martyre des seize carmélites de Compiègne*
C. Carretto : *Et Dieu vit que cela était bon*
Michel Carrouges : *Le Père Jacques. Au revoir les enfants*
A. Chambon : *Oui, je crois*
E. Chrétien : *Pierre-François Jamet, 1762-1845*
D. Coffigny : *Nicolas Cabasilas. La vie en Christ*
Collectif FIACAT : *Torturés, tortionnaires, espérance chrétienne*
J. Comby et al. : *L'Itinéraire mystique d'une femme. Rencontre avec Marie de l'Incarnation ursuline*
Y. Congar : *Appelés à la vie*

Daniel-Ange : *Écoute les témoins, tome I. Au cœur de Dieu accorde ton cœur*
Daniel-Ange : *Écoute les témoins, tome II. Pour aimer, lutte et pardonne*
C. De Meester : *Les Mains vides*
C. De Meester : *Les Plus Belles Pages d'Élisabeth de la Trinité*
C. De Meester : *Frère Laurent de la Résurrection*
P. Descouvemont : *Sur la terre comme au ciel, une novice de sainte Thérèse*
A. Dodin : *Initiation à Saint Vincent de Paul*
Efrén de la Madre de Dios : *Mère Catherine du Christ, la compagne de Thérèse d'Avila*
P.-M. Févotte : *Aimer la Bible avec Élisabeth de la Trinité*
P.-M. Févotte : *Virginité, chemin d'amour. À l'école d'Élisabeth de la Trinité*
Ph. Ferlay : *Le Visage de Gloire*
Ch. de Foucauld : *« Cette chère dernière place » Lettres à mes frères de la Trappe*
Dom Jean Gaillard : *La Liturgie pascale*
G. Gaucher : *La Passion de Thérèse de Lisieux*
C. Geffré : *Passion de l'homme, passion de Dieu*
Dom André Gozier : *Dieu-Source*
A. Gruget : *Alexis. Mort et vie d'un enfant*
B. Guitteny : *Grignion de Montfort missionnaire des pauvres (1673-1716)*
M. Hollander-Lafon : *Souffle sur la braise*
G. Honoré-Lainé : *La Femme et le Mystère de l'Alliance*
M.-Ph. Hoppenot : *Le Temps du feu*
M.-Ph. Hoppenot : *Pleins pouvoirs à l'Esprit Saint*
Alain Houziaux : *Paraboles au quotidien*
Alain Houziaux : *Mon silence te parlera*
Jean-Baptiste de la Conception : *Pensées mystiques*
Jean-Paul II : *Rosaire et chemin de croix*
B. de Jésus Marie : *Le Sang du Carmel*
Père M. Jean-Joseph Lataste : *Prêcheur de la miséricorde*
J. -Cl. Lavigne : *Le Prochain lointain*

G. Le Mouël : *Quand Dieu frappe à ma porte*
Frère Léonard, de Taizé : *Des yeux pour voir*
J. Lœw et P. Xardel : *La flamme qui dévore le berger*
P. Marthelot : *Victoire sur la mort*
C. M. Martini : *Témoins de la parole*
C. M. Martini : *Prêtres, quelques années après... Méditations sur le ministère presbytéral*
G. Messie : *Les Diaconesses de Reuilly*
M. -D. Molinié : *Le Combat de Jacob*
M. -D. Molinié : *Le Courage d'avoir peur*
E. Pacho : *Initiation à S. Jean de la Croix*
J. Perrier : *Aimer la messe*
A. Philbée : *Saint Bernard de Fontaine, abbé de Clairvaux*
D. Poirot : *Jean de la Croix, connaissance de l'homme et mystère de Dieu*
A. Quilici : *Nous osons dire Notre Père*
J. -G. Ranquet : *L'Un et l'Autre Exode*
N. Rath : *Sainte Marie Mère de Dieu*
J. Rémy : *Regards d'amour. Élisabeth de la Trinité et Jean de la Croix*
B. Rey : *Trois chemins vers Pâques*
B. Rollin : *L'Appel évangélique à la pauvreté volontaire*
Mgr Oscar Romero : *L'Amour vainqueur*
Gustav Scherg et Peter Beck : *Le Bienheureux Niels Steensen*
Florine-Frédérique Sigel : *Visages de Jésus*
Mgr Stéphanos : *Une saison en orthodoxie*
Guido Stinissen : *Découvre-moi ta Présence. Rencontre avec S. Jean de la Croix*
Guido Stinissen : *Le Christ votre vie*
Mère Teresa : *Dans le silence du cœur*
Omer Thanghe : *Comme je vous ai aimés...*
G. Thomazeau : *Bonne nouvelle du mariage*
G. Thomazeau : *Suivre Jésus à pas d'homme*
J. Vinatier : *Mère Agnès de Jésus*
S. Vrai : « *Laisse-toi aimer* ». *Itinéraire spirituel avec Élisabeth de la Trinité*

Marianne Viviez : *Tes lacets sont défaits*
E. de Waal : *La Voie du chrétien dans le monde*
J. Werquin : *Thérèse Cornille*
J. Wrésinski : *Les Pauvres, rencontre du vrai Dieu*

Achevé d'imprimer par Corlet, Imprimeur, S.A.
14110 Condé-sur-Noireau (France)
N° d'Éditeur : 9688 - N° d'Imprimeur : 9215 - Dépôt légal : novembre 1993
Imprimé en C.E.E.